新疆维吾尔自治区地方志丛书

尤喀克库尔巴格村志

新疆维吾尔自治区地方志编纂委员会 编

图书在版编目(CIP)数据

尤喀克库尔巴格村志 / 新疆维吾尔自治区地方志编纂委员会编. -- 北京 : 方志出版社, 2023.12
ISBN 978-7-5144-6191-6

Ⅰ. ①尤… Ⅱ. ①新… Ⅲ. ①村史—温宿县 Ⅳ. ①K294.55

中国国家版本馆CIP数据核字(2024)第025066号

责任编辑:徐　宏
责任校对:张玉霞
责任印制:梅中英
出 版 者:方志出版社
地　　址:北京市朝阳区潘家园东里9号(国家方志馆4层)
邮　　编:100021
网　　址:http://www.zgfzcb.cn
发　　行:方志出版社图书营销中心(010-67110500)
印　　刷:新疆新华华龙印务有限责任公司
开　　本:880毫米×1230毫米 1/16
印　　张:16.75
字　　数:363千字
版　　次:2023年12月第1版
印　　次:2023年12月第1次印刷
定　　价:106.00元

《尤喀克库尔巴格村志》编纂委员会

主　任　魏占海

副主任　马文华　吐尔地·阿西木　刘　星　张炜民　阿里木江·伊敏

成　员　张　权　刘　兵　吴佩昀　刘　博　杨志虎　别利克孜·买买提

邓兆勤

《尤喀克库尔巴格村志》编辑部

主　　编　魏占海

执行主编　马文华

副 主 编　吐尔地·阿西木　刘　星　艾尔西丁·图尔荪(尤喀克库尔巴格村委会副主任)

编　　辑

第一编辑小组组长　张　权

成　　员　胡建峰　任冬梅　王　勇　孟庆姣(负责基层组织、村庄建设)

第二编辑小组组长　刘　兵

成　　员　闫姝廷　李　娜　张　炜(负责民族团结之村、全国文明村镇)

第三编辑小组组长　吴佩昀

成　　员　陈国刚　陈　忠　刘　钺(负责脱贫攻坚　乡村振兴)

第四编辑小组组长　刘　博

成　　员　虎占福　王玉蓉　加米拉·阿不拉　俞　静(负责村域经济、风土 民情)

第五编辑小组组长　杨志虎

成　　员　宋水平　赵燕秋　齐俊生(负责建置 区划、自然　资源、人物　荣誉、大事记、编后记等)

第六编辑小组组长　邓兆勤

成　　员　杨持纲　木尼拉·艾沙(负责社会民生)

第七编辑小组组长　艾合买提·肉孜　别利克孜·买买提

成　　员　甫拉提·依米提　艾克热木·托合提　阿不都热依木·牙合甫(负责对搜集资料的翻译)

《尤喀克库尔巴格村志》撰稿人员名单

序	魏占海
凡　例	杨志虎
概　述	马文华
大事记	杨志虎　邓兆勤
第一章　建置 区划	杨志虎
第二章　自然 资源	齐俊生
第三章　基层组织	张　权
第四章　“访惠聚”工作	王　勇
第五章　村庄建设	任冬梅
第六章　村域经济	刘　博
第七章　脱贫攻坚　乡村振兴	陈　忠
第八章　民族团结之村	李　娜
第九章　全国文明村镇	张　炜
第十章　社会民生	邓兆勤
第十一章　风土　民情	刘　博
第十二章　人物　荣誉	宋水平
其中大中专及本科以上学历人员	邓兆勤
附　　录	杨志虎　邓兆勤
图　　片	陈　忠
其中地图制作	任冬梅
编后记	杨志虎

序

魏占海

盛世修志，志载盛世。地方志是传承中华优秀传统文化、服务新时代发展的重要载体，是增强文化自信、推动社会主义文化繁荣兴盛的重要力量。2014年习近平总书记在视察首都博物馆时指出："要在展览的同时高度重视修史修志，让文物说话、把历史智慧告诉人们，激发我们的民族自豪感和自信心，坚定全体人民振兴中华、实现中国梦的信心和决心。"梁启超说："最古之史，实为方志"。地方志承载中华文化的"根"与"魂"，连接传统与现代，历久弥新的地方志，为实现中华民族伟大复兴提供强大精神动力和智力支持。

新中国成立以来，党中央、国务院高度重视包括村志编纂在内的地方志工作，出台了重要文件。中央领导发表了重要讲话、作出了重要批示。习近平总书记高度重视包括村志编纂在内的地方志工作。2004年10月，他在担任浙江省委书记时到江山市凤林镇白沙村考察，看到村民编纂的《白沙村志》，鼓励村民把村志继续编纂下去。2017年5月，中共中央办公厅、国务院办公厅印发的《国家"十三五"时期文化发展改革规划纲要》指出："完成省、市、县三级地方志书出版工作。开展旧志整理和部分有条件的镇志、村志编纂。"随着新疆"两全目标"的完成，全疆地方志工作者全面开展部门志、乡镇志、村志的编纂工作，可以说，村志编纂迎来了历史上的最好时期。

司马迁曾说过："有国者，不可以不知《春秋》"。古往今来，盛世修志，是中华民族的光荣传统。家有家谱，县有县志，村也应有村志。每个村庄都有一部历史，都有着自己独特的文化内涵和发展轨迹，通过志书诠释乡村文化的精华，记录乡村里的人和事、青山绿水、戈壁沙漠、胡杨红柳，力争以最完整、最本真的方式呈现乡村的前世今生。从而全面呈现乡村地理、历史、经济、风俗、文化、教育、人物等多方面的状况，起到其他书籍难以替代的作用。尤其在新疆编纂好一部村志，记录村史，弘扬村风，振兴乡村，熔铸村魂。这是功在当代、传之千秋的文化润疆工程。

随着新疆新农村建设的不断深化，乡村的景象日新月异，旧的风俗也逐步变迁。编纂村志，有助于为各级党政部门和领导同志了解村情、乡村振兴、科学决策提供历史依据；有助于发挥本村优势，为开发本村资源提供第一手的资料与线索；有助于向外界介绍本村的自然、社会和改革开放所取得的巨大成就，讲好新疆故事；有助于激发每一个村民的中华民族自尊心、自信心、自豪感，铸牢中华民族共同体意识；有助于激发每一个村民对伟大祖国、中华民族、中华文化、中国共产党、中国特色社会主义的认同，坚定每一个村民的道路自信、理论自信、制度自信、文化自信，积极投身中华民族伟大复兴的历史征程；有助于村民把根留住、将魂传承，为广大村民提供精神指引，为实现中华民族伟大复兴中国梦新疆篇章提供更基本、更深沉、更持久的推动力。所以，一部好的村志是乡村地域文化的集大成者，是一项十分重要的乡村文化建设工程，以生动翔实的材料为村民提供热爱家乡的教材，凝聚村民的恋乡恋土情结，尤以其特别的亲近感显示独特的优势。

尤喀克库尔巴格村历史悠久，生活在这片土地上的先辈们开垦荒地，日出而作，日落而息，一代接着一代的辛勤耕耘，使原始的荒草地、沼泽地，改造成为今日的“鱼米之乡”。尤喀克库尔巴格村人民在中国共产党领导下历经土地改革、合作社、改革开放，无论是曾经的深翻土地、农业种植、渔业养殖，还是后期蓬勃发展的现代农业、深耕细作、村庄改造、人居整治；无论是历次运动风雨的洗礼，还是兴民富民安居、安乐幸福的居民生活，村民们都始终在中国共产党的带领下建设家园。新时代的尤喀克库尔巴格村人与时俱进，奋力拼搏，一座座崭新的抗震安居房持续建成，村民经济收入逐年增加，丰衣足食，正在由小康迈向现代化。村志翔实记载了祖辈们奋斗的历史足迹和他们艰苦创业的优良传统，不仅反映了尤喀克库尔巴格村优美的自然生态、风土人情，也抒写了该村贤人志士的风范，史料真实，详略得当，字里行间凝聚着老一辈人的滴滴汗水和点点心血，凝聚着全体村民对家乡的无限热爱、对子孙后代的殷切希望。

村志从篇目设计，到史实采集、文稿撰写既遵从志书体例，又注意挖掘自身特点，在铸牢中华民族共同体意识和“访惠聚”工作上彰显闪光点，做得既慧眼独具又不露痕迹，充分将这一方水土养育下的村民在历史长河中生生不息、踏实勇敢、聪明睿智体现出来，更将改革开放三十多年来在党的领导下取得的长足进步记述下来。

村志就内容而言，篇目上应列尽列，尽量求全；记述上恰如其分，不溢美，不矫情；资料收集上尽量往深处挖，尽情向远处搜；体例上坚守原则和底线，忠于事实；文风上把握前进方向，弘扬正气，激发正能量，质朴而不呆板，娓娓道来，给人以阅读的愉悦感；充分展现这块神奇的土地的朝气、灵气和浩然之气，给人以事实的充实感，历史的厚重感，内容的纵深感。

《尤喀克库尔巴格村志》共12章、55节、36.3万字，图文并茂，生动再现尤喀克库尔巴格村沧桑岁月。厚重的历史、丰富的内容、辉煌的过去、奋进的现在、可期的未来，唯有兢兢业业、奋发图强，才能谱写尤喀克库尔巴格村人更加光辉灿烂的篇章。

修志难，修村志更难，在此我谨代表自治区地方志编纂委员会，感谢修志成员的辛苦付出，感谢全体村民的热情配合。志可以“存史，资政，教化”。《尤喀克库尔巴格村志》的出版，是该村的盛事，是对姑墨文化的积累，是对西域文化的奉献，也是对中华文化的礼赞。开卷有益，先睹为快，愿识者谅我，知者宥我。

是为序。

凡　例

一、指导思想

以马克思列宁主义、毛泽东思想、邓小平理论、“三个代表”重要思想、科学发展观、习近平新时代中国特色社会主义思想为指导，坚持辩证唯物主义和历史唯物主义的立场、观点和方法，客观、系统记述尤喀克库尔巴格村发展变化进程和改革开放成果，传承和抢救乡土历史文化，激发爱国爱乡情怀，为探索社会主义新农村建设的发展经验、发展模式、前进道路提供历史智慧和现实借鉴。

二、时间断限

为全面反映入志事物发展脉络，上限尽量追溯至事物发端，下限至2021年。

三、记述范围

记述地域范围以2021年尤喀克库尔巴格村的辖区为主。

四、结构体裁

采用章节体，一般设章、节、目三个层次。横排门类，纵述史实，突出时代特色和地方特色。综合运用述、记、志、传、图、表、录等各种体裁，以志体为主。

五、语言文体

除引用文字和附录文献资料外，统一使用规范汉字及现代语体文记述体。记事坚持秉笔直书、述而不作，只记事实，不作评论，寓观点于记述之中。行文力求朴实、严谨、简洁、流畅、优美，具有较强可读性。

六、图照表格

志中随文配图，图下设文字说明，图文并茂。图、照和表格各志统一编排序号。

七、标点、数字、计量用法

本志所用标点符号以中华人民共和国2012年6月1日起实施的《标点符号用法》为准。

数字用法一律按中华人民共和国2012年6月1日起实施的《出版物上数字用法的规定》

为准。

计量单位一律采用国家技术监督局1993年12月发布的《量和单位》系列国家标准，行文中不夹带计量单位符号。历史上使用过的旧计量单位，在记述时照实记录。

八、纪年

公元世纪、年代、月、日等时间记述，一律按中华人民共和国2012年6月1日起实施的《出版物上数字用法的规定》为准。中华人民共和国成立以前，采取以朝代年号纪年(包括中华民国纪年)括注相应的公元纪年；中华人民共和国成立后一律采用公元纪年。

九、称谓

国家法律、法规和地方法规在每章首次出现时用全称，再次出现时用简称。全书一律以第三人称书写。历史人物姓名、官职称谓、地名均以当时习惯称呼，必要处括注今称，少数民族姓名用全称。中华人民共和国成立后的地名以现行标准地名为准，尤喀克库尔巴格村1990—2019年期间曾更名为玉斯屯克库尔巴格村，为方便读者阅读，除机构沿革外，这一期间的村名全志统一表述为尤喀克库尔巴格村。

十、资料来源

本志资料主要来自档案、志鉴、图书、历史文献、报刊、调查资料，辅以口碑资料等，引文包括图表等资料不再注明出处，数据以温宿县统计局公布的法定数据为主，辅以托乎拉乡提供的并经核准审定的资料数据。

界　碑(摄于2022年6月)

村一隅（摄于2021年9月）

村容村貌（摄于2022年6月）

水稻新苗（摄于2020年6月）

核桃加工基地(摄于2021年9月)

生态水稻种植基地(摄于2020年8月)

奶牛养殖示范基地（摄于2021年6月）

辣椒种植示范基地（摄于2022年6月）

黑木耳种植示范基地（摄于2020年7月）

目　　录

第一章　建置　区划

第二章　自然　资源

第三章　基层组织

第四章 “访惠聚”工作

第五章　村庄建设

第六章　村域经济

第七章 脱贫攻坚 乡村振兴

第八章　民族团结之村

第九章　全国文明村镇

第十章 社会民生

第十一章 风土 民情

第十二章　人物　荣誉

概　述

尤喀克库尔巴格村位于温宿县托乎拉乡西北部，北纬41°31′，东经80°11′，海拔1117.8米，距乡政府所在地11千米。东接托万克库尔巴格村，西至库玛拉克河，南邻河畔村，北邻尤喀克苏布拉克村；东西长6.2千米，南北长3.7千米，总面积22.94平方千米。2021年，尤喀克库尔巴格村设有4个村民小组，1个自管会，总人口317户、1166人，主要有维吾尔、汉等民族。

尤喀克库尔巴格村地处塔里木盆地北缘，库玛拉克河冲积平原上，属典型的暖温带大陆性气候，地势平坦，温差较大，干燥少雨，光热充足，四季分明。年平均日照时数2692小时；年平均气温10.8℃；年平均降水量84毫米。野生动植物资源丰富，野生动物主要有白鹤、白鹭、野鸡、野鸭等，野生植物主要有红柳、梭梭、甘草、沙棘、芨芨草、黑果小檗等。矿产资源主要有石油、砂石料等。尤喀克库尔巴格村气候宜人，地表水充沛且易于灌溉，泉水众多且纯净甘甜，土地肥沃且易于耕作，适宜农作物种植，盛产水稻、核桃，被誉为“稻米之乡”“核桃之乡”。

尤喀克库尔巴格，维吾尔语，意为“上果园”。曾用名玉斯屯克库尔巴格。尤喀克库尔巴格地域历史悠久，自汉代开始就是中国领土不可分割的一部分，汉朝时期地属姑墨城邦，受西域都护府管辖。唐朝时期地属姑墨州，受安西大都护府管辖。清朝时期地属温宿直隶州，受阿克苏道管辖。光绪二十八年（1902）清政府设温宿县，辖属尤喀克库尔巴格地域。民国19年（1930）温宿县下设南乡，辖库尔巴格庄。民国25年（1936），温宿县下设五区，辖孝悌、育才2乡，库尔巴格庄受其管辖。民国36年（1947）9月，温宿县整编乡、镇、保、甲，村境归属于新二乡。1949年中华人民共和国成立后，1950年温宿县设二区（托乎拉），下辖库尔巴格乡。1962年，温宿县设托乎拉人民公社，下辖库尔巴格管理区。1964年划归水稻农场管辖，1978年划回托乎拉人民公社管辖。1984年改托乎拉人民公社为托乎拉乡，下辖尤喀克库尔巴格村、托万克库尔巴格村等。尤喀克库尔巴格村于1990年更名为玉斯屯克库尔巴格村，2019年复名尤喀克库尔巴格村。

凭借得天独厚的地理条件，以种植业和林果业为主的村域经济产业发展迅速。2021年，全村总耕地16300亩（其中水稻5832亩，林果9557亩，其他911亩）。主要农作物有水稻、小麦、玉米等；主要经济作物有核桃、红枣、苹果等，主要养殖业有牛、羊、鸡、鱼等。改革开放以来，成立了核桃加工合作社、牲畜养殖场，实现了种植业、养殖业的提质增效和连年丰收。服务于农业的手工业发挥着传统的优势，木匠铺、铁匠铺、农机修理铺的开设助力农业发展。培育和建设集市市场，10户村民开铺，带动周边经济，激活了商业发展。坚持做到“六个精准”“五个一批”，推进扶贫攻坚工作，2020年实现19户64人按国家现行标准全部脱贫的目标。经济发展水平逐步提高，2021年农民人均年纯收入达到26878元。着力壮大集体经济，2021年村集体年收入达到116万元。

持续不断地改善民生，社会发展取得显著进步。加快基础设施建设，道路交通、农田水利、通信网络条件有了极大改善，富民安居和健康饮水工程全面完成，实现了户户通动力电、通自来水、通硬化路面、通广播电视、通宽带互联网的目标。幼儿园、小学、卫生室、图书室、警务室等公共设施从无到有，社会服务能力明显提升。村民活动中心、方志广场、方志集市等休闲购物场所相继建立，村民的精神和物质生活锦上添花。农牧民文化技术培训坚持不断，国家通用语言文字水平逐年提高，科学种田意识明显增强。积极推进“厕所革命”和住宅三区分离，人居环境得到显著改善。社会保障体系不断完善，落实了生产和生活各项补贴，实现了免费教育和就近医疗，鳏寡孤独和生活有困难者得到有效救助，新农合和养老保险基本做到全覆盖。

全面加强党的建设，贯彻落实新时代党的治疆方略。中共十八大以来，尤喀克库尔巴格村在党支部的领导下，坚持以习近平新时代中国特色社会主义思想为统领，增强“四个意识”，坚定“四个自信”，做到“两个维护”，大力推进社会主义新农村建设。成立了1个党支部，下设4个党小组，拥有党员77人，党支部成为领导各项事业发展的坚强核心，2007年被温宿县委授予先进基层党组织荣誉称号。选举成立了村委会，组织村民开展经济、社会、文化等各项活动。新疆维吾尔自治区地方志编纂委员会驻尤喀克库尔巴格村工作队，协调、助力新农村建设，建强基层组织和干部队伍，维护社会稳定和长治久安，发展村域经济和推进脱贫攻坚，各项事业蓬勃发展。建立了团支部、妇委会等群团组织，协助党支部和村委会开展日常工作。加强综合治理，维护社会稳定，持续保持安定团结的态势。践行社会主义核心价值观，大力推进精神文明建设，制定和实施村规民约，改革创新和移风易俗，形成了积极向上社会主义新风貌，2017年荣获“全国文明村”称号。开展民族团结教育月活动、“民族团结一家亲”活动、民族团结示范单位创建活动，形成了平等、团结、互助、和谐的社会主义民族关系，2020年获温宿县民族团结示范村荣誉称号。

大事记

西汉神爵二年(前60),汉朝设西域都护府,尤喀克库尔巴格村域所在的姑墨城邦受其管辖。

唐显庆三年(658)五月二日,唐置姑墨州,隶属安西都护府。

清乾隆二十二年(1757),清朝将温宿县定名为阿克苏。乾隆二十七年(1762),清朝在温宿县设置稻长,种植水稻150亩。光绪九年(1883),置温宿直隶州。光绪二十八年(1902)九月,温宿直隶州升格为府,增设温宿县,隶属温宿府。

民国2年(1913),温宿府改设阿克苏道,温宿县隶属阿克苏道。

1949年10月1日,中华人民共和国成立后,温宿县受阿克苏区行政督察专员公署管辖。

1953年,穆萨·肉孜成为尤喀克库尔巴格村第一个党员。

1954年9月,设立尤喀克库尔巴格村教学点。

1957年,尤喀克库尔巴格村党支部成立,阿不拉·肉孜任第一任党支部书记。

1958年5月29日,温宿县并入阿克苏县,撤销温宿县建制。1962年,恢复温宿县。

1976年,邱格尔·买提斯地克建造使用了第一台家庭压水井。

1979年开始,先后实行7种生产责任制:定额管理、小段包工,“五定一奖”(定劳力、定土地、定成本、定产量、定工分,超产奖、减产罚)、包产到组,统一经营、联产到劳,专业承包、联产计酬,包产到户,“大包干”,口粮田加责任田。实行生产责任制,特别是实行“大包干”以后,生产一年比一年发展。

1983年,尤喀克库尔巴格村普遍实行被群众概括为“保证国家的,留够集体的,剩下都是自己的”家庭联产承包责任制。

1984年10月,尤喀克库尔巴格村居民用上了电,结束了无电历史。

1984年11月,尤喀克库尔巴格村村民委员会成立,下辖4个村民小组,隶属托乎拉乡,努尔·艾合买提任第一任村委会主任。

1985年,尤喀克库尔巴格村大队部购买了全村第一台黑白电视机。

1989年,尤喀克库尔巴格村获温宿县科普文明村称号。

1990年,尤喀克库尔巴格村粮食单产由1980年的100.5千克提高到229.4千克,翻了一番多;人均收入由230元提高到700元,是1980年的3倍多。

1990年,村卫生室建立。

1992年9月,4组村民艾山江·买买提被阿克苏师范学院录取,成为尤喀克库尔巴格村第一个大学生。

1995年,邱格尔·买提斯地克购买全村第一台小汽车和第一台家用彩色电视机。

1996年,村民开始安装固定电话,当年全村安装20余部。

1998年，按照土地承包期再延长30年不变的政策，尤喀克库尔巴格村开展农村土地二轮承包工作。

1998年，温宿县被命名为中国大米之乡，“昆托”牌系列大米是新疆名牌产品。

1999年，温宿核桃被评为世界园艺博览会金奖。

2000年，温宿县水利局农村自来水厂管理总站库尔巴格水厂在村1小队建成，管网30千米，水井井深105米，投资78万元。

2001年10月，全村集中居住的家庭实现了户户通自来水的目标。

2002年4月，尤喀克库尔巴格村投资40余万元建成活动中心，含会议室、活动室、图书阅览室等，面积480平方米。

2002年7月，尤喀克库尔巴格村被温宿县委授予五好村党支部称号。

2003年6月，尤喀克库尔巴格村被温宿县委授予五好村党支部称号。

2003年，尤喀克库尔巴格村全面落实农村土地二轮承包政策，保持农村土地承包关系长期稳定，同时，严格按照“自愿、有偿、公平、规范”原则，依法合理地开展农村土地承包权流转管理工作。

2004年，温宿县被评为中国核桃之乡，2005年被评为核桃产业标准化示范县。

2004年，温宿县实施“抗震安居”惠民工程，国家对建房户给予补贴。2004—2008年，尤喀克库尔巴格村先后完工抗震安居房3套、33套、48套、43套和45套，合计172套。

2004年，尤喀克库尔巴格村第一条柏油公路——村委会至乡政府公路建成通车。

2005年12月，国家免征农业税，尤喀克库尔巴格村当年免征农业税近100万元。

2005年，尤喀克库尔巴格村被温宿县委授予五好村党支部称号。

2006年，尤喀克库尔巴格村被温宿县委授予先进基层党支部称号。

2007年12月，温宿县核桃——温185获2007年中国国际林业产业博览会金奖。

2007年，尤喀克库尔巴格村被阿克苏地区精神文明建设指导委员会授予先进精神文明村称号，被温宿县委授予尤喀克库尔巴格村先进基层党组织称号。

2008年，温宿县核桃成为北京奥运会指定果品。

2010年，村民亚森·马木提开了全村第一家农家乐，面积83亩，有蒙古包2座、散座1个，可容纳160人同时就餐。

2011—2018年，尤喀克库尔巴格村共建设富民安居房311套，其中2011年48套，2013年2套，2014年120套，2016年134套，2017年3套，2018年4套。

2013年，村民亚森·霍佳木尼亚孜购买了全村第一台核桃脱皮机。

2014年3月，自治区地方志编委会派出第一批温宿县托乎拉乡尤喀克库尔巴格村“访民情

惠民生 聚民心”驻村工作组，至2021年共派出干部54人次。

2014年，尤喀克库尔巴格村被温宿县精神文明建设委员会授予温宿县文明村称号，被托乎拉乡党委授予反恐维稳先进集体称号。

2015年4月13—16日，驻村工作队组织支部和村委会主要负责人赴昌吉市、玛纳斯县、沙湾县考察学习。先后考察了昌吉市全优农资交易市场、佃坝镇二畦村的设施农业项目，玛纳斯县乐土驿镇乐源合作社、万亩现代农业示范区、平原林场控根容器育苗基地、广东地乡振兴肉羊养殖合作社，沙湾县宏基农机专业合作社、金沟河镇农村土地产权交易中心、大泉乡清泉养殖专业合作社、阿里巴巴沙湾产业带、双泉农民合作社、升升养殖农民专业合作社、沙湾农业展览馆。

2015年6月12日，自治区地方志编委会协调资金建成的“方志渠”贯通放水。该项目投入资金300万元，全长600米，大大减轻了每年入春群众清理渠道淤泥的劳动强度。

2015年8月，自治区地方志编委会协调争取的尤喀克库尔巴格村双语幼儿园项目竣工投入使用，建筑面积798.57平方米。适龄儿童全部入园，实现农村学前三年免费双语教育全覆盖。

2015年，尤喀克库尔巴格村被阿克苏地区精神文明建设指导委员会授予阿克苏地区文明村称号。

2016年5月13日，新疆文化艺术学校艺术团到村慰问演出。25日，新疆电视台新闻联播以“玉斯屯克库尔巴格村来了演出队”为题报道文化下乡活动。

2016年5月13日，温宿县第15届百日文化广场巡回演出在尤喀克库尔巴格村举行。

2016年8月11日，尤喀克库尔巴格村阿斯亚木民族手工绣品农民专业合作社获批成立，有刺绣成员51名。

2016年9月，尤喀克库尔巴格村成立温宿县兴隆核桃专业合作社，有成员6人。

2016年10月31日，尤喀克库尔巴格村开展“民族团结一家亲”结对认亲活动，维吾尔、汉族村民结对认亲7对。11月5日，召开自治区地方志编委会“民族团结一家亲”结对认亲大会，村民与自治区地方志编委会干部结对认亲25对。

2016年12月，尤喀克库尔巴格村被阿克苏地区爱国卫生运动委员会授予阿克苏地区“卫生示范村”称号。

2017年1月24日，自治区地方志编委会邀请部分结亲户赴乌鲁木齐市开展“民族团结一家亲”活动，与全体干部、部分离退休干部共庆春节到来。

2017年3月17日，温宿县托乎拉乡卫生厕所现场会在尤喀克库尔巴格村召开。

2017年7月1日，自治区地方志编委会组织全体干部、部分离退休干部到尤喀克库尔巴格村开展“民族团结一家亲”活动，共庆党的生日。

2017年7月11日，新疆地质调查院在温宿县发现富硒土壤面积约278平方千米，其中富硒土壤面积约93平方千米，主要分布在温宿县托乎拉乡和水稻农场一带、恰格拉克乡和阿热勒镇一带，主要土地利用方式为农田区，农作物主要为水稻、核桃、红枣、苹果、玉米、棉花等。尤喀克库尔巴格村位于富硒带内。

2017年10月4日，自治区地方志编委会决定采取党建扶贫（用机关党员所交党费扶贫）和机关党员干部捐款的方式筹措资金，彻底解决贫困户尼沙汗·托合提的住房及其附属设施问题，要求工作队负责在15日内完成住房建设工作。机关干部响应号召，捐款5万元。10月17日，举行新房交付仪式。

2017年11月17日，尤喀克库尔巴格村获“第五届全国文明村镇”称号。

2017年，自治区从2017年秋季学期开始实行南疆地区十五年免费教育，尤喀克库尔巴格村高中学生接受免费教育。

2018年7月3日，中华人民共和国农业农村部正式批准对“温宿大米”实施农产品地理标志登记保护。

2018年9月17日，中国地方志指导小组秘书长，中国地方志指导小组办公室党组书记、主任冀祥德到尤喀克库尔巴格村及河畔村开展调研，实地查看了自治区地方志编委会援建的方志渠、方志桥、方志幼儿园等利民基础设施。

2018年9月20日，全国年鉴研讨会暨中国地方志学会年鉴分会年度会议、第二届全国年鉴论坛与会人员共150余人到尤喀克库尔巴格村实地考察学习，并与村民开展“民族团结一家亲”联谊活动。

2018年，尤喀克库尔巴格村民在村卫生室、托乎拉乡卫生院就诊132人次，就诊总费用60050.95元，就诊统筹基金支付47596.13元，个人支付12454.82元。

2018年8月，自治区地方志编纂委员会邀请村民2批次62人到乌鲁木齐市开展“民族团结一家亲”结亲周活动。全年开展民族团结联谊活动9场5220人次。尤喀克库尔巴格村被评为温宿县民族团结进步模范村。

2019年7月，温宿县宣讲队在尤喀克库尔巴格村开展“壮丽70年走进新时代”大宣讲。

2019年10月3日，尤喀克库尔巴格村举办庆祝中华人民共和国成立七十周年文艺晚会。

2019年10月11日，尤喀克库尔巴格村成立边远散户自管会，管理边远散户，科技副主任杨健兼任自管会会长。

2019年11月1日，自治区地方志编纂委员会驻村工作队协调新疆宜化矿业有限公司捐赠的150吨冬季供暖煤分发给村贫困户。

2019年11月24日，新疆农科院副研究员邵伟华为尤喀克库尔巴格村100余名核桃种植大户、贫困户进行林果提质增效培训，发放栽培技术手册200余册。

2020年4月25日，自治区地方志编委会驻尤喀克库尔巴格村工作队和村委会组织召开民族团结进步示范村创建动员会。

2020年6月，扶贫项目——村组道路竣工投入使用，项目投资211万元，修筑柏油道路5.6千米，村组道路得到极大改善。

2020年7月1日，方志广场竣工投入使用。

2020年7月24—25日，由跨县异地派驻的普查工作组对全村19户64人建档立卡贫困户清查摸底、现场登记普查，脱贫攻坚工作通过普查验收。

2020年9月10日，尤喀克库尔巴格村开展民族团结宣讲会，分享发生在身边的民族团结感人事迹，引导各族群众“爱祖国、感党恩、听党话、跟党走”。

2020年9月23日，尤喀克库尔巴格村开展“好家庭”“好婆媳”“好邻居”“好青年”“好儿女”评选，共选出优秀代表45名。

2020年9月30日，方志集市竣工投入使用。

2020年11月，尤喀克库尔巴格村规划生产用地125亩，建设规模养殖场，实现养牛规模化经营。

2020年11月，尤喀克库尔巴格村建成农家书屋一间，面积35平方米，有藏书1200余册。农家书屋加挂尤喀克库尔巴格村青年之家、代表联络站牌子。

2020年12月，方志文化一条街投入使用。方志文化一条街以尤喀克库尔巴格村村委会为中心，向左右两侧辐射，东西长约600米，涵盖方志广场、徽式顶棚农民画、新疆历史文化长廊、方志集市、稻香亭等。

2020年，尤喀克库尔巴格村缴纳城乡居民基本养老保险599人次，政府代缴30人，人均200元，缴费金额合计149700元。

2020年12月，尤喀克库尔巴格村被温宿县人民政府授予温宿县民族团结示范村称号。

2021年6月，村党支部进行换届选举，阿里木江•伊敏当选为党支部书记，艾尔西丁•图尔荪、艾尔肯•司马义当选为党支部委员。选举产生第十届村委会，阿里木江•伊敏当选主任，艾尔西丁•图尔荪、艾尔肯•司马义当选副主任，塔依尔•铁力瓦尔地、阿扎旦木•买买提、赛买提当选为委员。

2021年7月1日，尤喀克库尔巴格村与全国一道建成全面小康社会。

2021年9月，利用中央财政衔接推进乡村振兴补助资金162万元，采购核桃烘干机15台，带动脱贫户、脱贫监测户、边缘户人均增加收入1000元以上。

第一章　建置　区划

尤喀克库尔巴格村位于中国新疆维吾尔自治区阿克苏地区温宿县托乎拉乡西北部，历史悠久，自汉代以来就是中国领土不可分割的一部分，区位独特，风光秀丽，物产丰富。尤喀克库尔巴格村是多民族聚居区，主要有维吾尔族、汉族等民族，2021年有317户、1166人。

第一节 地理位置

一、自然地理区位

尤喀克库尔巴格村位于中国新疆维吾尔自治区阿克苏地区温宿县托乎拉乡西北部，北纬41°31′，东经80°11′，海拔1117.8米，东接托万克库尔巴格村，西至库玛拉克河，南临河畔村，北出尤喀克苏布拉克村，东西长6.2千米，南北长3.7千米，总面积22.94平方千米。尤喀克库尔巴格村地处库玛拉克河冲洪积平原区，远望托木尔峰，库玛拉克河在南部沿村流过，地势平坦开阔，南低北高，宜于农业耕作。

尤喀克库尔巴格村民情地图

绘制时间：2023 年 10 月

尤喀克库尔巴格村远景(摄于2021年4月)

二、交通地理区位

尤喀克库尔巴格村区位优势较为突出,地处南疆地域性中心城市阿克苏市周边,距离托乎拉乡政府所在地11千米,距离温宿县人民政府19千米,距离阿克苏市26千米,距离新疆首府乌鲁木齐市1030千米,随着阿克苏温宿阿温一体化进程的不断加快,已融入阿克苏经济圈。距离国道314线22千米,距离民航机场22千米,距离阿克苏火车站32千米,交通路网立体便捷,交通运输条件和能力不断提升。

宽阔的村级公路(摄于2021年4月)

三、经济地理区位

尤喀克库尔巴格村是以优质水稻、核桃种植为主，融畜牧、家禽养殖、庭院经济、设施农业和农、工、商为一体的经济多元化城郊村。在农业分区上，属于库托冲积平原水稻、小麦区，土壤肥力适中，盐碱较轻，土壤以灰潮土、水稻土及灌溉草甸土为主，有机质含量大于2%的耕地占50%以上。虽然地下水位较高，但经多年坚持以治水改土为中心的农田基本建设，条田林网已基本成型，路、渠、建筑物已配套，热量条件较好，技术水平、生产水平均居全县之首，是温宿县的水稻商品粮基地。香稻种植历史源远流长，素有南疆“稻乡”之美誉。在历史上，温宿种植的香稻“纯系贡品”，其香气纯正、浓郁。

水稻幼苗生长期（摄于2021年5月）

水稻成熟期（摄于2019年10月）

第二节　历史沿革

尤喀克库尔巴格地域历史悠久。秦汉时期，村域是西域三十六国之一的姑墨城邦的属地。西汉神爵二年（前60），汉朝中央政府在乌垒城（今轮台境内）设西域都护府，作为统辖西域的最高军政机构，姑墨城邦隶属西域都护府管辖。自此，新疆广大地区就纳入伟大祖国的版图，成为中国神圣不可分割的重要组成部分。东汉永元三年（91）十二月，汉朝复置西域都护府于龟兹它乾城，姑墨受其管辖。东汉延光二年（123），汉朝置西域长史，延光三年(124)姑墨归其管辖。

魏晋南北朝时期，曹魏黄初三年（222）二月，姑墨隶属西域戊己校尉。西晋永宁元年（301）一月，凉州刺史统领西域长史、戊己校尉。东晋咸康元年（335）十二月，西域尽入前凉版图，姑墨受其西胡校尉管辖。前秦建元二十年（384）六月，隶属前秦西域校尉。后凉麟嘉五年（393）七月，隶属后凉西域大都护。东晋义熙五年（409），隶属西凉。南朝宋永初三年（422），姑墨向北凉称臣贡献。北魏太延四年（438），属柔然。北魏延兴元年（471），隶属北魏西域校尉。

唐贞观二十二年（648），隶属安西都护府。唐显庆三年（658）五月二日，唐置姑墨州，隶属安西大都护府。北宋熙宁五至七年（1072—1074）起，属地方政权喀喇汗王国。南宋绍兴四年（1134），属西辽。

蒙古太祖十三年（1218），姑墨归附蒙古汗国。蒙古太祖二十年（1225），为察合台汗封地，察合台汗将包括姑墨在内的一带地域赐予其总管杜格拉特部首领。明正德九年（1514）六月，赛依德汗建立叶尔羌汗国，温宿归其管辖。

历史文化墙（摄于2021年10月）

清乾隆二十二年(1757),清朝将温宿县定名为阿克苏。光绪九年(1883),置温宿直隶州。光绪二十八年(1902)九月,温宿直隶州升格为府,增设温宿县,隶属温宿府。

民国2年(1913),温宿府改设阿克苏道,温宿县隶属阿克苏道。民国17年(1928),阿克苏道改为阿克苏第四区行政长公署,温宿县受其管理。民国32年(1943),阿克苏第四区行政长公署改为阿克苏第四区行政督察专员公署,温宿县受其管辖。

1949年10月1日,中华人民共和国成立,温宿县受阿克苏区行政督察专员公署管辖。1958年5月29日,撤销温宿县建制,温宿县并入阿克苏县。1962年,恢复温宿县建置。

第三节　行政区划

尤喀克库尔巴格村的村落历史最早可追溯到清朝时期。清光绪三十四年(1908),温宿县划分县域,共设4区,库尔巴格庄为南区所辖。民国19年(1930),温宿县设东、南、西、北4乡,村境为南乡库尔巴格庄。民国25年(1936),温宿县设8区、11乡、5镇,上、下库日巴各庄属五区孝悌乡管辖。民国36年(1947)9月,温宿县整编乡、镇、保、甲,村境归属于新二乡。

1950年废除保甲制,温宿县划为6个区,30个乡,村境归属于二区(托乎拉)库尔巴格乡。1958年5月29日,温宿、阿克苏两县合并为阿克苏县,村境并入温宿镇。

1958年10月,撤销区乡建制,成立政社合一的人民公社,温宿镇人民公社成立尤喀克库尔巴格大队。1962年10月20日,恢复温宿县治。尤喀克库尔巴格大队隶属于托乎拉人民公社库尔巴格管理区。1965年3月,专区水稻农场在托乎拉公社境内组建,尤喀克库尔巴格等6个大队划归农场管辖。1969年4月4日,温宿县革命委员会成立,各公社先后成立革命委员会,撤销各公社的管理区建制。1970年,水稻农场下放温宿县管辖。1980年,县革委会决定将原从托乎拉公社划给农场的6个大队仍划归托乎拉公社管辖。1981年恢复公社管理区建制。1984年,政社分设,原公社、大队、生产队分别改为乡、村民委员会、村民小组,同时废除管理区建制。至2021年,尤喀克库尔巴格村辖4个村民小组,隶属于托乎拉乡。

第四节　村属地名

尤喀克库尔巴格村每一个地块都有自己的地名,尽管早先的原始丛林、沙漠、沼泽及河湖后来被开发成耕地或核桃林,但依旧沿用过去的地名,有些地方因地貌发生了变化,地名也发生了改变,或不再适用。

一、村名由来

尤喀克库尔巴格，维吾尔语，与玉斯屯克库尔巴格同义。尤喀克意为“上”，“库尔巴格”是“库鲁克巴格”的简称，意为“旱地果园”，合为“上果园”。因地利水丰、果木繁盛而得名。清朝时期已有库尔巴格庄的地名，民国时期有上、下之分。1990年更名为玉斯屯克库尔巴格村，2019年复名尤喀克库尔巴格村。以前村域大部分是长满野草的沙地。泉水多的地方都变成湿地，无法种植。前人在清朝时期从库玛拉克河引水开挖了一条水渠，选择空旷旱地建起了零星果园。现在这些果园旧址上除保留几棵老桑树或老杏树外，基本开发成了耕地。

据村民玉山·阿迪力（2016年初采访时80岁）回忆，100多年前，尤喀克库尔巴格和托万克库尔巴格是一个村，叫库尔巴格村，共有8个自然村。尤喀克库尔巴格的萨乌尔伯克和托万克库尔巴格的扎依提·沙木什两个人经常争地，于是把库尔巴格村分了两个村，每村分4个自然村。萨乌尔伯克有托克·萨乌尔和司马义·萨乌尔两个儿子，托克·萨乌尔有4个子女，其中一子为玉素甫·托克，村委会原副主任艾合买提·玉素甫为其子。

二、各村民小组名称由来

维吾尔语称村民小组为“买里”，本村有4个村民小组。

第一小组，阿德尔库木买里，曾名墩买里，境内曾经是沙地。之前一组和三组合称为“尤喀克买里”。这是对小组内部而言的名称，小组外围，也就是沙地多的地方称“阿迪尔买里”。民国时期沙力·托克（萨乌尔伯克之孙）为一组和三组的十户长。

第二小组，亚尔科瑞克买里。“亚尔”是维吾尔语“土地”的意思。境内泉水众多，但看不到泉水形成的水流，各泉水像坎儿井一样在地下交叉连接在一起形成暗渠，密布于地下，纵横交错，驴马稍不注意就会陷落。因地面形似自然桥，故被称为“亚尔科瑞克”（地表桥之意）。民国时期买提尼亚孜翁贝希为这个买里的十户长。

第三小组，吾斯塘博依买里，维吾尔语意为水渠边，因库玛拉克河引来的水渠经过该小组而得名。民国时期有三十多个人，如今是村里人口较多的小组。

第四小组，托格热买里，维吾尔语意为横向或正面。民国时期坎吉·温贝希为十户长。曾有过阿西木·卡斯木、库迪热提·阿木提、祖卜敦·帕勒塔等民间艺人。

三、其他地名

村里每一块地都有名称。据群众口述和实地调查，共搜集村属148个地名，包括果园、水渠、泉眼、树林、麦场、湿地、水磨、土墩子、草地、沙地、稻田、荒地、滩地、村民老宅等。人们习惯以地块所属命名，随着村庄建设的日新月异，斯人斯宅或已不在，但41个老宅的地名仍在口口相传，留存在人们的记忆当中。

2021年尤喀克库尔巴格村地名统计表

表1

序号	地名	地名含义
1	吾守尔·托木尔巴格	吾守尔·托木尔的果园
2	买买提尼牙孜·依马木巴格	买买提尼牙孜·依马木的果园
3	毛来克·艾依提巴格	毛来克·艾依提的果园
4	亚尔科瑞克清真寺	地表桥清真寺
5	亚尔科瑞克陵园	地表桥陵园
6	阿里木·卡迪尔巴格	阿里木·卡迪尔的果园
7	吐尔逊·卡吾力巴格	吐尔逊·卡吾力的果园
8	若孜·塔依尔巴格	若孜·塔依尔的果园
9	阿迪尔·库木巴格	阿迪尔·库木的果园
10	麻扎尔托古拉克巴格	胡杨林果园
11	马木提·斯迪克巴格	马木提·斯迪克的果园
12	扎拉提力克	墓地
13	克因可扎拉提力克	后期的墓地
14	依乌拉·尼亚孜巴格	依乌拉·尼亚孜的果园
15	拜克力·艾买提巴格	拜克力·艾买提的果园
16	托乎提·买孜那洪巴格	托乎提·买孜那洪的果园
17	巴格	果园
18	达依木·铁木尔巴格	达依木·铁木尔的果园
19	墩买里扎拉提力克	第一村民小组墓地
20	卡尔梅克扎拉提力克	蒙古墓地
21	扎拉提力克	墓地
22	扎拉提力克	墓地
23	亚尔科瑞克布拉克	地表桥泉
24	木沙邱格尔布拉克	木沙邱格尔家附近的泉
25	阿瓦布拉克	阿瓦家附近的泉
26	唐喀克布拉克	弯曲流淌的泉
27	麦克太普	学校
28	铁热克布拉克	白杨泉

续表1

序号	地名	地名含义
29	色力克乌古拉克萨依	黄羊滩
30	色格孜力克	黏土地
31	托克伯克尤里滚里克	托克伯克家的红柳林
32	马扎尔库木	沙漠坟地
33	库木西力克	芦苇滩
34	如苏力·斯迪克乌力庞	如苏力·斯迪克家的老宅
35	依乌拉·尼亚孜乌力庞	依乌拉·尼亚孜家的老宅
36	鹊力巴格	戈壁果园（一直都是荒野，1995年开垦出来）
37	哈曼	麦场（第一村民小组2013年还在使用）
38	唐喀克	因泉而弯曲流淌的小渠（1985后开发出来）
39	苏皮亚尔江尕勒	苏皮亚尔家附近的灌木丛（1985年后才有）
40	罕尼沙汗·卡斯木乌力庞	罕尼沙汗·卡斯木家的老宅
41	楚嘎尔·莫里托乎提乌力庞	楚嘎尔·莫里托乎提家的老宅
42	水稻场地块	水稻场地块
43	乌尊夏立克	长稻田
44	依买尔·吐尔迪乌力庞	依买尔·吐尔迪家的老宅
45	插秧机	插秧机
46	墩舒尔	高碱地
47	哈曼	麦场
48	买买提·艾买提乌力庞	买买提·艾买提家的老宅
49	乌依拉阿勒迪	院子前
50	马扎尔苏盖提阿勒迪	陵园地柳林前
51	乌依拉凯尼	院子后
52	吐格曼阿勒迪	水磨前
53	亚克甫·拉合曼家门口	亚克甫·拉合曼家门口
54	比力克括勒	鱼塘（原本是片沼泽，曾叫孔乌尔提坎里克，中间也叫过水库，泉多）
55	依麦尔·马木提吐格曼	依麦尔·马木提家的水磨
56	扎拉提力克	墓地
57	阔里图克	小池塘
58	邱格尔·斯迪克乌力庞	邱格尔·斯迪克家的老宅
59	奈乌热西·阿依拉姆孜力克力克	奈乌热西·阿依拉姆家的黑果小檗
60	斯拉木·玉努斯乌力庞	斯拉木·玉努斯家的老宅

续表1

序号	地名	地名含义
61	托乎提·乌斯塔姆乌力庞	托乎提·乌斯塔姆家的老宅
62	拜克力·艾买提乌力庞	拜克力·艾买提家的老宅
63	琼哈曼	大麦场(1970年初还在使用)
64	诺桂坡罗艾买提·阿洪乌力庞	艾买提·阿洪家的老宅(改革开放前因缺少吃饭用的碗碟,艾买提·阿洪去参加婚礼总要自带葫芦瓢吃抓饭,还要带回家一些)
65	买买提毛拉乌力庞	买买提毛拉家的老宅
66	沙力·亚克甫乌力庞	沙力·亚克甫家的老宅
67	乌斯曼·阿尤甫乌力庞	乌斯曼·阿尤甫家的老宅
68	萨米西·迈特尼亚孜乌力庞	萨米西·迈特尼亚孜家的老宅(此人擅长制作木勺和镰刀把)
69	沙力·迈特尼亚孜的地块	沙力·迈特尼亚孜的地块
70	亚森·沙力的房子	亚森·沙力的房子
71	吾守尔·艾特乌力庞	吾守尔·艾特家的老宅
72	都干嘎斯乌力庞	都干嘎斯家的老宅
73	艾山和田乌力庞	艾山和田家的老宅(此人是个织布匠)
74	胡大库里·斯拉木灌木丛	胡大库里·斯拉木家附近的灌木丛
75	萨迪尔·夏西吐格曼	萨迪尔·夏西家的水磨(该水磨坊1990年还在,使用正反转双石磨)
76	亚森·沙力吐格曼	亚森·沙力家的水磨(1990年还在使用)
77	卡赞布拉克	锅泉(已消失)
78	撒子力克	沼泽地(1990年前后开发成地块,已消失)
79	乌依江尕勒	洼地灌木丛(1990前后年开发,已消失)
80	霍加·木尼亚孜乌力庞	霍加·木尼亚孜家的老宅
81	艾山·都噶木乌力庞	艾山·都噶木家的老宅
82	吐尔迪·迈特尼亚孜夏立克	吐尔迪·迈特尼亚孜家的稻田
83	玉山·阿迪力乌力庞	玉山·阿迪力家的老宅
84	索克能阿勒迪夏立克	寒流前的稻田
85	西瓦尔汗·托乎提乌力庞	西瓦尔汗·托乎提家的老宅
86	亚森·如依木乌力庞	亚森·如依木家的老宅
87	铁木尔·尼亚孜乌力庞	铁木尔·尼亚孜家的老宅
88	恰干里克夏立克	春节稻田
89	司马·义艾山吐格曼	司马义·艾山家的水磨

续表1

序号	地名	地名含义
90	干地哈那夏立克	粪肥稻田
91	苏木盘吐格曼	苏木盘水磨
92	库西卡其强格斯	麻雀窝(2007年修成)
93	买买提·吾拉依木榨油坊	买买提·吾拉依木榨油坊
94	楚瓦尔·买托乎提乌力庞,木沙·阿尤甫乌力庞,亚森·艾沙乌力庞,阿吾提·萨吾提乌力庞	楚瓦尔·买托乎提、木沙·阿尤甫、亚森·艾沙、阿吾提·萨吾提家的老宅
95	萨依夏立克	滩地稻田
96	毛来克·伊莱克,司马义·阿布拉乌力庞	毛来克·伊莱克、司马义·阿布拉家的老宅
97	达依木·铁木尔乌力庞	达依木·铁木尔家的老宅
98	撒子力克	沼泽地
99	木沙·阿尤甫乌力庞	木沙·阿尤甫家的老宅
100	艾山阿吉木乌力庞,萨依提·托乎提,马木提·萨吾提乌力庞	艾山阿吉木、萨依提·托乎提、马木提·萨吾提家的老宅
101	木沙·若孜乌力庞	木沙·若孜家的老宅
102	海热尼沙汗·喀斯木、萨依木·木密西乌力庞	海热尼沙汗·喀斯木、萨依木·木密西家的老宅
103	马木提·斯拉木乌力庞,尼亚孜·艾孜木乌力庞	马木提·斯拉木、尼亚孜·艾孜木家的老宅
104	艾山·萨提拉西乌力庞	艾山·萨提拉西家的老宅
105	阿卜杜克然木乌力庞	阿卜杜克然木家的老宅
106	热合曼·斯拉木乌力庞	热合曼·斯拉木家的老宅
107	库德来提·阿木提乌力庞	库德来提·阿木提家的老宅
108	卡赞布拉克撒子力克	锅泉附近的沼泽地
109	艾沙·木沙乌力庞	艾沙·木沙家的老宅
110	伊斯特玛	泥沼地
111	阿木提·买孜那洪乌力庞	阿木提·买孜那洪家的老宅
112	吐尔迪·玉努斯哈曼	吐尔迪·玉努斯家的麦场
113	括勒	湖(已填土改种水稻)
114	尼亚孜木匠地块	尼亚孜木匠的地块
115	乃买提·吾守尔地块	乃买提·吾守尔的地块
116	若孜杜尔尕木夏立克	若孜管家的稻田
117	墩夏立克	高稻田

续表1

序号	地名	地名含义
118	迈特尼亚孜·依麻木夏立克	迈特尼亚孜·依麻木家的稻田
119	哈曼	麦场
120	其可乐当地块	坡地
121	盖麦塔姆阿勒迪	地窝子前
122	阿木提·马木提乌力庞	阿木提·马木提家的老宅
123	阿苏特·苏珀尔盖乌力庞	阿苏特·苏珀尔盖家的老宅
124	卡迪尔·萨依提巴格	卡迪尔·萨依提家的果园
125	夏万罕·迈特尼亚孜乌力庞	夏万罕·迈特尼亚孜家的老宅
126	萨依力克	戈壁
127	亚克甫·热合曼乌力庞	亚克甫·热合曼家的老宅
128	亚尔库鲁克索克斯	地表桥木犁
129	塔西蓝杜克麦斯基特	已废弃的清真寺
130	盖麦阔坦	地窝子羊圈
131	撒子力克	沼泽地
132	乌孜古能布衣	别人的地
133	吾守尔·铁木尔地块	吾守尔·铁木尔地块
134	依坎力克	八角刺
135	尼亚孜·阿卡姆地块	尼亚孜·阿卡姆地块
136	喀拉吾斯塘	黑色大渠
137	墩哈曼	坡地麦场
138	吴吉玛阔坦	桑树旁的羊圈
139	斯迪克·艾买提乌力庞	斯迪克·艾买提家的老宅
140	卡赞布拉克	锅泉
141	三闸口	三闸口
142	冈依热克	小渠
143	斯坦萨吾斯塘	厂渠
144	吐尔迪温比西地块	吐尔迪十户长的地块
145	哈曼	麦场
146	伊兹拉·库尔班乌力庞	伊兹拉·库尔班家的老宅
147	达吾提·尼亚孜乌力庞	达吾提·尼亚孜家的老宅
148	台孜克尔吾斯塘	方志渠

第五节　人　口

一、人口总量

清朝时期，前人从库玛拉克河引水开挖水渠，选择空旷旱地建起零星果园。本村居民中，以外地迁居人口的后裔占多数。一组、二组、三组居民绝大多数是柯坪人后裔；四组居民一半是克孜勒人和阿热勒人的后裔，一半是乌什人的后裔。自管会居民大多是改革开放后从其他省市迁徙而来，开荒耕地，以汉族为主。

1985年12月，全村有3个村民小组，106户，503人。

1999—2006年，全村在阿克苏地区大中专院校毕业的村民共8人。

2008年，全村有人口1009人(一说1030人)，174户。有党员46名(一说49名)。

2009年，全村老年人口47人。

2010年，全村174户，农村户口840人。

2012年，全村212户1025人，其中18岁以上人口697人(男356人、女341人)。

2015年，全村有4个村民小组，256户，1025人。

2016年，全村共有247户1192人，其中18~35岁共174人，由维吾尔族、汉族、回族、彝族、藏族5个民族组成。

2020年，全村人口1193人。

截至2021年6月5日，全村农业户口人口317户1166人，男580人，女586人。其中，共青团员150人，中共党员70人，预备党员7人，群众939人；大学本科及以上11人，大专31人。

二、民族构成

2021年，尤喀克库尔巴格村常住人口主要有维吾尔族和汉族。流动人口来自汉族、藏族、苗族、土家族等民族，主要从事林果业和水产养殖业。

第二章　自然　资源

尤喀克库尔巴格村位于库玛拉克河冲积平原区，地势总体自西北向东南倾斜，属大陆性暖温带干旱气候，气候温和，光热资源、水土资源丰富，有天然湿地，泉眼之多为南疆少见。

第一节　地质　地貌

一、地质

早震旦纪时期，新疆区域大部分地区被海水覆盖。温宿县处于塔里木河和天山河之中。石炭纪早期，受华力西构造运动影响，地壳变动强烈，格局发生重大变化，塔北丘陵形成长条形的塔北岛（天山南麓坡前平原一带），并向西南延伸，塔里木平原复变为塔里木河。温宿县处于狭长的塔北岛中心线地段。早二叠纪时期，温宿县北面大部处于南天山海上，南绿洲地带处于塔西海中。晚二叠纪时期，温宿县处于库车盆地。中新世时期，新构造运动强烈，山区上升，塔里木成为统一的盆地。温宿县西北小部在古天山，其余地域在塔里木盆地。至第四纪，形成与今基本相似的地理环境，北为天山，南为塔里木盆地。

二、地貌

温宿县地势北高南低，地貌分为北部山区和南部丘陵平原区。托什干河与库玛拉克河形成西起吐木秀克乡，东至温宿镇，东南以坎坡与台兰河洪积—冲积平原为界的冲积平原。尤喀克库尔巴格村位于库玛拉克河冲积平原区，地势总体自西北向东南倾斜，地势平坦、开阔，海拔高程1142 ~ 1176米，地形坡降千分之二到千分之四，宜于农牧耕作。

第二节　气　候

尤喀克库尔巴格村属大陆性暖温带干旱气候，气候温和，光热资源丰富，夏季炎热，昼夜温差大，降雨稀少，蒸发量大，冬季寒冷，无霜期长。年平均气温10.3摄氏度，历年极端最高气温38.4摄氏度，历年极低气温零下27.4摄氏度，年较差33.2摄氏度，年平均日较差12.1摄氏度，历年平均降水量65.4毫米，最大降水量146.3毫米，历年最大蒸发量1966.2毫米，无霜期在184天(215天)。每年3—4月多风，常伴有风沙，形成浮尘天气。

受冰川雪水补给，全村地表水充沛（摄于2021年7月）

第三节　水　文

一、地表水

尤喀克库尔巴格村地表水，来自库玛拉克河，多年平均径流量为48.07亿立方米，多年平均流量为每秒152.5立方米，阿克苏河流域管理处给温宿县下达额定用水指标为4.44亿立方米，实际用水量4.4049亿立方米。

二、地下水

尤喀克库尔巴格村地处天山山前潜水溢出带，库玛拉克河冲积平原上，为地下水的补充存储创造了良好的条件，以河流入渗、渠系入渗、灌溉入渗三种补给为主。含水层多为砾层，部分为粉砂或砂壤。至2021年，地下水位较高，地下水埋藏深度0.8～1米，矿化度为淡水、弱矿水。

流经尤喀克库尔巴格村的帕瓦里电站河（摄于2022年6月）

第四节　泉　湿地

一、泉

尤喀克库尔巴格村地下水丰富，天然泉水随处可见，是农业灌溉、鱼塘养殖的重要水源之一。曾几何时，泉水在第二村民小组地下交叉连接在一起形成暗渠，像坎儿井一样从地下流动，从地面看不到流水，地面天然变成桥体，这也是亚尔科瑞克买里名称的由来。

泉水数量之多在南疆可谓罕见，最盛时曾达1000余个泉眼，是名副其实的“泉村”。截至2021年，除湮没、填埋者外，尚有一百余处泉眼。这些泉水，或以形、声、位置取名，或无名而名，各具情趣，为各处农田、水面静静补充着水源。泉水不仅数量多，而且各具风采，灿烂晶莹，欢腾喷涌。因泉水来自岩层深处，受气温影响甚微，水温比较稳定，四季流淌，常年保持在17℃～18℃。

长年喷涌不断的地下泉水（摄于2021年7月）

荷花特色种植(摄于2021年7月)

比较大的泉水有:

1. 亚尔科瑞克布拉克,意为地表桥泉,发源于若孜·塔依尔的果园,在亚尔科瑞克坟墓附近聚集流入到鱼塘,最后流到托万克库尔巴格境内。像坎儿井一样在地下流动。目前仍然涌水。

2. 木沙邱格尔布拉克,发源于村委会前,流经学校门口。一组通自来水前就饮用这个泉水。至2021年,村委会前只剩下一个泉眼。

3. 阿瓦布拉克,意为阿瓦家的泉,长年流水不断,位于二组和三组之间湿地,目前仍然涌水。

4. 唐喀克布拉克,意为弯曲流淌的泉,位于尤喀克库尔巴格村和河畔村分界线边上。

5. 铁热克布拉克,意为白杨泉,位于泰图尔括勒上方,已干枯。

6. 卡赞布拉克,意为锅泉,以形似锅盖而得名,位于四组楚瓦尔·买托乎提老宅上方。

7. 泰图尔括勒,泰图尔意为反转,括勒意为池塘,位于二组,据说那里曾有个深不见底的泉眼,泉水反转才流出,故得名。那一带曾是野猪经常出没的丛林,1949年中华人民共和国成立前,每逢周三,会有人去打猎。

延伸阅读：

有泉水的村庄

只因有水，一个村庄灵动起来。我爱上尤喀克库尔巴格村，其实是恋上这绕村的泉水。

温宿县托乎拉乡尤喀克库尔巴格村，位于白雪皑皑、云缠雾绕的托木尔峰南麓，库玛拉克河冲积平原上。这里瓜果飘香、风景如画，让人流连忘返，而最让我陶醉的莫过于村里那一汪汪清澈的泉水，水面波光粼粼，鱼虾穿行其间，荷叶摇曳生姿。

4月，正是青苗绿纱般氤氲了田野的时候，尤喀克库尔巴格村早已是个美丽的大花园了。这儿桃花点点、杨柳依依，花香鸟语、蜂飞蝶舞。村庄被清澈的泉水点缀，放眼都是山水画。

当地志书记载：这里多泉、沼泽、天然水泊，地形平坦，水源充足，地下水储量达10多亿立方米，是种稻育果养鱼的好地方。

7年前，我在托乎拉乡河畔村驻村时，就听说尤喀克库尔巴格村是一个被泉水环绕的美丽村庄，那儿的山泉水能用手捧着直接喝吗？我心生几分好奇和遐想，对它的向往之情油然而生。

后来，我有幸到尤喀克库尔巴格村度过了两年驻村生活。初来村里，我便怀着期待的心情，穿梭于田埂阡陌之间，行走在丛林水流之旁，寻找那向往已久的清泉。在和村民的交谈中得知，以前村里有大大小小的泉眼不下百处，虽然现在泉眼有所减少，但还有好几处一直有小股泉水涌出，几经曲折流入附近的一湾水塘，谁也不知道这些泉水到底流淌了多久。

泉水是尤喀克库尔巴格村的生命之水。它滋养着整个村庄，涵养着全村人的心性。因为泉水，这里的水稻有“一地花开香满坡，一家做饭四邻香”的赞誉；因为泉水，这里的核桃以壳薄肉厚、果仁饱满而畅销不衰；因为泉水，这里的瓜果以味甜多汁、清脆可口而闻名遐迩。近年来，随着全村用上了自来水，人们对泉水的直接使用逐渐减少，使得泉水再现生机。那汩汩流淌的泉水，仿佛在昭示着尤喀克库尔巴格村永不停歇的发展脚步。

泉水是尤喀克库尔巴格村的灵魂。水本无色无味，但在尤喀克库尔巴格村，泉水却是五颜六色的。一年四季，这里的泉水倒映着水稻的绿色、桃花的粉色、荷花的白色、苹果的红色、秋叶的黄色……这儿的泉水是甘甜的，它把甜蜜流进西瓜、葡萄、水蜜桃……滋养万物，最终也化作万物。

时间如流动的泉水。难忘的驻村生活匆匆结束，我又回到了原工作岗位，但一想起喝着尤喀克库尔巴格村泉水的日子，幸福感便像甘泉一样涌上心头，不知不觉中，那儿早已成为我的又一个故乡。

愿泉水滋养这片肥沃的土地，哺育着这里淳朴的人们，永不枯竭、永远清澈。

作者：陈忠，自治区地方志编纂委员会干部（新疆日报：2022-08-15 A08版宝地·作品）

二、湿地

20世纪80年代，尤喀克库尔巴格村湿地面积达五六百亩，泉眼超过500个。后因人口增加，不断开垦耕地，湿地面积逐年减少，至2021年，湿地面积仅为20～30亩，泉眼100余个。

湿地（摄于2022年6月）

第五节　资　源

一、土壤

尤喀克库尔巴格村土壤主要以草甸土为主，其次还有沼泽土、灌淤土，土层厚度在0.8-1.2米之间，适宜种植水稻和其他作物。土壤富硒，处于温宿县富硒农产地。土地无重金属污染，符合绿色食品产地土壤环境质量标准。2021年总耕地16300亩。

2017年7月11日，新疆地质调查院在温宿县发现富硒土壤面积约278平方千米，其中尤喀克库尔巴格村富硒土壤面积约93平方千米，主要分布在温宿县托乎拉乡和水稻农场一带、恰格拉克乡和阿热勒镇一带，主要土地利用方式为农田区，农作物主要为水稻、核桃、红枣、苹果、玉米、棉花等。小麦、水稻、玉米、辣椒等较易吸收土壤中的硒元素，富硒区的水稻含量每千克可达0.115毫克，小麦可达0.104毫克，玉米可达0.071毫克，苹果、番茄、红枣等富硒量比水稻、玉米等低。

据中国地质调查局西安地调中心于2020年10月12日发布的《发展绿色农业产业 提升南

旅游观光休闲农业（摄于2020年12月）

疆“硒”引力 接续推进全面脱贫与乡村振兴有效衔接》记载：2016年以来，自然资源部中国地质调查局西安地调中心新疆土地质量地球化学调查团队制定了立足重点区1:5万土壤地球化学调查、放眼南疆优势特色农作物调查的方案，近4年时间，先后采集各类农牧副渔产品1600余件，发现9类16种富硒产品。项目组在温宿县圈定A级绿色富硒农产地11.86万亩，AA级绿色富硒农产地3.35万亩，编制了温宿县特色农作物种植规划建议图，提出了温宿县应重点发展优质富硒水稻，积极倡导林果业“立体式”模式，种植富硒核桃和红枣，向“观光农业”“体验农业”发展，带动乡村旅游。

二、植物

尤喀克库尔巴格村为传统耕作区，植被类型主要为草甸植被，植被多为人工栽植，主要种植作物有小麦、水稻等，经济林主要有核桃、红枣、苹果等。人工林主要树种有胡杨、榆树、柳树、白杨、青杨（本地杨树）、黄杨等，其他林木有沙枣树、桦树等。其中胡杨、黄杨以及榆树渐渐变少，普遍种植钻天杨。

野生植物主要为灌木及草类，有红柳、梭梭、甘草、沙棘、芨芨草、黑果小檗、蔷薇、麻黄、小鸦葱、蒿草、芦苇、骆驼刺、八角刺、蒲草、野蔷薇、马莲、苦豆子、列当、骆驼蓬、刺儿菜、田旋花、萹蓄、苘麻、马齿苋、禾草、马唐、牛筋草、狗尾巴草、苜蓿、蒲公英等，芨芨草、苦豆子比较多，杨树林中多有蘑菇，芦苇和蒲草也有少量，其他植物已少见。

沙枣（摄于2020年9月）

水蜜桃（摄于2021年6月）

无核白葡萄(摄于2021年5月)

冰糖心苹果(摄于2021年5月)

小黄杏(摄于2021年7月)

三、古树

尤喀克库尔巴格村古树多以杨树、沙枣树、桑树为主,主要分布在村道路边、河水旁、地头边、院落周围,树龄从100年到300年不等,最有代表性的古树有第三村民小组亚森·马木提家院落的沙枣树和杨树,据林业部门鉴定其中最老的沙枣树已有100年的树龄,最老的杨树已有200年左右树龄。最老的桑树至今已有300年的树龄,位于第一村民小组艾合买提·玉素甫院落。

百年古桑树(摄于2022年6月)

四、动物

野生动物有:禽类:野鸡、野鸭、白鹤、白鹭、麻雀、乌鸦、燕子、雁、鹰、喜鹊、啄木鸟、布谷鸟、石鸡、水鸪鸪、戴胜、隼、云雀、斑鸠、灰乌鸦等。昆虫类:蟋蟀、蝗虫、蝴蝶、蜻蜓、野蜂、苍蝇、蚊子、瓢虫、蚂蚁等。偶蹄类:野猪、黄羊。兔形类:野兔。爬行类:蛇、壁虎。两栖类:青蛙、蟾蜍。鱼类:野鲫鱼、野草鱼、野鲤鱼等。其中狐狸、黄羊、蛇、壁虎等已很少见,灰乌鸦、野猪、水鸪鸪、河鱼基本绝迹。

大白鹭(摄于2021年12月)

雉鸡(摄于2021年6月)

雏鸭(摄于2021年3月)

五、矿藏

库玛拉克河周边有一定的黏土、陶土、白云岩、花岗岩、石灰石、砂石料等资源。

2018年8月至2019年12月，阿克苏中曼油气勘探开发有限公司在尤喀克库尔巴格村辖区开展了油气储量勘探工作，先后在22.94平方千米的区域内打钻探洞900余眼，主要分布于田地、林带、道路，勘探结束后，向尤喀克库尔巴格村支付补偿资金74000元，在邻近的托万克库尔巴格村开展了油气资源开发工作。尤喀克库尔巴格村位于中曼油气勘探开发有限公司在温宿县境内温北油田温7区块的核心区，该区块探明石油地质储量3011万吨、天然气储量4.49亿立方米，储量规模达到中型以上油气田，含油气前景和潜力巨大。

地下矿藏储量丰富（摄于2021年12月）

第三章　基层组织

中华人民共和国成立前，民国27年(1938)，为了发展巩固抗日民族统一战线，中共中央派出一大批中共党员到新疆工作。其中，分配到温宿县工作的中共党员有程九柯(陈九柯)、钱萍(钱春申)。他们发动群众、宣传抗战、发展生产、改善民生，为各族人民办了很多好事实事。犹如沉沉黑暗中的盏盏明灯，照亮了各族人民的心坎。1949年中华人民共和国成立后，1950年3月中共温宿县委正式成立，组建温宿县第一个基层党组织——中共温宿县机关支部，全县党的基层组织建设工作拉开序幕。1952年6月，结合土改试点工作，温宿县开始在农村建立党组织，第一个农村党支部在二区二乡（今托乎拉乡库如力村）成立，尤喀克库尔巴格村村民中的先进分子积极向党组织靠拢，先后有数人向党组织递交入党申请书。1957年，尤喀克库尔巴格村党支部成立，从此在中国共产党的领导下，全体村民意气奋发地走向社会主义康庄大道。

第一节　党支部

一、机构沿革

1950年3月，随着新疆建立党的各级地方组织工作的全面展开，中共温宿县委员会成立，温宿县党的基层组织建设揭开序幕。1951年4月，中共温宿县二区（托乎拉）委员会等6个区委会成立。1952年6月，结合土改试点工作，农村开始建立党组织，全县第一个农村党支部在二区二乡（今托乎拉乡库如力村）成立。尤喀克库尔巴格村村民中的先进分子积极向党组织靠拢，先后有数人向党组织递交入党申请书。1953年，穆萨·肉孜成为村里第一个中共党员。

1957年，尤喀克库尔巴格村党支部成立，阿不拉·肉孜为第一任支部书记。1958年5月，温宿县建制撤销，辖区并入阿克苏县，二区区委会随之撤销，各基层党支部划归温宿镇党委管辖。同年10月，撤销区乡建制成立人民公社，各村党支部改为大队党支部，由温宿镇人民公社党委管辖。1962年5月，从温宿镇人民公社析置托乎拉人民公社，大队党支部隶属公社党委。10月，温宿县建制恢复。1965年3月，专区水稻农场在托乎拉公社境内组建，尤喀克库尔巴格等6个大队划归农场管辖，党支部隶属农场党委。1970年，水稻农场下放温宿县管辖。1980年，县革委会决定将原从托乎拉公社划给农场的6个大队仍划归托乎拉公社管辖，尤喀克库尔巴格大队党支部隶属托乎拉公社党委。1984年改变人民公社体制，成立乡人民政府。同年10月17日，温宿县委决定在托乎拉乡进行政社分开建立村委试点工作，原公社大队成立村党支部和村委会，小队成立村民小组。11月22日，试点工作完成，尤喀克库尔巴格村党支部成立，隶属托乎拉乡党委。 2019年10月，尤喀克库尔巴格村成立村党总支部，下设党支部3个、党小组4个，具体为：第一党支部、第二党支部、第三党支部，第一村民党小组、第二村民党小组、第三村民党小组、第四村民党小组。2020年11月，撤销尤喀克库尔巴格村党总支，成立尤喀克库尔巴格村党支部；原尤喀克库尔巴格村党总支下设党支部一并撤销，以村民小组为单位成立4个党小组。党小组在支部委员会领导下开展工作，组织党员学习和参加组织生活，检查党员履行义务、行使权利和执行支部委员会、党员大会决议的情况，反映党员、群众的意见。

村党支部成立之初，只有3名党员。此后，随着社会各项事业的发展和党对农村工作的不断加强，党员人数不断增长。尤其是1978年中共十一届三中全会后，根据温宿县委的指示，普遍对党员进行党的基本知识和方针、政策、路线、纪律等教育，对党组织进行整顿，恢复和建立了党支部书记责任制、民主评议党员、"三会一课"等工作和学习制度，进一步规范农村基层组织建设和党员发展工作。

20世纪90年代以来，尤喀克库尔巴格村党支部以"五好"党支部建设为目标，以争创"十星级"党支部为方向，常态化开展政治理论学习教育和管理党员教育，坚持"三会一课""两会两票"等制度。注重引导农村先进分子，如先进典型、民兵组织骨干、致富能手、退伍军人、返乡大中专毕业生等向党组织靠拢，不断壮大党员队伍。同时，更加注重党员的政治标准和党员发展的规程，推进党员队伍在知识结构、质量数量上的不断优化，村党支部议事决策能力得到全面提升，组织能力不断提升。

至2021年，尤喀克库尔巴格村设有党支部，下辖4个党小组，共有党员77名；有经村民选举产生的村民委员会和村务监督委员会；群众团体有共青团村支部和村妇女联合会。这些组织各尽其责，有效发挥职能，确保了党的路线、方针、政策和国家、地方法律法规在全村得到贯彻执行，为全村社会稳定、经济增长、各项事业发展提供了坚强的制度和组织保障。

二、历届村党支部成员

1984年11月，托乎拉乡政社分开建立村委工作完成。本着少而精的原则，村党支部设3人，由书记1人、支部委员2人组成。支部书记抓全盘工作，重点抓政治思想工作和组织纪律工作；委员分别负责宣传、统战和群团工作。1993年，根据党建目标管理的要求，结合人大、政府的换届选举，托乎拉乡对各村党支部进行改选、调整，将一批政治坚定、勇于开拓的青年干部充实到村级领导班子中来。2008年3月，进行村党支部换届选举，艾热提•玉山[①]当选为村党支部书记，艾合买提•玉素甫当选为村党支部副书记，古丽尼沙•吾守尔、艾赛提•吐尔地、吐尔逊•依斯拉木[②]当选为委员。2008—2021年，村党支部共进行了4次换届。从2008年起，为强化村级党组织的领导，按照地委县委要求实行村委会主任和村党支部书记"一肩挑"制度。2021年6月，村党支部进行换届选举，阿里木江•伊敏当选为党支部书记，艾尔西丁•图尔荪、艾尔肯•司

①艾热提•玉山2019年2月因违法被判刑。

②吐尔逊•依斯拉木2021年5月因违反群众纪律被开除党籍。

马义当选为党支部委员。

2021年,尤喀克库尔巴格村两委班子成员的工作分工:

村党支书记:主持村委会的全面工作,同时负责加强党的建设,维护社会稳定,国通语培训,干部培训管理,培养后备干部,群众工作,社会稳定,社会经济发展工作,宗教工作,管理财务,招商引资,新项目开发,发展合作社,安全生产,人民代表工作,管理流动人口,富余劳动力外出就业,民族团结,妇女工作,四老人员工作,扶贫工作,管土地工作等工作,同时负责星级化创建四星即领导核心星,提高能力提高能力星,民主管理星,先锋模范星等工作。

村党支部委员、纪检委员、村委会副主任:协助党支部书记分管党的建设工作,分管农林牧渔生产、安全生产、新农村建设、环境治理、外出就业、村委会阵地建设,园林,水利,畜牧,五好农村建设,防洪,五清五改工作,蔬菜大棚,小区改造,富余劳动力外出就业,服务群众,科技工作,保护环境,协调村里的各项保险等工作,负责科学发展星,以及党支部交办的其他工作;联系第二村民小组。

村党支部委员、团支部书记:分管共青团、财务管理、项目管理、社会保障、脱贫攻坚、民政工作、远程教育、固定资产管理、对外合作、信息报送,负责报账,管理村财务,财务公开,财务报账,各类统计,远程教育,社会保障,民政工作,教育工作,规范各类承包合同,四协调两公开工作,残疾人员工作,各类项目报建,村固定资产管理,各类公开,集中村财务审批,报送信息,各类补贴等工作。同时负责清正廉洁星,以及党支部交办的其他工作;联系第四村民小组。

村委会副主任、治保主任:协助党支部书记、村委会主任管理社会稳定工作;分管综合治理、民族宗教、纠纷调解、保密信访、疫情防控,统战民族宗教管理,民兵管理,人民调解,信访,管理流动人口,管理和服务偏远散居户,指导巡逻值班,普法,平安建设,管户口,出租房屋管理,村基地绿化,管村基地,同时负责宗教和谐星,平安建设星。以及党支部交办的其他工作;联系第三村民小组。

村委会委员:分管宣传教育、精神文明建设、计划生育、医疗卫生、妇女工作、庭院建设、“民族团结一家亲”,阵地建设卫生,安排各小组的卫生,农业爱国卫生,绿化村民小组,整理家属院,发展家禽养殖,人大调解,村机关卫生等工作,同时负责现代文明星,以及党支部交办的其他工作;联系第一村民小组。

科技副主任:协助管理好农林牧渔生产、安全生产、新农村建设、环境治理,分管科学技术普及、推广,以及党支部交办的其他工作;负责偏远散居户自管委工作。

1957—2021年尤喀克库尔巴格村党组织班子成员名表

表2

职务	姓名	性别	民族	任职时间
第一书记	张少华	男	汉	2014.3—2015.3
	吐尔逊·艾吾拉	男	维吾尔	2015.3—2015.8
	李卫东	男	蒙古	2015.8—2016.1
	毕志强	男	俄罗斯	2016.1—2017.1
	赵　实	男	汉	2017.1—2019.2
	张炜民	男	汉	2019.3—2019.6
	别利克孜·买买提	女	维吾尔	2019.2—2020.4
	马文华	男	汉	2020.4—2021.3
	刘　兵	男	汉	2021.3—
支部书记	阿不拉·肉孜	男	维吾尔	1957—1962
	穆萨·肉孜	男	维吾尔	1962—1975
	吐尼亚孜·穆萨	男	维吾尔	1975—1980
	若孜·塔依尔	男	维吾尔	1980—1984
	邱尕尔·买提司地克	男	维吾尔	1984.11—1992、1995—1998、2001.11—2005.8
	买提托合提·司马依	男	维吾尔	1992—1994
	艾买提·买买提艾力	男	维吾尔	1999.4—2001.11
	艾热提·玉山	男	维吾尔	2005.8—2018.2
	吐尔逊·伊斯拉木	男	维吾尔	2018.2—2020
	阿里木江·伊敏	男	维吾尔	2020—
支部副书记	达吾提·尼亚孜	男	维吾尔	1963.11—
	邱尕尔·买提司地克	男	维吾尔	1992—1994、1999—2001
	吾麦尔·吐尔地	男	维吾尔	1977—1994
	吐尼亚孜·吾守尔	男	维吾尔	
	艾合买提·玉素甫	男	维吾尔	2001—
	艾买提·居玛	男	维吾尔	2012.5—
	张　权	男	汉	2014.3—2015.3
	李卫东	男	蒙古	2015.3—2015.8
支部委员	阿日甫·衣达以提	男	维吾尔	1963.11—
	艾合买提·玉素甫	男	维吾尔	1992.3—
	吐尔逊·依斯拉木	男	维吾尔	2001.11—
	艾赛提·吐尔地	男	维吾尔	2004.11—
	古丽尼沙·吾守尔	女	维吾尔	2001.11—
	邱尕尔·买提司地克	男	维吾尔	
	艾买尔·吐尔地	男	维吾尔	
	阿瓦汗·艾提	女	维吾尔	
	艾尔西丁·图尔荪	男	维吾尔	2021.6—
	艾尔肯·司马义	男	维吾尔	2021.6—

第二节　党的建设

一、思想建设

(一)政治理论学习

全村干部党员每星期按规定的时间,结合各时期开展的中心工作,学习政治理论、党政文件和党报社论等学习材料。20世纪60年代,学习毛主席著作的群众运动广泛深入地开展起来。1978年后,随着改革开放的逐步展开,全村干部党员中开展了“实践是检验真理的唯一标准”问题的讨论,进行了“四项基本原则”、《关于党内政治生活若干准则》、《关于建国以来党的若干历史问题的决议》以及党章、宪法的学习和讨论。1986—1990年,按照上级党委部署,在全体党员中开展了马克思主义民族理论和科学社会主义、中共党史、《邓小平文选》、《陈云文选》和建设具有中国特色的社会主义等的理论学习。1991年起,在党员中开展坚持四项基本原则、反对资产阶级自由化教育。1992年,组织党员干部学习邓小平南方谈话精神,开展围绕“解放思想,加快改革开放奔小康步伐”和“社会主义市场经济”的大讨论。1993年,开展奔小康大讨论,贯彻落实《中共中央关于加强和改进思想政治工作的若干意见》,组织学习《社会主义市场经济简明读本》等宣传教育材料。90年代中期,开展反对民族分裂主义和非法宗教活动宣传教育。1996—1997年,重点宣传学习中共十四届六中全会精神和十五大精神,贯彻落实加强社会主义精神文明建设部署,深入开展学习邓小平理论活动。

2000年,按照上级党委部署,结合本村实际开展“三讲”(讲学习、讲政治、讲正气)教育活动,2001—2003年开展“三个代表”重要思想学习教育活动,组织全村党员认真学习《新疆农村干部“三个代表”重要思想学习教育汇编》。2004年,按照上级党委安排在全村党员干部中开展保持共产党员先进性教育活动,提高党员理论水平,教育党员干部永远保持先进性。2007年开展中共十七大精神宣传教育活动,使党员干部树立科学发展观,促进村域经济更好更可持续发展,为构建和谐社会、实现全面小康目标打基础。2009年组织村党员干部重点学习胡锦涛在纪念十一届三中全会召开30周年大会的讲话精神。同年,针对乌鲁木齐“7·5”事件,有针对性地大力宣传维护民族团结和祖国统一的重大意义,揭批民族分裂主义分子热比娅之流的本质,教育全村党员发挥先锋模范作用,引导带动群众不断增强反对民族分裂、维护社会稳定的自觉性和主动性。2010年,在全村党员中广泛开展“热爱伟大祖国,建设美好家园”主题教育活动,通过集体学习、大讨论、写认识体会、出宣传板报等多种形式,党员干部政治觉悟和爱国、爱党、爱社会主义认识与理论水平普遍提高。

2012年中共十八大以来，按照上级党委的部署和要求，在全村党员中相继开展了党的群众路线教育实践活动、“三严三实”专题教育、“两学一做”学习教育、“不忘初心、牢记使命”主题教育和党史学习教育。全体党员政治理论水平有了显著提高，对党的路线、方针、政策的掌握更准确，党员意识、党的宗旨意识得到强化，坚持以习近平新时代中国特色社会主义思想为指导，增强“四个意识”、坚定“四个自信”、做到“两个维护”的自觉性和主动性不断增强。

（二）党员教育

尤喀克库尔巴格村党支部成立后，积极组织全体党员干部参加马列主义、毛泽东思想、时事政策和党的基础知识的学习教育。主要采取了平时教育、整顿党组织、开展主题学习教育、集中培训的办法对党员进行教育。

平时教育以支部大会、小组会、支部委员会和上党课（简称“三会一课”）为主，结合以会代训和建立党员评议制度等方式进行。教育内容围绕不同时期开展的政治运动和中心工作展开。如2008年，开展“十个一”创建活动，建立健全各项规章制度，使活动项目内容覆盖到广大党员、充分传达到村民，提高了广大人民群众的认识。

整顿党组织。1963年6月至1964年3月，结合“五反”（反贪污盗窃、反投机倒把、反铺张浪费、反分散主义,反官僚主义）和社会主义教育运动，尤喀克库尔巴格大队进行整党，纯洁了党的队伍,较好地发挥了党支部的战斗堡垒作用。1977年8—12月，根据上级党委的指示，在全县进行整党整风，全村党员经历了一场拨乱反正、解放思想的洗礼。1985年2月至1987年11月，按照《中共中央关于整党的决定》和地委的部署，温宿县分3期开展县、乡、村三级整党，对“文化大革命”中犯有严重错误的人进行核查。经党内外群众评议，对党员进行重新认定。通过整党，村党组织和全体党员增强了战斗力，为深化经济体制改革，奠定了组织基础。

自1987年后，党员教育方式改以主题学习教育的形式进行。

2000年以来，按照上级党委的部署和要求，在全村党员中相继开展了“三讲”（讲学习、讲政治、讲正气）教育、“三个代表”重要思想学习教育、保持共产党员先进性教育、科学发展观学习教育、党的群众路线教育实践、“三严三实”专题教育、“两学一做”学习教育、“不忘初心、牢记使命”主题教育和党史学习教育。全体党员政治觉悟和思想认识水平均有显著提高，党员意识、党的宗旨意识得到强化，成为推进社会主义新农村建设和实施乡村振兴战略的中坚力量。

二、组织建设

（一）发展党员

1994年，全村有正式党员24名。2005—2006年，确定入党积极分子9名。2005—2008年，发展党员3名。2008年，全村有党员46名，其中预备党员2名），抓好入党积极分子的培养，加强对10名申请入党的青年的政治和技术方面的培训，吸收2名符合条件的青年入党，预备党员转正2名。2010年，发展党员2名。2015年，全村有正式党员50名，有入党积极分子10人。2016年，有正式党员53名，入党积极分子3人。2016—2019年，全村递交入党申请书51人，吸纳为入党积极分子32名，发展为发展对象18人，确定为预备党员18人，转为正式党员18人。2019年，全村有正式党员67名,其中，35岁以下22名，占32.8%，60岁及以上4名，占6.0%；女党员20名，占29.9%；初中及以下学历45名，占67.2%，大专及以上学历3名，占4.5%。2019年，全村有生活困难党员1名，对党员关怀帮扶的主要措施是走访慰问、困难帮扶、资金补助。党员中有致富带头人11名，各级“两代表一委员”5人，设立无职党员岗位9个，31名党员到岗履职。2020年10月，确定吐尔地·努尔屯等17人为入党积极分子。2021年1月，确定茹山古丽·吐尔逊等15人为入党积极分子。2021年2月6日召开党员大会，推荐帕提古丽·阿卜杜如苏力等8人为发展对象。至2021年，全村正式党员发展到77名。

（二）发挥党员模范带头作用

2008年5月14日,村党支部成立了由24名党员组成的党员农机技术服务队、肉羊繁育技术服务队、家禽养殖技术服务队、园林技术服务队、农技服务队、蔬菜种植技术服务队，并制定了如下工作任务：一是技术服务队人员向群众宣传党和政府的农业方针政策；二是发挥自己的党员模范带头作用；三是掌握新的、先进的技术，带头向群众推广；四是掌握农业信息，向群众传递；五是技术服务队人员负责对所负责的技术项目深入群众进行调查研究；六是针对出现的问题制定解决措施，及时解决；七是控制各项农业生产作业的价格；八是负责向群众宣传国家资助项目，并对享受国家资助项目情况进行检查；九是向上级报告各项农业生产中出现的紧急问题。

2008年，为12名50岁以下的党员设岗定责，使他们在为人民办好事、办实事，从事各种生产、副业经济活动中，为广大人民群众作出表率，发挥先锋作用。当年，动员全村党员带头捐款，为汶川地震灾区捐赠价值6000余元的现金和物资。筹集3000元帮助本村2户贫困户修建抗震安居房。艾合买提·玉素甫、吐尔买买提·吐尔地、吐尔逊·买买提被命名为“党员致富明星户”和农业生产化经营带头人。

2010年，按照“突出重点、因地制宜、因事因人设岗”的原则，设置了无职党员计划生育监督指导岗、维护社会稳定岗、科技师范岗等5个岗位，通过支部会议、党员大会投票确定人选，择优配备，设定岗位。通过建立和完善无职党员动态考核公示制度和管理考核机制，发挥党员的先锋模范作用。

（三）表彰奖励

1994年7月，艾合买提·玉素甫被评为托乎拉乡优秀共产党员。2007年，吐尔逊·买买提被评为优秀无职上岗党员。2008年,艾合买提·玉素甫被评为托乎拉乡优秀共产党员、阿扎旦木·买买提被评为优秀无职上岗党员。2010年,吐尔逊·买买提被评为优秀无职上岗党员。

三、制度建设

(一)“三会一课”制度

2020年尤喀克库尔巴格村党支部在上级党委的要求下,结合本村实际,逐步形成以支部大会、小组会、支部委员会和上党课(简称“三会一课”)为主的学习工作制度。

1.支部党员大会制度。会议时间为每季度召开一次,会议由党支部书记主持,书记不在时由副书记主持。与会人员由全体党员参加,根据内容需要,有时可吸收非党干部或入党积极分子列席参加。会议内容有:传达学习党的路线、方针、政策和上级党组织的决议、指示,制定党支部贯彻落实的计划、措施;定期听取、讨论支部委员会的工作报告,对支部委员会的工作进行审查和监督;按照“四议两公开”制度,审议村级重大事项决策事宜;讨论发展新党员和接受预备党员转正,讨论决定对党员的表彰和处分;选举支部委员会成员和出席上级党代会的代表;讨论需由支部大会决定的其他重要事项。

2.支部委员会制度。 会议时间为每月召开一次,遇特殊情况及有必要时,支部书记可随时召集。与会人员由全体支委会成员参加。会议由党支部书记主持,书记不在时由副书记主持。会议内容有:研究贯彻执行上级党组织和支部党员大会的决议和意见;按照“四议两公开”制度,讨论决定村级重大决策事项;讨论通过年度支部工作计划和工作总结;开展批评与自我批评;开展民主评议党员活动;研究入党积极分子的培养教育及党员发展对象,评选优秀党员;讨论支部工作重要事项和工作措施。

3.党小组会学习制度 。 会议时间一般每月召开一至两次,如支部有特殊任务,次数可增加,也可推迟召开。与会人员由小组全体党员参加,由党小组长主持。党小组会的主要内容有:学习马列主义、毛泽东思想、邓小平理论、“三个代表”重要思想、科学发展观、习近平新时代中国特色社会主义思想;传达支部的决议,讨论贯彻支部决议的具体措施及每个党员应承担的任务;党员汇报思想、工作、学习和执行党支部决议的情况;开展批评与自我批评;定期召开民主评议党员活动。

4.党课学习制度。 上课时间为每个季度上一次。党课内容主要有:学习中国共产党章程,学习党的方针政策,学习党建相关理论和知识;结合当前形势,对党员进行形势、任务教育。上党课要求课前认真制定计划,由组织委员负责。建立考勤制度,无特殊情况,不能无故缺席。对因故未能参加党课的党员要及时补课。党课教员由支部书记担任,也可以邀请上级领导、先进党员和具备授课能力的其他支委担任。

（二）组织生活会制度

2020年，尤喀克库尔巴格村党支部为进一步健全党内组织生活、加强党内监督、改进和提高党建工作，制定了村党支部组织生活会制度。一是规定组织生活会召开的主要目的：党支部成员认真查找在党建工作和履职方面存在的问题，通过征求意见、开展批评和自我批评等形式查找不足，整改提高。二是规定组织生活会查摆问题的主要方面：对本村党员的教育、管理和监督情况；培养入党积极分子和发展党员工作情况；做好全村党员干部的思想政治工作，确保上级党委和本支部的重大决定、决议顺利完成；党费的收缴、管理和使用情况，发挥党支部的战斗堡垒和党员的先锋模范作用情况等。

（三）"5+X"工作制度

2020年，为了进一步建强村级党组织，发挥好战斗堡垒作用，尤喀克库尔巴格村党组织推行"5+X"工作制度。主要内容有：一是每月坚持开展主题党日活动。各党支部每月围绕一个主题开展"5+X"主题党日活动。通过重温入党誓词、讲廉政党课、观看教育警示片等，以"廉洁履职"为主题开展党日活动。二是党员交纳党费。坚持每月缴纳党费，将每月28日作为固定党费缴纳日。三是开展党员互相谈心谈话。党员之间互相交流思想、工作和生活等情况，各自梳理工作中存在的不足，并开展批评和自我批评。四是党支部书记听取党员思想汇报。党总支围绕"廉洁履职"主题，每名党员对学习违纪违法典型案件进行思想汇报，通过对反面教材进行分析、剖析原因，查找自身存在的问题，研究整改措施。五是积极建言献策。党总支召开党员建言献策会，引导党员围绕当前党内重要工作、党员关心的热点问题等建言献策，积极引导党员主动思考，集思广益，探索一些新途径新方法。

在做好上述五个规定动作的同时，尤喀克库尔巴格村结合实际做好两项工作：一是深化拓展自选动作，灵活安排活动场所，组织参与对象，确保组织生活有序、扎实开展。党支部以党性教育为核心，开展政治理论、党史国史等方面学习，教育党员坚定理想信念，强化党性修养。二是教育引导党员坚定理想信念，补足思想之"钙"，把读书学习作为胜任本职工作、提升精神境界、促进个人成长进步的工作责任、生活态度和精神追求。

四、设施建设

（一）党旗雕塑

雕塑位于村就业创业市场（小集市）的左前方，立于2级台阶之上，台座高0.6米，总高2.2米，宽4米。2020年9月，由自治区地方志编委会驻村工作队设计雕塑造型、村二组铁匠尤努斯·艾合买提（脱贫户）制作完成。整个雕塑向人们立体展现了迎风招展、气势如虹的党旗，金色的党徽光辉灿烂。底座上"不忘初心　牢记使命"八个金色大字赫然在目。整体造型庄重、朴素、简洁，一目了然，蕴含着强烈的精神指向，既是永远向前的党旗，也是一座永恒的丰碑，象征着中国共产党历经百年伟大历程不忘为中国人民谋幸福、为中华民族谋复兴的初心使命，意气风发、砥砺前行的气概，表达了全村各族群众永远热爱党、永远跟党走的深厚感情。

尤喀克库尔巴格村就业创业市场（方志集市）前的党旗雕塑（摄于2021年8月）

（二）党建文化活动室

2006年，尤喀克库尔巴格村新建会议室1间，面积230平方米。2020年，尤喀克库尔巴格村对会议室进行改建，改建后兼具党员召开会议、村民学习和举行村民会议等功能，党建文化活动室与农家书屋改造共投入8万元，资金来源于村集体资金。

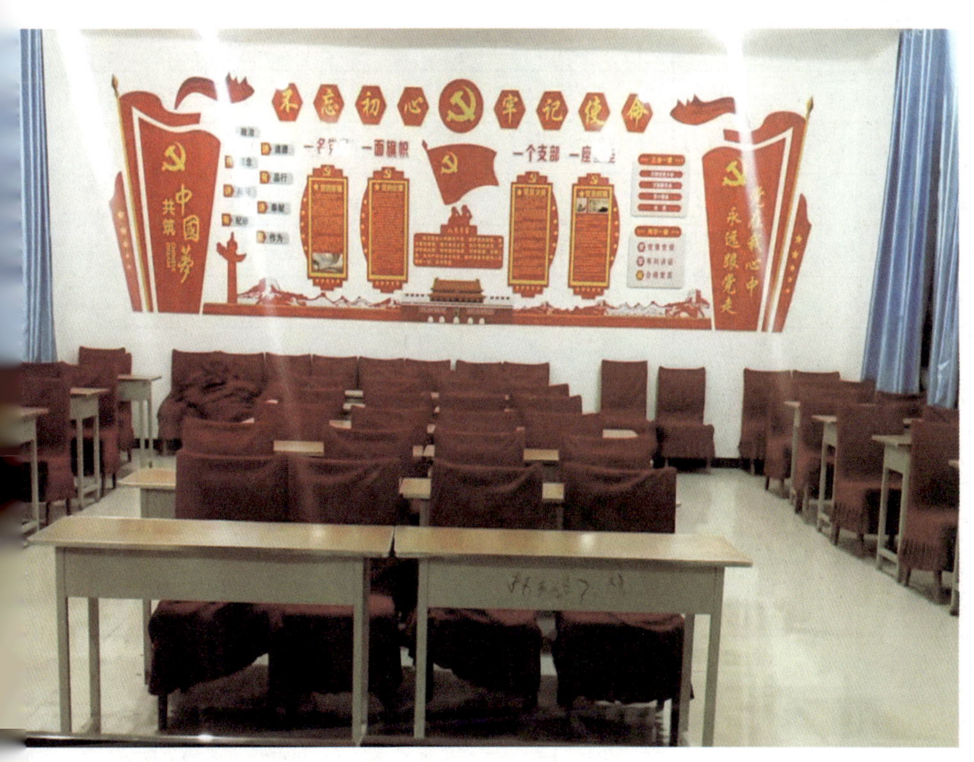

2020年改建的党建文化活动室（摄于2021年8月）

第三节　村委会

一、机构沿革

1984年10月17日,改革人民公社建制,托乎拉乡实行政社分开,建立村委会,原公社大队成立村委会,小队成立村民小组。11月,尤喀克库尔巴格村村民委员会经村民民主选举成立,下辖4个村民小组,隶属托乎拉乡人民政府。1992—2021年,依法进行了9次村委会换届选举,分别选举产生了第二届至第十届村民委员会。村委会由主任1人、副主任1人、委员3人组成。村委会主任在负责全面工作的同时,主要抓农业生产,委员分别负责民事调解、治安保卫、妇女工作、文教卫生、财务统计等工作,副主任兼管一项具体工作。2008年,选举成立第七届村委会,艾热提·玉山当选为主任,艾合买提·玉素甫当选为副主任,古丽尼沙·吾守尔、艾赛提·吐尔地、吐尔逊·依斯拉木当选为委员。从2008年第七届村民委员会起,按照上级要求,由村党支部书记兼任村委会主任,至2021年未变。

1963—2021年尤喀克库尔巴格村村民委员会(生产队)领导名表

表3

职务	姓名	性别	民族	任职时间
大队长 主　任	达吾提·尼亚孜	男	维吾尔	1963.11—
	吐尔地·尤努斯	男	维吾尔	1979—1982
	努尔·艾合买提	男	维吾尔	1982—
	邱格尔·买提司迪克	男	维吾尔	1992—1995、1998—2000
	艾合买提·玉素甫	男	维吾尔	1992.3—2008.2
	艾热提·玉山	男	维吾尔	1996—1997、2001—2008.2
	吐尔逊·依斯拉木	男	维吾尔	2018.2—2020
	阿里木江·伊敏	男	维吾尔	2020.6—
副大队长 副主任	阿日甫·衣达以提	男	维吾尔	1963.11—
	吐尔逊·卡吾力	男	维吾尔	1980—1988
	买买提·艾买提	男	维吾尔	1991—1994
	吐尼亚孜·吾守尔	男	维吾尔	1993.1—
科技副主任	吐热克·沙吾提	男	维吾尔	1963.11—
	萨依木·塔瓦库里	男	维吾尔	1984.11—
	吐尔洪·吐尔逊	男	维吾尔	1991—1994
	吐尔洪·沙依提	男	维吾尔	1995-1997

续表3

职务	姓名	性别	民族	任职时间
	买买提·吐尔地	男	维吾尔	1998—2000
	买买提·阿木提	男	维吾尔	2001—2004
	艾赛提·吐尔地	男	维吾尔	2004—2011
	刘金章	男	维吾尔	2018—2020
	杨　健	男	汉	2020—
村委会委员	阿瓦汗·也提	女	维吾尔	1990.2—
	吐尼亚孜·亚库普	男	维吾尔	1989.2—
	拜克热·艾买提	男	维吾尔	1990—1993
	吐尔洪·黑力力	男	维吾尔	1991—1992
	吐尔洪·吐尔逊	男	维吾尔	1991—1994
	尼牙孜·吾守尔	男	维吾尔	2001—2005

村委会大门（摄于2021年8月）

二、经费保障

村干部报酬：村干部报酬包括基本报酬、绩效报酬。2019年基本报酬：村党组织书记、村委会主任、治保主任基本报酬为2160元/月，其他“两委”副职基本报酬为1400元/月；绩效报酬：村“两委”一肩挑优秀为7000元、称职为3000元，村“两委”正职优秀为6000元、称职为2500元，村“两委”副职优秀5000元、称职2000元，基本称职、不称职、不定等级等不予发放。

“四老”人员待遇：共有“四老”人员3人，其中：老党员2人，老干部1人；生活补贴最低发放标准分别为：老党员1045元/月、老干部1345元/月。

村级组织运转经费：2018年村级组织运转经费50万元，2019年村级组织运转经费50万元。

2020年，生活补贴标准为：老党员1045元/月，老干部1345元/月，老军人785元/月，老模范1075元/月，小组长800元/月，副小组长400元/月。

三、村民自治

1984年11月，经全体村民选举，正式成立尤喀克库尔巴格村村民委员会，努尔·艾合买提当选为村委会主任。依照《中华人民共和国宪法》规定，作为基层群众自治组织的村民委员会，积极探索村民自治的有效形式，保障全体村民直接行使民主权利，依法办理自己的事情，创造自己的幸福生活。

1990年2月，温宿县开展村民自治示范工作，托乎拉乡被定为活动示范单位。在乡党委、乡政府领导下，尤喀克库尔巴格村认真贯彻执行《中华人民共和国村民委员会组织法》，村民自治制度在全村得到逐步落实。1992年，依法完成村委会第二次换届选举，选举产生了村委会委员和主任、副主任。1994年起，以全面推进村级民主选举、民主决策、民主管理和民主监督为核心内容，把村干部的选任权、重大村务的决定权、日常村务的参与权、对村干部的评议权和村务的知情权交给村民。按规定定期召开村民大会、村民代表会议、村民委员会议，充分调动全体村民参政议政的积极性。此后，1995年、1998年，先后举行村委会第三次、第四次换届选举。坚持村里的人自己选、村里的事自己办，在农村社会稳定、产业发展、经营承包、村容整治、移风易俗、文娱健康等各方面事务中主动担当，确立水稻、核桃、畜牧等重点产业发展方向，完成二轮土地承包和土地、林地确权，规范村集体财产经营发包，开展民族团结教育活动，加强综合治理。2000年，按照《温宿县村村务公开实施细则》要求，将推进村务公开作为村民自治与村级领导班子建设的重要内容，进一步完善村务公开、村民代表会议、村民议事会等制度。2001年、2004年、2008年，先后顺利开展了村委会第五、六、七次换届选举，选举产生出村民认可的村委会主任、副主任和委员。

从第七届村民委员会起，按照上级要求实行村委会主任和村党支部书记“一肩挑”。2012年、2016年、2021年，按照乡党委和政府的部署，结合村党支部换届工作，先后举行了村委会第八、九、十次村委会换届选举，选举产生村委会领导班子，成为村党组织领导下做好全村各项工作的保障力量。2016年有村干部5名。2021年6月，通过选举产生了第十届村委会，阿里木江·伊敏当选主任，艾尔西丁·图尔荪、艾尔肯·司马义当选副主任，塔依尔·铁力瓦尔地、阿扎旦木·买买提、赛买提当选为委员。

为发挥好村民自治作用，充分调动村民自我管理、自我教育、自我服务的积极性，1998年村委会依据《中华人民共和国村民委员会组织法》授权制订本村村规民约，作为村民的基本行为规范。此后直到2021年，根据不同时期工作需要和时代要求，结合村民意愿先后对村规民约进行3次修订完善，把涉及经济发展、内部管理、社会秩序、邻里关系等的内容都以制度形式加以规范，切实保障全体村民“三自”（自我管理、自我教育、自我服务）方针和“四民主”（民主选举、民主决策、民主管理、民主监督）目标的落实。

2020年4月7日，成立尤喀克库尔巴格村群众工作室，加强群众工作，统筹推进“访惠聚”驻村工作、“民族团结一家亲”活动，统筹推进群众就业、就学、就医、服务、保障工作。

四、后备干部培养

2008年以后，村党支部抓好后备干部的培养，加强对9名后备干部的政治和技术方面的培训。2014年，全村有村干部5名，后备干部6人，十户长19名，村民代表6名。2015年，有后备干部10人，其中党员9名。

2019年，村“两委”有干部6名，其中：支委3名、村委5名，交叉任职2名；男性5名、女性1名；35岁及以下干部3名；初中及以下学历1名，大专及以上学历2名。按照1∶3比例储备村级年轻干部18名，其中村党支部书记储备人选3名，村委会主任储备人选3名。储备干部中，女干部3人，大专以上学历干部2人，培养成熟16人。2021年，后备干部有10名。

第四节　村务监督

一、村务监督委员会

2012年，经过村民代表会议选举，尤喀克库尔巴格村村务监督委员会成立，负责落实村民民主理财、监督村务公开等制度。2017年12月，中央办公厅、国务院办公厅印发《关于建立健全村务监督委员会的指导意见》，进一步强化村务监督委员会的职能，依法监督村民委员会贯彻执行党的路线、方针、政策和推进全村经济社会事业发展情况。在乡纪委和村党支部的双重领导下，村务监督委员会独立行使监督权，内部实行明确分工，向村民会议和村民代表会议负责并报告工作。

2012—2021年尤喀克库尔巴格村村务监督委员会成员名表

表4

职务	姓名	性别	族别	任职时间
主　任	邱格尔·买提斯地克	男	维吾尔	2012—2014
	吐尼亚孜·吐尔逊	男	维吾尔	2014—2016
	艾赛提·吐尔地	男	维吾尔	2016—2018
	塔依尔·铁力瓦尔地	男	维吾尔	2021.9—
	艾合买提·玉素甫	男	维吾尔	2016.8—
委　员	阿瓦罕·艾提	女	维吾尔	2016.8—
	艾木都拉·达吾提	男	维吾尔	
	阿吾提·毛尼亚孜	男	维吾尔	

二、村务公开与监督

(一)工作概况

1998年,按照中共温宿县委部署,托乎拉乡在各村推行村务、财务、政务“三公开”。2000年,县政府出台《温宿县村务公开实施细则》,尤喀克库尔巴格村认真贯彻执行,建立村务公示栏,健全村民代表会议制度、村民议事会和村民自治章程。2003年,进一步规范村务公开内容,确定公开原则、公开项目、公开形式、公开时间,提升村务公开水平,做到“给群众一个明白,还干部一个清白”。2004年,积极参与全县“民主法治示范村”创建活动。2008年,温宿县确定尤喀克库尔巴格村为全县培育发展推进村务公开民主管理工作示范村,有利促进了村务公开制度在全村有效推行。2009年起,按照县乡部署将村务公开工作纳入村“两委”年度目标考核,健全村民代表会议等保障村民依法直接参与村内重大问题决策的机制,推行以村务公开为主的民主监督制度,将村里财务收支、宅基地划拨、招干参军、统筹提留标准、集体经济建设项目、计划生育指标分配等事项及时向群众公开,最大限度保证全村村务接受群众监督。

2012年,随着村务监督委员会的成立,村务公开进一步步入法治化、规范化轨道。至2021年,全村村务公开及监督机制有效运行,村务监督委员会在乡纪委和村党支部的双重领导下,独立行使监督权,向村民会议和村民代表会议负责并报告工作。其间,尤喀克库尔巴格村严格落实党务、村务、财务“三公开”制度,实现公开经常化、制度化和规范化,落实村财乡管县监督和村级财务集中报审制度,为全村经济社会各项事业的快速发展和社会和谐稳定局面的长期保持创造了有利条件。

（二）监督内容

1.对村务决策情况进行监督：①列席村“两委”有关会议，监督村务决策是否按照规定程序进行。②对应当依法由村民会议或村民代表会议进行讨论决定的有关事项，村民委员会不组织召开会议或擅自作出决定的，村务监督委员会应及时向村党组织、镇党委、政府和纪委反映，并督促村民委员会及时召开村民会议或村民代表会议，讨论表决。③对决策实施进行全程监督，群众反映的问题要召集有关人员进行询问，并将询问情况向村党组织汇报。④决策实施结束后，要监督村民委员会及时将实施结果向全体村民进行公开。⑤对执行党的路线方针政策以及村级重要事项落实“四议两公开”工作机制进行监督。

2.对党务村务公开情况进行监督：①认真审查公开的内容、时间、方式和程序。②收集群众对公开内容的意见，如对公开内容有疑问或公开确有遗漏、不真实、不具体等情况，应督促村民委员会在10个工作日内予以答复和处理。③督促村民委员会及时将公开的资料进行归档并妥善保管。

3.对村级“三资”管理情况进行监督：①村务监督委员会参与制定本村集体的财务计划和各项财务管理制度。②对村财务支出事项，村务监督委员会按月或按季进行审核，并由村务监督委员会盖章，村务监督委员会主任签字后报账。③对有争议的票据，村务监督委员会可提请村民会议或村民代表会议讨论决定。④对村级集体投资经营情况和集体土地、房屋、山林、矿产等资产、资源处置情况实行全过程监督。⑤配合乡“三资”代理服务中心定期检查、审核村务账目及相关的经济活动事项。

4.对村工程建设项目进行监督：①监督村工程建设项目立项，主要监督项目立项是否科学、民主。②参与招标过程，参加招标会，见证、监督经济合同的起草、签订和履行情况。③在项目的实施中，负责对工程质量、工程设计变更及资金拨付使用等方面进行监督。④项目完成后，参与工程验收和资金决算审计。

5.其他事项监督：对村干部落实村务流程化管理制度和权力行使进行监督。受理村民的意见建议，及时反馈，引导村民支持村“两委”工作。

三、“四议两公开”制度

2018年12月《中国共产党农村基层组织工作条例》实施，要求村级重大事项决策实行“四议两公开”制度（“四议”即村党支部会议、村“两委”会商议、党员大会审议、村民代表会议或村民大会决议，“两公开”即决议公开、实施结果公开），把党的领导与村民自治、党内基层民主和农民主人翁地位融为一体，得到基层党员、干部、群众的拥护。尤喀克库尔巴格村认真贯彻落实，严格执行“四议两公开”的各项规定，不断强化党组织的核心领导，发挥党员先锋模范作用，带领全体村民发扬“主人翁”精神，推进基层民主法治建设，为实现全面小康目标和实施乡村振兴创造了良好的制度环境。2019年以来，全村所有涉及生产经营、文化教育、产业发展、就业民生等重大事项的提议、商讨、决策、施行及结果公布，均以“四议两公开”方式进行。

第五节　群众团体

一、共青团

（一）机构沿革

1951年3月，中国新民主主义青年团温宿县工作委员会成立，全县各级团组织相继建立。1957年改称中国共产主义青年团温宿县委员会。1966年“文化大革命”开始后，团组织受到冲击陷于瘫痪。1973年后，公社、大队团组织恢复。1978年改革开放后，尤喀克库尔巴格村共青团组织进一步壮大，配齐了团支部干部，工作逐步走向正规化、制度化。2008年，全村有团员54名。2011年，艾赛提·吐尔地任团支部书记，奥斯曼·亚森任副书记，阿吾提·毛尼牙孜任委员，艾儿西丁·吐尔逊任委员，帕沙古丽·吐尔买买提任委员。2015年，有共青团员54人。2019年，有共青团员72人，当年发展团员2人。2021年，尤喀克库尔巴格村团支部有委员4人，书记塔依尔·铁力瓦尔地，全村共青团员发展到93人。

2012—2021年尤喀克库尔巴格村共青团支部书记名表

表5

姓名	性别	族别	任职时间
艾买尔·吐尔地	男	维吾尔	1978—1982
沙依木·台外库里	男	维吾尔	1982—1984
邱格尔·买提斯地克	男	维吾尔	1984—1988
吐尼亚孜·亚库甫	男	维吾尔	1988—1996
艾热提·玉山	男	维吾尔	1996—2005
艾赛提·吐尔地	男	维吾尔	2005—2018
奥斯曼·亚森	男	维吾尔	2018.7—2020.9
艾尔西丁·图尔荪	男	维吾尔	2020.9—2021.9
塔依尔·铁力瓦尔地	男	维吾尔	2021.9—

（二）主要工作

20世纪50年代，在党的领导下，村团组织积极组织团员和青年参加减租反霸、土地改革、农业合作化、人民公社化等运动，动员团员和青年投身社会主义建设。20世纪60年代，响应党的号召组织团员和青年开展学雷锋、学习毛主席著作活动；同时，成立学习小组，开展维吾尔新文字学习活动。20世纪70年代，开展“农业学大寨”运动，大搞农田水利建设，成立积肥小组，开展各类劳动竞赛。1978年改革开放以来，全村团员和青年在党的领导下投身农村经济体制改革的洪流，积极开展民族团结、文明礼貌、“五讲四美三热爱”“三优一学”“学雷锋、树新风”、植树造林等社会活动。进入20世纪90年代，在团县委的组织下，围绕农业和农村经济发展，开展青年农民科技培训工作，积极实施示范推广科技项目，带动青年农民致富增收。同时，把发展团员作为工作重点，积极发展进步青年加入团组织，打造能发挥模范作用的团员队伍。

2000年以来，在县乡党委的领导下，村团支部扎实开展“三讲”教育、“三个代表”重要思想教育、保持共产党员先进性教育、学习实践科学发展观、“热爱伟大祖国、建设美好家园”和党的群众路线教育、“三严三实”“两学一做”以及党史学习教育。村团支部日常事务，一是组织开好“三会”，即支部大会、支部委员会、团小组会；二是落实执行“两制”，即：团员教育评议制度、团员年度团籍注册制度；三是上好“一课”，即：团课；四是做好四项基础工作，即：团员发展、团费收缴、团员关系转接、推优入党工作。村团支部长期坚持每年3月开展的学雷锋活动。2007年3月15日，村

2019年5月3日，工作队和村“两委”举行“迎‘五四’展现青年风采”文体活动

团支部组织全村125名青年开展专题“学雷锋”活动，给村里3家贫困户打扫房屋、做饭、洗衣服，开展全村卫生大扫除，得到群众的好评。为紧跟形势，村团支部还围绕中心工作开展各类主题团日活动。2020年5月19日，尤喀克库尔巴格村全体团员集体收看由阿克苏团地委组织的“学习习近平总书记五四寄语精神，感党恩、听党话、跟党走”主题团日活动。习近平总书记的深情寄语、殷切嘱托，极大鼓舞了尤喀克库尔巴格村青年积极拥抱新时代、奋进新时代。

二、妇女联合会

（一）机构沿革

1950年3月温宿县召开首次妇女代表大会，县妇女联合会及各级妇女组织相继成立。在县乡妇联的组织下，尤喀克库尔巴格村妇女团结起来，响应党的号召积极投身社会实践，发挥“半边天”作用，做国家的主人。妇女的政治地位显著提高，从20世纪70年代起，公社、大队党政领导班子均有妇女干部。1978年改革开放后，尤喀克库尔巴格村妇女组织进一步完善，每届妇代会都配齐了妇女主任和妇女干部。2001年11月，古丽尼沙·吾守尔任村妇联主任。至2020年，尤喀克库尔巴格村有妇联执委委员15人，妇联主任为阿扎旦木·买买提，她也进入村“两委”班子。村妇联活动正常，建立完善了妇女代表委员工作制度、学习制度、组织制度、定期会议制度、信访工作制度、联系制度、扶贫制度、档案管理制度等。同时，成立关爱妇女、儿童委员会，由村妇联主任阿扎旦木·买买提任委员会主任，4个村民小组的妇女小组长任委员。

2012—2021年尤喀克库尔巴格村妇联主任名表

表6

姓名	性别	族别	任职时间
阿依木汗	女	维吾尔	1962—1984
阿瓦汗·艾提	女	维吾尔	1984—2001
古丽尼沙·吾守尔	女	维吾尔	2001—2018.3
阿曼古丽·马木提	女	维吾尔	2018.3—2019.4
热汗古丽·肉苏力	女	维吾尔	2019.4—2019.9
阿扎旦木·买买提	女	维吾尔	2019.9—

（二）主要工作

20世纪50年代，全村妇女在县乡妇联组织的指导下，积极响应党的号召，组织起来，积极投入减租反霸、土地改革和农业合作化热潮中。同时，组织学习新《中华人民共和国婚姻法》，保护妇女合法权益。60年代，开展“学雷锋”和学习毛主席著作等活动。20世纪70年代，组织妇女积极投身农业生产，开展“农业学大寨”等运动，开展各种劳动竞赛。1978年改革开放后，动员妇女积极投身农村经济体制改革中，争做“三八”红旗手，争创“五好”家庭。同时，认真贯彻婚姻法、妇女权益保障法等，切实维护妇女儿童合法权益，在提倡晚婚和计划生育等方面做了大量工作。进入90年代，在全村妇女中持续开展“学政治、学文化、学技术，比团结、比成绩、比贡献”的“三学三比”活动，加强对妇女的文化和技能培训，助力农村经济发展和农民致富增收。同时，开展“五好文明家庭”创建活动和维护妇女儿童合法权益工作。每年3月8日，均开展“三八”妇女节庆祝活动和环境卫生整治工作。

温宿县妇联到村举行“壮丽70周年　奋进新时代”主题示范性宣讲

2019年7月2日，温宿县妇联宣讲员到村开展《中华人民共和国妇女权益保障法》宣讲

2010年，古丽尼沙·吾守尔获温宿县妇联“三学三比”女能手称号。2011年，古丽尼沙·吾守尔获托乎拉乡三八红旗手称号。

2011年1月25日，村妇委会组织160余人参加了托乎拉乡第二十二届“科技之冬”培训活动。

第六节　新闻宣传

借助媒体开展宣传报道是提升村影响力和知名度的主要方式。2012年以前，很少有主流媒体对尤喀克库尔巴格村进行宣传报道。2012年2月16日，新疆电视台以“文化室建到(村)社区好政策惠及于民”为题报道该村文化室建设情况。2014年后，自治区地方志编纂委员会驻村工作队开展驻村工作以来，多渠道加大对外宣传力度，重点围绕基层组织建设、民族团结、科技兴农、农业经济发展、农民科普教育、美丽乡村建设等方面进行宣传，2014—2015年新疆地情网共发布该村各类宣传信息近38条。2016年5月25日，新疆电视台《新闻联播》节目以“玉斯屯克库尔巴格村来了演出队”为题报道文化下乡活动。2017年6月12日，《中国青年报》以“有什么困难，我们一起克服”为题报道广东天行健集团帮助该村家境贫困学生哈丽努尔·吐尔迪的事迹。2017年1月26日，《新疆经济报》以“抓小事也办大事，送关爱还助致富”为题对工作队开展群众工作进行报道，至2019年新疆地情网共发布有关尤喀克库尔巴格村各类宣传信息180条。2020年5月9日《新疆日报》以“‘田野大讲堂’成为村民增收好帮手”为题，对村创新形式开展技术培训进行报道。2021年1月18日《新疆日报》以“这个工作队办法多”为题对工作队、村党支部抓党建促生产，开展环境整治进行报道，2021年3月18日《新疆日报》以“亲戚来了，我们心里更有底”为题，对自治区地方志编纂委员会开展“民族团结一家亲”活动进行报道。2020—2021年，尤喀克库尔巴格村共有42篇稿件被《新疆日报》、“学习强国”学习平台、天山网、中国新疆网、“新疆访惠聚”微信公众号、阿克苏新闻网、《阿克苏日报》、阿克苏政府网、阿克苏零距离、温宿零距离等报刊、网站、公众号等刊发、转载。先进典型材料《用初心描绘幸福画卷》被“新疆访惠聚”微信公众号评为自治区时代文明新村“五个100”典型经验材料，有效提升了村的影响力和知名度。

延伸阅读：

“这个工作队办法多”

《新疆日报》讯(记者杨舒涵　通信员陈忠报道)“携手共建文明村，个个争当文明人”。在温宿县托乎拉乡尤喀克库尔巴格村，最近这句顺口溜在传扬。

近年来，自治区地方志编纂委员会驻尤喀克库尔巴格村“访惠聚”工作队把服务群众作为谋事之基,把增收致富作为发展之要,把文化润心作为精神引领,如今村里难事有人管,增收有门路,村民精神亮堂堂。村民们都说:“这个工作队办法多。”

抓基层 村党支部强起来

“以前遇到问题,大家办法少,现在遇到问题,村干部会主动想法子解决问题。”1月5日,站在尤喀克库尔巴格村村委会门口,村党支部书记阿里木江·伊敏说。

几年前,该村“两委”班子工作动力不足,村民有怨言。为提升新时代服务群众的水平,工作队鼓励一批思想先进、学习能力强的返乡优秀青年、致富带头人向党组织靠拢,逐渐进入村干部后备力量中,共同解决群众诉求。

同时,工作队还和村“两委”依托党群之家活动阵地,梳理村民反映的困难诉求和矛盾纠纷,并形成台账,由党员干部和后备力量主动领取任务。2020年以来,共为村民办结困难诉求、调解矛盾纠纷179件,群众满意率达97%以上。

“去年夏天,有村民反映,大量淤泥堵塞了灌溉渠,400余亩水稻灌溉受到影响。”阿里木江说,得知消息,工作队立即组织党员干部们赶到现场,4个小时后,所有淤堵被疏通。

“现在,村民们对村党支部的评价越来越高,我们工作起来也更有干劲了。”阿里木江说。

重培训 就业增收富起来

“学习能促增收!”1月6日,尤喀克库尔巴格村种植户阿木提·马木提告诉记者,去年他悉心学习,按照专家指导,核桃产量提高了不少,收入比往年增加近2万元。

去年,工作队与村“两委”多次召开致富增收会议,邀请致富带头人、党员、村民代表,共同谋划尤喀克库尔巴格村林果业发展,多次组织大家到周边县市考察学习。

回村后,村民吐尼亚孜·吐尔逊提出成立核桃加工合作社的想法,得到工作队支持后,他建起了核桃加工合作社,吸纳40多名村民加入。合作社成立后,工作队聘请林果种植专家“坐镇”,为种植户讲解果树栽培技术,规范从采摘核桃、青皮剥离到清洗、分拣等加工程序,通过远程视频培训授课、“一对一”到户指导的方式开展果树管理技术培训78场次,核桃加工培训21场次,惠及村民232人。

通过不断学习,种植户果树管理水平越来越高,核桃产量不断增加,而经过加工的核桃,售价也更高。2020年,合作社进一步扩大核桃加工规模,为本村及周边村提供1000余个季节性就业岗位。

兴文明 文娱活动多起来

“从前的土坡坡,现在变成了文化广场。”提起村里新建的文化广场,平时喜欢唱歌跳舞的村民买买提·吐尼亚孜赞不绝口。

为了丰富村民文化生活,结合人居环境整治工作,工作队申请10万元资金,将一块闲置空地打造成集休闲、娱乐、健身、文艺演出等功能于一体的文化广场,广场周围还立起一排整齐的历史英雄人物展示牌，不但提升了乡村“颜值”，还让村民接受了爱国主义教育。

文化广场建成后，村里连续开展“农家书屋”“文化夜市”等主题实践活动，引导村民培养读书习惯；利用文化广场开展精神文明建设活动，每月举办一次道德模范和先进典型评选活动，选出一批又一批“好儿女”“好邻居”“好青年”，古色古香的文化长廊贴满了评比出来的先进工作者照片，引导村民向模范看齐；村里的文艺爱好者还组建了文艺队伍，开展各类文体活动，累计演出36场次，让村民在家门口就能享受到丰盛的文化大餐。

（来源：新疆日报2021年1月18日 第三版 要闻）

“田野大讲堂”成为村民增收好帮手

新疆日报讯（记者杨舒涵 通信员陈忠报道）5月7日，在温宿县托平拉乡尤喀克库尔巴格村的一块水稻田边，一场“田野大讲堂”正在进行，村民们坐在地埂上认真聆听，有的还用手机录音。

尤喀克库尔巴格村主产水稻、核桃，水稻平均每亩纯收入1000元以上，核桃平均每亩纯收入3500元以上。种核桃，村民们都是行家里手，种水稻，他们的技术就有些跟不上了。

为了解决村民们的问题，自治区地方志编委会“访惠聚”驻村工作队特邀水稻种植专家，从水稻育秧、插秧讲起，介绍了国内外先进的水稻种植模式，鼓励村里的水稻种植户发展有机水稻和稻田养殖。

“听专家讲完，我的脑子一下开窍了。”曾是贫困户的吐尼亚孜·吐尔逊说，近几年，在工作队的引导下，他种了6亩核桃和11亩水稻，不但顺利脱贫，还成了当地的核桃种植能手、致富带头人。

尤喀克库尔巴格村第一书记、驻村工作队队长马文华告诉记者，农忙时节，组织村民外出学习不太可能，他想到了把专家“请进来”的方式。

“就在田间地头，手把手地教，有问题现场解决！”马文华说，工作队先后邀请了疆内外的专家、教授和科技工作者、致富带头人50余人，坚持“种什么、讲什么，收什么、讲什么”的原则，采取田间地头现场讲解、示范操作的方式，在“田野大讲堂”授课46次，为群众解决养殖、种植等方面难题，拓展了村民利用科学技术致富的渠道。

“‘田野大讲堂’成了村民们增收的好帮手。”尤喀克库尔巴格村党支部书记图尔逊·依斯拉木高兴地说，现在村里每家每户都有一名科技明白人和一名致富能手，村里19户贫困户去年都顺利脱贫。

如今，从“田野大讲堂”“毕业”的村民们掌握了科学种植方法，村里也初步搭建起一条完善的农业产业链，提高水稻、核桃等农产品的附加值。下一步，工作队将继续邀请农业加工方面的专家来上课，使村民由“种得好、养得好”向“卖得好、收入好”转变。

（来源：新疆日报2020年5月9日第二版 要闻）

第四章　“访惠聚”工作

2014年2月起，根据自治区党委部署，自治区地方志编委会先后派驻8批驻村工作队，开展“访民情、惠民生、聚民心”（简称“访惠聚”）工作，团结带领村党支部、村委会坚决落实做好群众工作、推进脱贫攻坚、建强基层组织、落实惠民政策、拓宽致富门路、办好实事好事、壮大党员队伍等方面工作任务，为尤喀克库尔巴格村的发展提供了有力支撑。

第一节　自身建设

一、组织建设

自治区地方志编委会党组高度重视“访惠聚”驻村工作，成立了由党组书记任组长、厅级干部任副组长、各处处长为成员的“访惠聚”活动领导小组。2014—2021年，共召开党组会议27次专题研究“访惠聚”工作。制定“访惠聚”工作经费开支管理办法，提高和规范工作队员待遇。2021年编委会党组书记、副主任魏占海到村调研指导驻村工作3次，党组成员到村调研6次，帮助工作队抓重点、理思路、明方向。

2022年2月10日，编委会党组书记、副主任魏占海（左二）深入驻村点慰问群众

2021年9月6—9日，编委会党组书记、副主任魏占海（左二）到村调研指导驻村工作

二、制度建设

2014年，自治区地方志编委会驻村工作组认真贯彻落实自治区党委部署，围绕“访惠聚”活动“六项任务”，建立了临时党支部组织生活制度、会议制度、学习制度、工作制度、考勤制度等13项规章制度。2018年自治区地方志编委会住村工作队结合实际，对以前的各项制度进行修订，建立和完善适合本地的住村工作制度，更好地推动“访惠聚”活动深入开展。建立完善工作队车辆管理制度、伙食费管理制度、集中学习制度等各项制度16项。

2021年在原有基础上，从工作队日常人员管理、工作程序管理、工作项目管理和工作的各个环节入手，进一步完善了工作队日常管理规章制度，制定4项保密工作制度。

三、队伍建设

2014—2021年共选派干部54人次驻村，其中正厅级领导干部1名，副厅级领导干部1名，县处级干部23人次。驻村工作队第一书记统领“七支队伍”，明确职责分工，实行AB岗管理。全面加强队伍建设，关心关爱工作队成员。严守纪律规矩，严格执行财务报账、请销假、安全管理规定，做到“两个严禁”。2015年开始每年制作驻村工作组组员亮相牌和民情联系卡，并进行公示。

2014—2021年自治区地方志编委会驻尤喀克库尔巴格村工作队(组)人员统计表

表7

时间	姓 名	职 务	
2014年	黄建安	副巡视员	总领队
	张　权	处长	工作组组长
	赵　实	副处长、调研员	工作级副组长
	吴佩昀	副处长(副社长)	工作组组员
	阿不都热依木•牙合甫	副调研员	工作组组员
	刘　博	主任科员	工作组组员
	玛尔哈巴•夏吾东	主任科员	工作组组员
2015年	刘　星	党组成员、副主任	总领队
	李卫东	处长	工作组组长
	艾合买提•肉孜	调研员	工作组副组长
	殷红梅	副处长	工作组组员
	刘建纲	主任科员	工作组组员
	陈国刚	主任科员	工作组组员
	虎占福	副主任科员	工作组组员
2016年	毕志强	机关党委专职副书记	工作组组长
	张　辉	副处长	工作组副组长
	杨志虎	主任科员	工作组组员
	冯晓广	主任科员	工作组组员
	加米拉•阿不拉	副调研员	工作组组员
	张　炜	主任科员	工作组组员
	艾克热木•托合提	副主任科员	工作组组员
2017年	赵　实	处长	工作队队长
	阿布都热依木•牙合甫	副处长	工作队副队长
	杨志虎	副处长	工作队队员
	刘　博	副处长	工作队队员
	闫姝廷	副处长(副社长)	工作队队员
	张坚义	副调研员	工作队队员
	李元斌	司机	工作队队员

续表7

时间	姓 名	职 务	
2018年	赵 实	处长	工作队队长
	甫拉提•伊米提	副调研员	工作队副队长
	苏 峰	调研员	工作队队员
	张坚义	副调研员	工作队队员
	阿西丁•吾麻江	副主任科员	工作队队员
	王 勇	科员	工作队队员
	李元斌	司机	工作队队员
2019年	别利克孜•买买提	副处长	工作队队长
	虎占福	主任科员	工作队副队长
	甫拉提•伊米提	副调研员	工作队队员
	杨持纲	主任科员	工作队队员
	王 勇	副主任科员	工作队队员
	刘 铖	一级科员	工作队队员
	万大兵	司机	工作队队员
2020年	马文华	党组成员、副主任(厅长级)	工作队队长
	张 炜	一级主任科员	工作队副队长
	陈国刚	一级主任科员	工作队队员
	艾克热木•托合提	一级主任科员	工作队队员
	陈 忠	二级主任科员	工作队队员
	刘 铖	一级科员	工作队队员
2021年	刘 兵	处长(社长)、一级调研员	工作队队长
	宋水平	副处长(主持工作)	工作队副队长
	陈国刚	一级主任科员	工作队队员
	任冬梅	一级主任科员	工作队队员
	艾克热木•托合提	一级主任科员	工作队队员
	陈 忠	二级主任科员	工作队队员

注:表内职务以每年4月派驻时的职务职级为准

第二节 工作开展

一、做好群众工作

驻村工作队吃住在村、工作在村,坚持常年入户走访,了解村情、民情,面对面做好群众工作。2014年开始,按照自治区党委关于“访惠聚”活动的指示要求,驻村工作组把“听取民声,了解民情”作为工作重点，坚持以转变工作作风为导向，广泛走访群众、广泛听取意见，和群众打成一片，真正做到“打通最后一公里、联系最远一家人”。2015年驻村工作组以凝聚民心民力为重点，开展形式多样的慰问活动、文体活动、走访活动，实施民生工程，增进民族互信。3月16日，第一村民小组白杨树防护林发生火灾险情，工作组成员第一时间赶到火灾现场，与村干部、村民迅速投入救火，大火最后被扑灭，受到村民好评。2019年，采取全面收集、分析研判、分类解决、动态跟踪、满意度测评“五步工作法”，通过第一书记信箱和群众报告等多种方式全面掌握、解决群众困难诉求，取得良好效果，解决困难诉求275件。2020年，成立群众工作室并制定《群众工作室及内设机构工作职责》，召开了群众工作启动会，全面部署安排群众工作，收集解决群众诉求120件，深受群众认可。

利用工作队国家通用语言水平较高的优势，开展国家通用语言培训。2021年采取初级、中级、高级分班授课，同时，设置村干部国家通用语言学习高级班。采用线上线下同步授课模式，线上有视频、线下有教材，分层次、分标准、有针对性教学。在各种场合鼓励群众多说多练，坚持在晨会等各项会议中让村干部用国家通用语言汇报工作。把群众工作与先进文

2017年11月，尤喀克库尔巴格村召开群众大会

化引领相结合，把课堂设到基层一线，把宣讲送到田间地头、春耕前沿、村民庭院。

2014年以来，工作队严格落实逢丧必悼、逢喜必贺、逢节必至、逢病必慰、逢难必帮的工作要求，积极出席村民民俗活动，和村民打成一片，增进了与群众的感情。

二、推进脱贫攻坚

2014年，驻村工作队全面落实脱贫攻坚主体责任，成立以村第一书记和村支部书记为组长，工作队副队长为副组长，“访惠聚”队员、村“两委”其他成员以及小组长成员的村脱贫攻坚领导小组，形成上下贯通、责任到底、合力攻坚的工作体系。

2015年以来，村党支部利用晨会、周例会、村民大会及夜校及时宣传、学习、传达上级有关脱贫攻坚政策，制订脱贫攻坚专题学习计划，每年组织脱贫攻坚专题学习不少于4次。按照“七统一”工作机制，在村第一书记的统领下，发挥好联合党支部的作用；选配科技副职1名，充分发挥其在贫困户农业生产、就业发展、养殖等方面的指导、帮带作用；增强村党支部的带头人能力，促进脱贫攻坚。2016年，驻村工作队帮助村民成立刺绣合作社、核桃合作社。2017年，自治区地方志编委会动员干部捐款5万元，帮助贫困户尼沙汗·托合提建了新房。2019年11月11日，驻村工作队协调新疆宣化矿业有限公司捐赠150吨煤，用于贫困户、困难户过冬取暖。2020年，工作队队长马文华自费2500元帮助贫困户亚森修建化粪池，购买鸡苗；帮助贫困户吐尼牙孜·买

2019年11月11日，自治区地方志编委会协调冬季供暖煤分发给贫困户

提斯地克修建庭院大门。2020年，全村贫困人口19户64人（其中脱贫监测户1户4人）、低保边缘户4户8人全部脱贫。

三、建强基层组织

2014年起，驻村工作队以提升组织力为重点，抓班子带队伍，打造一支"永不走"的工作队。强化与村"两委"班子的协调互动，建立例会制度，参与村"两委"各项工作，对全村工作进行统一安排部署。结合村"两委"换届，协助整顿软弱涣散基层党组织，调整充实村党支部领导班子，明确支部委员分工。选拔培养村级后备干部，培养入党积极分子，加快发展农牧民党员，通过"传帮带"提升基层组织的凝聚力和战斗力。

2015年4月13—16日，组织村党支部和村委会成员赴昌吉市、玛纳斯县、沙湾县考察学习。先后考察了昌吉全优农资交易市场、佃坝镇二畦村的设施农业项目，玛纳斯县乐土驿镇乐源合作社、万亩现代农业示范区、平原林场控根容器育苗基地、广东地乡振兴肉羊养殖合作社，沙湾县宏基农机专业合作社、金沟河镇农村土地产权交易中心、大泉乡清泉养殖专业合作社、阿里巴巴沙湾产业带、双泉农民合作社、升升养殖农民专业合作社、沙湾农业展览馆。村干部议论最多的就是差距在哪里，怎样学习别人，怎样去发展自己。

2017年，着力强化督导职能，突出党的建设，每周至少组织召开一次村"两委"会议，帮助村"两委"完善工作机制，理顺工作职能。督促村党支部严格落实"三会一课"制度，做到有目标、有计划、有落实、有总结。2018年开始驻村工作队大力培养村"两委"班子成员和后备干部，建立一对一帮扶制度，一名工作队队员对口帮扶一名"两委"班子成员和一名后备干部，按照"传帮带"的要求，帮助指导其开展工作。通过强化双语辅导、加强国家通用语言培训等方式，促进村干部能够熟练运用国家通用语言进行交流。

2018年8月6日、8日，自治区地方志编委会组织村党员干部参观乌鲁木齐县新农村建设

2020年尤喀克库尔巴格村驻村干部与村“两委”干部一对一帮扶表

表8

序号	村“两委”干部姓名	职务	帮带驻村干部姓名	职务
1	阿里木江·伊敏	村党总支书记	马文华	村第一书记、工作队队长
2	托合尼亚孜·卡德尔	村党总支副书记、治保主任	陈国刚	工作队队员
3	艾尔肯·司马义	村委会副主任	艾克热木·托合提	工作队队员
4	艾尔西丁·图尔荪	村委会委员	陈　忠	工作队队员
5	阿扎旦木·买买提	村党总支委员、村委会副主任	刘　铖	工作队队员
6	杨　健	村委会科技副主任	张　炜	工作队副队长

2021年，把党史学习教育工作与基层党建工作有机融合，同农业种植总结经验、推动春耕生产、解决实际问题结合起来，转化为推动为民服务解困的具体实践。建立村级后备干部人才库，注重把学历较高、有一定带领群众致富本领、年富力强的优秀中青年纳入村级后备干部，村“两委”班子成员综合素质、服务群众能力、带领致富本领明显提升。

四、落实惠民政策

充分发挥驻村工作队自身优势，广泛宣传党的惠民政策，公平公正公开落实政策，推动九大惠民工程落到实处、取得实效。2016年引导村里理清发展思路，谋划建设“短平快”项目。工作队积极为村里发展经济出谋划策，召开水稻种植和发展庭院经济现场会，实地观摩学习，鼓励村民种好优质大米，建设大棚，发展庭院经济，增产增收、脱贫致富。2017年开始积极开展“理清两笔账，感恩共产党”活动。安排专人对就业、教育、医疗、社保、扶贫、安居、暖心、兴边、安全惠民九大项205个分项惠民政策进行细致梳理，理清惠民政策53项，以集中学习、制作板报、张贴受惠清单等方式开展大规模宣传攻势，教育引导农民向党感恩、向国报恩。2020年，农户享受各类惠农资金144万元，村公共投入达到356万元。

2021年实施农业产业提升工程。围绕林果、水稻、养殖三大主导产业，通过土地流转等方式发展辣椒种植产业，流转土地550亩，带动本村近20名富余劳动力就业，促进产业振兴和农民增收。积极利用好中央财政衔接推进乡村振兴补助项目资金162万元，采购核桃烘干机15台，租赁给兴隆核桃专业合作社运营，增加村集体收入，促进脱贫户实现就近就业，对脱贫户、三类户烘干和加工核桃费用减免，多举措增加群众收入。

五、拓宽致富门路

结合推进实施乡村振兴战略，帮助村“两委”理清发展思路，发展特色产业，拓宽就业渠道，让各族群众走上幸福和谐的康庄大道。2014年，争取项目资金6.4万元，为全村有养殖条件的32户农民购置西门塔尔良种牛64头，示范带动发展家庭养殖业，促进农民增收。2017年充分利用各种时机教育农民，积极向其他产业转移，一方面组织部分村民前往阿克苏纺织厂务工；另一方面先后分四批组织186人前往佳木、阿热勒等乡镇拾棉花，人均增收5000元。

转变发展理念，积极发展合作社经济。2016年，在驻村工作队的帮助下，成立了阿斯亚木民族手工绣品农民专业合作社、兴隆核桃专业合作社。2018年拓宽致富门路为村民谋福利。兴隆核桃专业合作社在工作队的支持下进行了改扩建，合作社成员达到52人，年加工核桃2000吨。工作队积极在核桃生产、加工、销售的产业链各环节挖掘经济效益，在核桃深加工、精加工上做文章，辐射带动周边村发展，吸收有意愿的困难户、贫困户30余人进入合作社务工，将村民分散的土地集中起来，流转给合作社集中经营，带动其脱贫致富，切实提升困难群众的满意度和获得感。同时，努力为村中出谋划策，想方设法解决村中富余劳动力就业问题，多方渠道增加村民收入。同时，协助村民大力发展庭院经济，发展绿色产业，带动乡村旅游业。积极协调引进资金，投资种植上千亩枸杞子和红枣加工厂。2020年，积极协调引进项目资金，投资120万元完成创业市场小型集市项目，10户村民入场启动营业，实现村民就近就业。同年，利用派出单位优势，落实落细“文化润疆”工程，建设“方志广场”，打造葡萄长廊、党旗雕塑、稻香木亭、方志集市、历史文化墙，集文化、教育、旅游、餐饮于一体，全方位服务游客，拉动本村旅游业发展。

2015年4月14日，村干部参观玛纳斯县高效节水标准化规范化建设示范区

2021年持续抓好产业振兴，带动就业增收。大力实施水稻产业挖潜、林果业提质增效、核桃初加工、畜禽规模养殖、设施农业等产业增收工程，实现已脱贫人口全面巩固不返贫、边缘易致贫人口不发生新的贫困，低收入人群持续稳定增收，确保2021年已脱贫户、已脱贫监测户、边缘户人均收入达7000元以上，富余劳动力就业率达到100%。

六、办好实事好事

2014年以来，工作队坚持把群众的利益摆在至高无上的地位，着力解决各族群众最关心最直接最现实的利益问题。注重发挥工作队组织和资源优势，关心和爱护困难群众，广泛开展走访慰问活动。注重困难家庭子女就学问题，摸排困难家庭学生情况，向他们发放助学金。针对村民提出的各类诉求，工作队分类施策，立说立行，久久为功，切实解决群众困难。2020年，热买提·胡达拜尔地因意外伤害无钱治疗，工作队与村委会发起捐款活动，干部群众认捐26000元，同时筹款9000元。买买提·阿合尼牙孜因意外事故伤残无钱治疗，工作队和村委会发起水滴筹，收到资金9755元，其中南京师范大学教师刘军捐款2000元，帮助买买提·阿合尼牙孜渡过难关。

2014—2021年驻尤喀克库尔巴格村工作队为群众办实事好事统计表

表9

年份	办实事好事具体内容
2014	硬化村级道路3千米，建设防渗渠780米，改建双语学校，建设核桃烘干房，扩建村委会值班室
2015	新建防渗渠道653米，修建通村公路3千米（柏油路），建设双语幼儿园
2016	投资10万余元铺设村二小队500多米的宅前道路。为村委会捐赠电脑15台、安检门1个。落实全民免费体检各项工作，为村民捐赠衣物6000余件，开办“爱心妈妈理发屋”，为村小学赠送舞蹈服装78套、教师办公桌10张，为值班民兵赠送30件军大衣
2017	引进15万元建设太阳能路灯，帮助困难群众办理小额贷款9万元，为困难群众捐赠鸡苗、种羊等生产资料价值1万元，圆满解决结亲对象20亩水稻秧苗的死亡赔偿问题
2018	筹资5000余元为9户贫困户购买了300余只优质品种鸡苗，为村综治中心购买4辆自行车，为村委会安装新门禁，为双语幼儿园购买价值10000余元的窗帘，花费4000元为村八支队伍购买服装道具，为小学生赠送8000余元的学习用品，全年访贫问苦各项投入3.1万元，全年共为村民办实事好事246件，投入经费11.5万余元
2019	投入2万元向村教学点及幼儿园捐赠30套桌椅及讲台、打印机等教学设备，走访慰问困难群众300余户次，捐款捐物34000元。为118户贫困户、困难户发放150吨煤，价值15万元。办实事好事310件，累计投入资金35万元

续表9

年份	办实事好事具体内容
2020	联系企业向乡中学捐赠价值6000元的20套学生用床；联系慈善机构捐献价值6万元的200套学生书包及学习用品，赠送村学校的少年儿童；古尔邦节期间走访慰问困难群众100余户次，送去慰问品价值12000元；举办各类联谊活动5场次；参加核桃林剪枝、菜籽播种、犁地放水等各类生产活动20余次。累计做实事好事215件次
2021	筹集经费为困难群众任明思捐赠价值5000元电动农用三轮车一辆，赠送价值1000元的取暖煤炭；帮助41户农户申请贷款215万元，购买66头生产母牛发展畜牧养殖；捐赠价值4500元的黄腐酸复合肥3000千克，助农增产增收；投资6万余元修建传统文化风格的砖混结构门楼一座；协调落实资金73万元新建28.3千米排水管网及附属设施；为困难群众送去米、面、油等价值1万余元的物资；投入3000元亮化美化村民庭院围墙；为举办各类文体比赛活动购买奖品价值6000余元

七、壮大党员队伍

驻村工作队和村“两委”坚持把发展壮大党员队伍作为基础工作，注重在村组干部、先进典型、骨干中培养发展党员。严把党员入口关，工作队每一名党员包联培养一名入党积极分子、一名发展对象或预备党员，按要求每季度和他们谈心谈话一次。2014—2021年，共发展党员45名。

2021年，建立村级后备干部人才库，协助培养入党积极分子35人，发展党员8人，储备培养村级后备力量5人。村“两委”班子成员中，大中专及以上学历人数占70%。

2019年6月5日，工作队和村“两委”组织开展“不忘初心 牢记使命”主题党日活动

2018年7月，尤喀克库尔巴格村党支部开展“5+X”特色党日活动

第三节 派出单位后盾作用

按照“队员当先锋、单位做后盾、一把手负总责”的工作要求，自治区地方志编委会积极发挥派出单位后盾作用和自身优势，在人力、物力、财力等方面给予工作队和所驻村大力支持，帮助工作队找方法、理思路、破瓶颈，助力“访惠聚”工作深入有效开展。

一、关爱队员

自治区地方志编委会做好关心关爱工作，真正做到从思想上关心、物质上帮扶、心坎上温暖每一名工作队员，为他们解决实际困难。逢年过节，自治区地方志编委会领导专程带慰问品、慰问金到村慰问工作队，同时慰问工作队员家属。安排落实工作队员体检，建立“一人一档”健康档案。派出单位积极协调,尽力解决工作队员遇到的各类困难。设立专项经费,维护交通工具、水暖电等设备,给工作队配置办公电脑、桌椅、文件柜、消毒柜等设备,严格落实工作队员休假制度,有效促进驻村工作有序开展。2020年为驻村工作队员免费安排四次体检,并在新疆医科大学第二附属人民医院为驻村工作队员制定了1400元的体检套餐,对驻村工作队员及家属慰问2次,体现人文关怀。在驻村工作队员生日当天为他们订做生日蛋糕。在疫情防控期间,关心关爱工作队员,下发《新疆维吾尔自治区地方志编纂委员会关于进一步做好新型冠状病毒感染肺炎防疫工作的通知》《致驻村工作队员的一封信》等,让驻村工作队员坚定信心、同舟共济,从自己做起,精准防控,保护自身,肩负疫情防控责任。

二、争取项目

2014—2021年,自治区地方志编委会积极协调有关部门先后为尤喀克库尔巴格村投资兴建方志渠、方志路、方志幼儿园、方志集市及方志路灯等,累计投入资金1690万元。全村基础设施建设逐步实现现代化,农民生产生活质量显著提高,为振兴新农村经济,建设美丽乡村打下坚实基础。

三、资金支持

2015年,自治区地方志编委会投入5万元,建成村委会值班室。2018年,联系企业为双语幼儿园购买价值1万余元的窗帘。2019年联系爱心企业,为118户贫困户、困难户发放150吨过冬煤,价值15万元;2020年,捐赠40吨水泥,用于贫困户、困难户的“三区”分离工作。投资4万元推进小集市景观建设。支持工作队创建方志广场、方志集市、方志长廊,打造文化润疆的新平台。投入2万元向村教学点及幼儿园捐赠30套桌椅及讲台、打印机等教学设备;投入3万元帮助12户群众发展庭院经济。2020年,自治区地方志编委会党组书记、副主任廖运建协调解决村委会小集市项目,落实资金120万元。2021年投入5万元为驻村点开展人居环境整治工作。

第五章　村庄建设

1949年9月25日、9月26日新疆和平解放以后，在中国共产党和人民政府的领导下，全疆各族人民开始致力于农村建设，农村生产和农民生活条件得到明显改善。1978年12月，中共十一届三中全会以后，随着国家关于"三农"问题一系列文件的出台，新疆农村经济得到快速发展，各项农村建设工程不断推进。2012年，中共十八大再次提出"生产发展、生活宽裕、乡风文明、村容整洁、管理民主"建设社会主义新农村的总要求。这一时期，新疆牢牢抓住国家实施西部大开发战略和历次召开的中央新疆工作座谈会历史性机遇，坚持把"三农"工作作为重中之重，出台一系列更直接更有力的支持和发展农业、改善农村生产生活条件的政策措施。尤喀克库尔巴格村各族村民在新时代党的治疆方略和自治区为民惠民政策引领下，团结一心、朝气蓬勃，掀起了新农村建设的时代大潮，交通邮电、农田水利、供水供电、商业服务、园林绿化、教育、文化、卫生事业等生产和生活服务设施建设取得突破性进展。

第一节　乡村规划

1949年中华人民共和国成立前，由于投入村镇建设的人力、财力有限，全疆村镇各项设施均十分简陋。历代王朝政府虽在不同年代也曾进行过疏浚河道、修建农渠、修桥筑路等水利和交通建设，但对村庄和民居建设则少有过问，自然形成的集镇和村庄无统一规划，全村住宅、畜舍、作坊、仓库、铺面等建筑较为简陋落后。

1949年9月25日、9月26日新疆和平解放以后，在中国共产党和人民政府的领导下，新疆村镇建设才进入有组织、有计划的轨道。1950—1963年，尤喀克库尔巴格村和全疆其他村落一样在县、乡人民政府的带领下，克服比较困难的经济条件，组织村民兴建道路、渠道、民居，促进生产，改善生活。1964年，自治区党委提出农村"五好"建设方针，号召各地自力更生，艰苦奋斗，把建设"好条田、好林带、好道路、好渠道、好居民点"作为改变农村落后面貌的奋斗目标。

1978年12月，中共十一届三中全会以后，全疆农村经济有了突破性的大发展，广大农民要求按当年"五好"规划建设社会主义新农村的呼声很高。各级政府在抓生产的同时，都把村镇建设作为重要任务，逐步组织实施。尤喀克库尔巴格村经过10余年的建设，村容村貌焕然一新。1976—1990年，住宅建设发展较快，但受经济发展的影响，村民住宅中80%左右仍是土木结构房屋。

20世纪80年代初，随着农村经济的好转，国家建委、自治区人民政府提出重新制订村镇规划的要求，相对规范的村镇规划正式启动。这一时期的村镇建设，国家没有固定建设资金，通常采取多渠道筹集资金的方法，即国家出一点、集体出一点、个人出一点的方针。

进入21世纪后，村镇规划越来越受到各级政府和群众的重视，村镇建设的发展方向和规模朝着更加科学化的方向发展，以不断满足农村居民日益增长的物质生活和文化生活需要。2008年8月11日，全国人大代表、自治区政协常委、新疆大学博士生导师、民进新疆区委会主席牛汝极一行5人到温宿县开展新疆新农村建设对策研究专题调研。2009年6月30日，温宿县召开上海第六批援建项目座谈会，对新农村“三区”（居住区、养殖区、种植区）分离改造等6个项目进行座谈研究。

2011年，根据《托乎拉乡2011年村庄整治规划》，村委会进一步推进社会主义新农村建设，提高村庄整治水平，保证农村居民基本的生产生活条件和居住环境质量，促进农村经济、社会和资源的协调发展。通过充分利用村庄现有房屋、设施以及自然和人工环境，通过政府帮扶与农民自主参与相结合的形式，分期分批整治改造农民最急需最基本的设施和其他相关的项目，以低成本投入、低资源消耗、不加重农民负担的方式改善农村人居环境。

第二节　基础设施

一、道路

1949年中华人民共和国成立前，新疆县乡仅有旧社会遗留下来的一些残破公路。地处阿克苏绿洲西北边缘的尤喀克库尔巴格村人烟稀少，芦荡池沼遍布，洪涝灾害频发，野猪时常出没。村域没有一条公路，连像样的砂土路都没有。

中华人民共和国成立初期，全疆交通运输部门加快修复残旧公路以提高公路运输能力，逐步恢复生产。第一个五年计划之后，接连掀起修建地方道路的高潮，限于当时的物质技术条件，修建的道路质量不高，但为建设县乡公路打下基础。20世纪60年代初，托乎拉公社按照自治区农村“五好”建设（好条田、好林带、好渠道、好道路、好居民点）要求，依靠地方、依靠群众，认真贯彻“民工建勤，民办公助”的政策，制订规划，统筹实施全乡道路建设，乡村公路有了迅速发展。20世纪60年代中后期，公社到大队开始修建沥青主干公路，大队到生产队开始修建砂石公路，沟通社（场）大队的主干道逐步可通行机动车辆。

1978年中共十一届三中全会后，随着改革开放和经济社会各项事业发展，农村道路建设步入快车道。至1981年，托乎拉公社在农村“五好”建设中新修道路270条，长182千米。各大队出工出劳，调集马车、驴车、人力车拉料拉土。20世纪80年代末，村委会组织村民修建全村第一条砂石路——村委会至托乎拉乡政府的乡级道路，约12千米。20世纪90年代中期，村委会组织村民修建村4组至水稻农场砂石路，约11千米。此后，各村组陆续开始修建砂石路。2002年前后，全村村组道路基本实现砂石路全覆盖。2004年前后，村内第一条柏油路——村委会至乡政府的乡级道路修建完成，约12千米。此后，随着“村村通工程”的实施，村级柏油路里程数逐渐增长。至2010年,全村村组道路主干道完成柏油路铺设。2011年3月22日至7月20日,按托乎拉乡统一要求,村委会组织开展了农村公路养护工作。2012年,在实施抗震安居房的基础上,以创建自治区级生态示范村为契机,投资10余万元,在村队主要路段和村委会院落安装了太阳能路灯,对部分公共场地进行全面绿化和硬化,村基础设施条件得到较大改善。

2015年初,经自治区地方志编委会多方争取、协调争取农村公路建设项目:修建通村公路3009.8米(柏油路)和路边涵洞,项目包括1条主线4条支线,其中1条主线位于村4组(1155米),2条支线位于村1组:支线1(720米)和支线4(322米);另2条支线位于村3组:支线2(648米)和支线3(152米)。总投资75万元。2015年5月完工并投入使用。

宽阔的柏油路(摄于2020年6月)

2015年春,农村公路建设项目——3千米柏油路正在施工

2020年9月，尤喀克库尔巴格村村组道路建设项目竣工

2020年，经自治区地方志编委会“访惠聚”驻村工作队积极争取，投资211万元的公益类扶贫项目——村组道路建设顺利实施，并于当年完工，道路全长5.6千米。

二、居民生活用水

尤喀克库尔巴格村域水资源丰富，以冰雪融水和地下水为主要来源，融雪型河流库玛拉克河流经该村，受季节影响，每年河水量不均匀，存在“夏洪、冬缺”的现象；地下水位较高，泉水资源丰富。由于地处库玛拉克河中上游，村域水质较好。

20世纪70年代中期以前，村民生活用水以窑井水、泉水、渠水（融雪水）为主。其中渠水为夏季取水主要来源，渠水含沙量较大，不能直接饮用。村民居住较为分散，通常居住较近的几户在渠水附近合挖蓄水池，将渠水沉淀澄清后使用。至20世纪80年代初，全村建此类蓄水池50余个。窑井水是这一时期村民冬季取水主要来源。

1976年，村委会主任邱格尔·买提斯地克赴温宿县铁匠铺打制全村第一台压水井设备，并在自家安装使用。随后几年，陆续有四五家村民自行安装使用压水井。1978年中共十一届三中全会以后，随着水利“转轨变型、全面服务”方针的贯彻，打破水利建设历来只为农牧业灌溉服务的传统观念，开始面向全社会，面向解决人畜饮水、防病改水以及城镇自来水建设。同时随着农牧区改革的不断深入，生产得到发展，农牧民生活水平不断提高，普遍要求改善饮水困难，也促进了水利部门对人畜饮水问题的重视。从1980年起，新疆把人畜饮水和防病改水工作正式列入水利建设计划，安排专项资金，并抓紧改水工程的前期工作。1983年，自治区人民政府决定由自治区爱国卫生运动委员会牵头，计划、城乡建设、水利、财政等部门共同参加，开展农村改水工作，进一步改善全疆农村的饮水条件。各地逐步通过民办公助、农民自筹等办法筹资进行改水建设。20世纪80年代中后期，压水井逐步成为尤喀克库尔巴格村村民主要取水用水方式，泉水、渠水（融雪水）和窑井水开始成为农业灌溉、鱼塘养殖的主要水源。

1995年，温宿县启动农村改水防病工程。2000年，库尔巴格水厂在村1小队建成，管网30千米，水井深105米，投资78万元，其中国家投资22万元，地方配套56万元。配备工作人员4人，为托乎拉乡7个村供水。2000年10月，温宿县农村饮用水改水工程启动，自来水入户管道铺设工程在尤喀克库尔巴格村展开。2001年10月，全村集中居住的农户家家通自来水，实现100%全覆盖。2010年以后，少数因居住偏远等原因通自来水有难度的农户逐步实现自来水入户。

2013年，库尔巴格水厂扩建，在原105米深的水井基础上新建一个90米深的水井，两个水井同时供水。设计供水规模1466.73立方米/天，供水人口19042人，每日最大水流量2352立方米。配备工作人员7人。安装电解法二氧化氯协同消毒设备，按照《生活用水卫生标准》做好日常消毒和供水服务。供水范围为托乎拉乡9个村和托甫汗镇（原水稻农场）部分地区，覆盖温宿县2个乡镇16个村。2021年，该水厂实际供水5234户、18949人。水厂投入使用以来，每季度由自治区地质矿产勘查开发局第八地质大队对出厂水进行水质检测，并出具水质检测报告。自2016年，尤喀克库尔巴格村实现集中供水入户322户、1200余人（含非农业户籍），饮水安全全部达标。2021年7月，水厂更名为温宿县水利局水资源总站库尔巴格水厂。

截至2021年，全村308户农业户籍人口，通自来水的293户，未通自来水使用压井水的15户（其中长期不在本村居住的2户，偏远散户13户），饮水安全全部达标。

2021年11月，温宿县水利局水资源总站库尔巴格水厂外景

库尔巴格水厂电解法二氧化氯协同消毒设备（摄于2021年11月）

三、电网与供电

1984年10月，为改善群众生活，温宿县组织电力部门从吐木秀克镇架设电杆，牵引电线，尤喀克库尔巴格村及周边村开始通电。次年4月，全村集中居住的农户家家户户通电，村民夜间照明不再使用油灯，从此告别无电历史。这一时期，农电建设资金和技术改造资金，主要由各县、乡自行筹集使用。由于当时多家办电、多家管电，农电资金不足，技术装备落后，各级政府没有统一的农电管理机构，存在重复建设和电网不能统一调度的情况。随着农村经济体制改革的深入和乡镇企业的发展，农副业加工的深度和广度不断扩大，加上农民生活水平不断提高，家用电器逐渐进入农家；特别是随着农业排灌用电需求的迅速增长，农村用电量呈现迅猛增长态势。

2014年以前，个别偏远散户用电多是自行接线拉线，存在安全隐患。2000年，温宿县电力部门将村原有的木质电线杆改为水泥电杆，用于架设高压线，可保障铡草机、烘干机等大功率农业机械设备正常运行。同时，赴实地解决偏远散户规范用电的问题。

四、农田水利

1949年中华人民共和国成立前，当地人烟稀少，芦苇蒲草丛生、沼泽遍布，洪涝灾害时有发生。中华人民共和国成立初期，在党的领导下，各级政府组织农民开始挖渠疏浚、平整耕地，进行农田水利基本建设。1963年，托乎拉公社在县委的支持下，制订兴修水利规划，开挖5条大渠，发挥了排涝、灌溉的作用。

1978年中共十一届三中全会后，随着改革开放和经济社会各项事业发展，农田水利建设越来越受到重视，温宿县统一规划实施全乡灌溉、排水渠系和桥涵、闸口、堤坝、道路等配套设施建设，逐年加大投入力度。村域农田水利建设有了新的发展。20世纪80年代中后期，随着压水井逐步成为村民主要用水方式，泉水、渠水（融雪水）和窑井水开始成为农业灌溉、鱼塘养殖的主要水源。其中泉水主要用于水稻种植，渠水主要用于荒地开垦及其他农作物种植。

1992年以前，尤喀克库尔巴格村农业灌溉渠为原始的沙土渠。1992年，村委会组织村民修建全村第一条简易防渗渠，防渗渠主体材料为鹅卵石和水泥。2006—2007年11月，村委会积极向上级部门争取13万元的水利建设资金，实施支渠斗渠灌溉站维修建设项目，对各村组的水渠进行整修，改善了农民的生产生活条件。2007年，村委会组织村民修建20千米简易防渗渠，将库玛拉克河水从吐木秀克镇帕西塔西水管站引进村。同时，对帕瓦力闸口至村的简易防渗渠进行规范化改造，使全村有了第一条标准化的防渗渠。

2011年，组织实施村3组至4组间的防渗渠项目，全长5千米。2014年，积极筹措资金80万元，新建防渗渠800米。2011—2015年，全村先后修建U形斗渠20余千米，总投资700多万元，可灌溉耕地约8000亩。2015年初，经自治区地方志编委会多方协调，争取防渗渠项目：总投资105万元，新建防渗渠653米，当年4月底完工并投入使用；2016年，争取自治区2016年“访惠聚”村级惠民生工程项目，修建排碱渠4千米，总投资50万元，项目于当年5月开工，10月竣工。

截至2021年9月，尤喀克库尔巴格村有U形斗渠、支渠、主干渠三类防渗渠，约30余千米，可灌溉耕地约1.1万亩。

灌溉渠（摄于2021年3月）

第三节　村民住房

1949年中华人民共和国成立以前，新疆广大农牧民住房低矮、阴暗，人畜混居，条件很差。中华人民共和国成立后，各族农牧民居住条件逐年改善。1979年12月，全国农村房屋建设第一次工作会议之后，新疆有组织、有计划地引导农民建房。1980年4月，自治区召开全区第一次农房工作会议。随着农牧区经济改革的不断深入，农牧区逐渐开始摆脱贫困，新疆农牧民建房速度大大加快。

20世纪80年代，在喀什砌墙匠阿不力米提的倡导下，土坯盖房工艺逐渐普及。这一时期，由于经济水平不高，尤喀克库尔巴格村和全疆多数农村一样，房屋结构多为土木结构，抗震性能较差。当时该村村民普遍把盖房子称"砌墙"。村一组和三组土壤比较干燥，土墙房较多。二组和四组比较潮湿，湿地多，草根房较多。木条土墙工艺在每个村民小组均有使用。土墙房是用土做成半干半湿的土块砌成墙，墙基为一米高的草根块（见草根房工艺）。这种工艺多用做羊圈和围墙。木条土墙是用大木头作为墙基，固定好柱子和主梁，然后用柳枝条织成篱笆，等木条完全风干以后用草泥内外抹平。村民丘尕尔·达吾提、阿里木·阿不都热依木、吐尼亚孜·托乎提、卡斯木·阿西木曾经有这样的房子。至2016年，三组的司马义·沙力、四组的依斯拉木·木沙、托乎提·木沙家里还有木条篱笆土墙房。建草根房要选择比较平坦的湿地、草坪地，用镰刀切成宽0.3米、长0.3～0.4米的网格，一块一块挖出来搬到路边晾晒一个月甚至一年，等彻底晾干用来砌墙。墙基宽0.8米左右，从下往上逐渐缩窄。墙高3米左右，随着时间的推移墙体不断缩矮。内墙用泥巴抹平，外墙不抹。因草根纵横交错，密而耐久，故草根房抗震性强，冬暖夏凉。至2016年，二组的艾合买提·亚克甫、四组的依斯拉木·木沙家依然有这样的房子。

1981年12月，全国召开第二次农村房屋建设工作会议，要求各省市自治区切实加强领导，大力抓好村镇规划，合理安排各项建设，发挥各方面积极性，解决好建筑材料的生产。1982年2月，新疆根据全国第二次农村房屋建设工作会议精神召开自治区人民政府常务会议，讨论农房建设问题，确定新疆的农房建设要充分调动农村社队和广大农民的积极性，走自己动手、建设家园的路子。同年6月，自治区召开第二次农村建设工作会议，要求把农房建设同整个农村的物质文明、精神文明建设结合起来，同"五好"建设结合起来，统一规划建设山、水、田、林、路、村。广大农村出现"家家备料，村村动土"的建房局面。

随着社会经济进一步发展，进入21世纪，村民住房建设越来越受到各级政府的高度重视。2004年，经温宿县房屋普查鉴定，全县城乡有26534户居民房屋属于危旧房，总建筑面积172471平方米。当年，温宿县实施抗震安居工程，资金投入以群众自筹为主、政府补助和银行贷款为辅，将民政、危房改造、边境转移等项目资金与抗震安居工程有机结合，整体部署。补助形式按照主建材（红砖、水泥）和现金相结合的方式进行，灵活掌握，具体补助标准为一般户2000元，困难户3000元，贫困户4000元。建房资金不足部分由农民自行解决。按照自治区、地区要求，在确保每户拥有一套抗震安居房前提下，广泛发动群众，按照村镇规划组织农民采取互相帮助形式，对不符合抗震性能和影响村庄规划、庭院改造及村容村貌的危房进行统一拆除。2004—2012年，尤喀克库尔巴格村共兴建220户抗震安居房，按照“三区”分离的要求，对院落进行布局和规划，农民的生活条件得到极大改善。截至2010年底，温宿县累计新建安居房36563户，约有13万农牧民搬入新居，其中建筑面积80平方米以上的有15200户。2010年1月至2011年12月，尤喀克库尔巴格村为实施抗震安居工程的6户村民免费提供21块木料。

2011年，为促进农村居民点相对集中、居民适度集聚，推进农村改水、改厕等工程，不断改善广大农牧民群众的生产生活条件，为社会主义新农村建设奠定基础，温宿县启动富民安居工程，尤喀克库尔巴格村为村民发放富民安居工程补助金1.4万元。安居富民工程户均建筑面积在80平方米以上，按照地震烈度8度的抗震设防要求建设。室内卧室面积不少15平方米，餐厅面积不小于15平方米，层高不低于2.7米，每户安有塑钢窗、防盗门。墙体正面贴有瓷砖。困难户的房屋均由村委会出资建设或帮助解决建材。2011—2018年，尤喀克库尔巴格村共建设富民安居房311套，其中2011年48套，2013年2套，2014年120套，2016年134套，2017年3套，2018年4套。截至2021年，尤喀克库尔巴格村308户农业户籍村民住房，均通过温宿县住建部门住房安全鉴定，其中安全等级为A级的303户，B级5户。住房类别中：农村安居住房299户，商品房2户，自建房6户，易地搬迁1户。

2020年，对村民建房实施补助，贫困户新建、扩建住房，每户补助4.32万元，一般户每户补助2.85万元。

20世纪50年代的村民住房（摄于2021年6月）

2011年以来建成的富民安居住房（摄于2021年6月）

第四节 公共服务设施

一、村委会

1992年以前，村委会办公地址在一组村小学对面，当年9月，村委会搬现址，办公区为一排简易的红砖房，有办公室、值班室、图书室、卫生室共10间，另有1间小会议室。1994年，在村委会办公区旁新建6间库房、4间门面房。1996年，在村委会办公区旁新建3间车库（兼农机维修），主要用于全村拖拉机维修；新建小型大米加工厂，厂房3间。

2005年，温宿县不断加强党员活动阵地规范化和标准化建设，印发《温宿县村级组织规范化管理实施细则》，制订《温宿县村级阵地建设实施方案》。2005—2010年，先后完成村级阵地建设近百个。资金主要来源于中央、自治区、地区等上级资金和上海配套资金，县财政配套资金，以及乡、村自筹资金。2007年，村“两委”投入建设资金39万元，在村委会原址旁新建村级组织活动场所，建筑面积约385平方米，其中活动室100平方米，办公室110平方米，卫生室75平方米。村集体基础设施建设项目公开竞标中标方提供赞助资金5000元，为村级活动办公场所购置7套办公桌椅，一组文件柜和一套会议桌，同时配备和加强了党员电教设备。2011年，在原村委会办公区前新建篮球场，约1260平方米，配备篮球架等设施。2014年，自治区地方志编委会自筹资金近5万元，由工作队组织实施，新建村值班室两间共计45平方米，解决了村委会值班带班无场所的问题。

2014年自治区地方志编委会援建的尤喀克库尔巴格村值班室（摄于2021年12月）

2014年下半年，"访惠聚"驻村工作队周转房（办公区、宿舍）建设项目正式开工。至2015年7月建成，建筑面积约250平方米。

2015年6月，温宿县领导在尤喀克库尔巴格村检查驻村工作队周转房建设情况

工作队周转房（摄于2021年11月）

2015年，拆除所有2007年以前的村委会办公区建筑，包括办公用房、库房、车库、大米加工厂厂房等。在原址新建村民综合文化服务中心，项目建设工期为2015年10—11月，服务中心面积约560平方米，锅炉房、库房、厨房、宿舍等配套建筑约480平方米。总投资约110万元。

2016年3月，村级警务室建设项目竣工，面积约300平方米。

至2021年，村委会院落面积约1280平方米。院落内有村委会办公区、驻村工作队办公区和宿舍、警务室、村民综合文化服务中心、篮球场等公共服务设施，还有少量林果地。

2015年建设的村民综合文化服务中心（摄于2021年11月）

2016年3月，尤喀克库尔巴格村村级警务室建设项目竣工

村委会院落环境(摄于2016年6月)

村委会院落环境(摄于2021年11月)

二、学校

1987年，村小学改扩建，教室为砖混结构的抗震安居房。2008年7月，托乎拉乡“两基”工程项目资金投入6.6万元，为村小学硬化和修整地坪814.65平方米。同年，根据托乎拉乡中心小学“两基”教育学校达标工作部署，拆除和清理D级危房150平方米，加固维修C级危房120平方米等工程，投资10余万元。

2014年，经自治区地方志编委会多方协调，争取国家双语幼儿园建设项目1个。该项目总投资110万元，扩建面积550平方米，设4个班级。2015年3月开工，12月交付使用。2016年4月，温宿县筹建双语幼儿园，尤喀克库尔巴格村新建幼儿园校舍1栋，建筑面积978.7平方米，2017年8月竣工。该项目有效解决了尤喀克库尔巴格村及周边几个村学龄前儿童入双语幼儿园难的问题。

三、卫生室

2008年，在村委会大门东侧建成80平方米的村卫生室，配备2名村医。长期以来，由于村医专业技术水平较高，医疗设施和常用药品配备相对齐全，该村卫生室的医疗水平在全乡小有名气，不但保障了本村村民的基本医疗需求，也解决了本村周边各族群众看病难的问题。

村卫生室（摄于2021年5月）

四、通信

（一）广播、大喇叭

1950年4月，按中央人民政府新闻总署发布《关于建立广播收音网的决定》，新疆在基层建立了第一批收音站，使长期闭塞地区的各族群众能够收听到新疆人民广播电台的节目。1962年，温宿县架设城镇郊区有线广播线路23千米，安装喇叭400只。1968年，架通托乎拉乡广播专线，增设入户喇叭。1984年秋，县广播电视局装备调频广播发射塔。至此，全县1镇9乡，12个农林牧场和山区厂矿均可收到县广播电视局的广播节目。2007年，托乎拉乡划拨4.4万元大喇叭补助经费，按照每个小队2个大喇叭的标准，为全乡47个村民小队及乡政府周边配备106个大喇叭，覆盖率100%。至2011年，每个村民小组都安装了调频广播，全村调频广播覆盖率100%。

（二）电视

1982年10月，阿克苏电视台建成。电视机开始进入温宿县部分单位和家庭。1985年，尤喀克库尔巴格村大队部购买了全村第一台黑白电视机。1990年前后，各小队分别购买一台黑白电视机，可收看新疆电视台汉语、维吾尔语2个频道，阿克苏电视台4频道播出维吾尔语节目，11频道播出汉语节目。2000年以后，彩色电视机逐步在全村普及，收看频道增至10余个。

（三）电话与网络

1973年，尤喀克库尔巴格大队部安装了手摇式座机电话。1979年，新疆农牧区实行经济体制改革。1982年，开始撤销社队，恢复区乡，大队改为行政村，农村电话一时出现无人管理的状况，从1979年到1983年持续拆机，农话用户数不断下降。1982年，尤喀克库尔巴格村隶属关系由水稻农场转为托乎拉乡，手摇式座机电话由水稻农场收回。之后的十余年，托乎拉乡各村对外联系的事务性工作由乡政府派专人点对点实地通知、办理，村民对外联络主要依靠信函及少量电报。20世纪90年代初，温宿县加快交通、通信基础设施建设，积极改善农牧区通信条件，促进县域经济的全面发展。1996年，村民开始安装固定电话，当年全村安装20余部。1998年，村民开始使用传呼机。20世纪末，温宿县农村程控电话装机容量达到8000门，农村每百人拥有53部，农村光缆敷设总长达到400千米，全县22个乡镇场40%村安装程控电话，并与全国并网，开创温宿县通信建设事业的新局面。

1996年，温宿县无线业务正式开通。1999年8月，新疆移动通信有限责任公司温宿县营业部成立。主要经营GSM数字移动通信业务、IP电话业务、因特网接入服务。2002年5月，中国联通公司温宿县营业部成立，主要经营GSM、CDMA移动电话业务、无线数据业务、193长途电话业务、IP电话业务、可视电话、视讯会议、无线话吧、长途专线等通信业务。2002年，温宿县新建小灵通基站17个，信号覆盖全县，小灵通正式投入使用。随后，尤喀克库尔巴格村陆续开始使用小灵通。

自2004年国家开展村村通工程至2010年前后，新疆移动通信有限责任公司温宿县营业部共建立15处村村通基站。2005年，在各乡（镇）建基站29个，直防站2个，其中县城覆盖99%，乡镇及自然村覆盖85%。当年，中国联通公司温宿县营业部在县城及各乡镇范围内建设基站19个，其中县城2个，乡镇、团、场17个，占全县有效覆盖面积的82%。2007年，托乎拉乡宽带业务成功开通。2020年7月，尤喀克库尔巴格村实现移动无线网络全覆盖。

五、交通

1949年中华人民共和国成立前，新疆公路运输十分落后，骆驼、马、毛驴和木制大车是主要运输工具。

中华人民共和国成立后，特别是1955年10月自治区成立后，在党和人民政府的领导与大力支持下，新疆公路运输业发展迅速。1978年中共十一届三中全会后，新疆公路运输与全国、全区其他行业一样，进入新的发展时期。1979年后，温宿县运输能力增强，逐步形成国营、集体、个体多形式、多层次、多渠道办交通的新格局。由于运输量和运力增长过快，科学的管理机制尚未形成，争相拉客，管理混乱的现象随之出现。进入21世纪，随着各级政府的高度重视，全疆各地交通运输能力和管理服务水平不断提升。

2018年3月，途经尤喀克库尔巴格村的班线客车

2006年前后，尤喀克库尔巴格村有村民个人经营从村到托乎拉乡、温宿县的客运业务，运输工具为小型面包车（俗称：线路车）。2006—2007年，温宿县总投资260万元新建4个乡级客运站。2006年开往农村客运车辆323辆，座位总数6460座。2009—2010年，开往农村车辆334辆，座位总数6563座；营运路线41条，总里程1380千米。2020年，在温宿县交通运输局的统一安排下，全县140个行政村全部通班线客车，各班次客车发车时间间隔1小时，从尤喀克库尔巴格村至班线终点站温宿县托乎拉乡票价5元。尤喀克库尔巴格村村民可在家门口乘坐公共汽车去托乎拉乡、温宿县，出行更加安全、快捷。

六、旅游、休闲

（一）方志集市

2020年以前，尤喀克库尔巴格村委会大门口有5间平房门面房，因房屋破旧、建筑面积小，经济效益有限，带动创业就业支撑能力较弱。2020年初，自治区地方志编委会驻尤喀克库尔巴格村工作队积极协调申请温宿县扶贫（发展资金）项目资金120万元，为该村新建就业创业市场（方志集市）项目，项目包括10间砖混门面房（320平方米），一座彩钢棚（160平方米），及供排水、电、地暖等附属设施。项目于2020年9月竣工。当年10月作为扶贫固定资产正式移交村委会，产权归村集体。

2020年建成的尤喀克库尔巴格村就业创业市场（方志集市）（摄于2021年2月）

(二)方志广场

2020年3月,自治区地方志编委会驻尤喀克库尔巴格村工作队和村委会共同筹建出资,在第一村民小组村小学斜对面修建了方志广场,项目占地面积2500平方米,建设资金约6万元。广场景点由文化墙、小康路、连心桥、姑墨亭等组成。景点将爱国主义教育、党史国史教育、民族团结进步教育、红色文化教育、新疆“四史”教育和村史村情相结合,使村民在茶余饭后、步行健身过程中接受爱国教育,了解村史村情,增强爱祖国、爱家乡的民族情感。这里为尤喀克库尔巴格村地标性景点。

2020年9月竣工的方志广场(摄于2021年6月)

方志广场入口处文化墙(摄于2021年6月)

1.广场入口处文化墙:位于广场入口左侧,记载了尤喀克库尔巴格村基本情况、历史沿革和《方志广场赋》。通过生动呈现尤喀克库尔巴格村的历史与现状,使村民准确了解自己的过去、现在,引导村民共同培育爱国爱家的家国情怀。

2.新疆历史人物文化墙:利用广场入口右侧电信塔围墙墙面,以图文并茂的形式展现了曾经活动在新疆历史舞台上各民族代表人物图画及基本简介。主要有张骞、郑吉、班超、鸠摩罗什、乔师望、林则徐、额敏和卓、左宗棠、林基路等,这些新疆历史人物的优秀事迹,生动说明了新疆各族人民在保卫和建设祖国边疆、发展和丰富祖国经济文化等方面都曾做出巨大贡献,也再次印证自古以来新疆就是祖国领土不可分割的一部分。

新疆历史人物文化墙(摄于2021年6月)

3.小康路、连心桥:这两个景点以实木打造,质朴灵动的造型不仅增添了广场景观的趣味性,将村民及游客从新疆历史人物文化墙引至下一景点姑墨亭,起到引人入胜的作用,同时也寓意尤喀克库尔巴格村在党的坚强领导下,脱贫攻坚战取得胜利,全面建成小康社会。

方志广场中的小康路、连心桥(摄于2021年8月)

2021年6月,孩童在方志广场连心桥细心聆听小姐姐讲述美丽乡村故事

4. 思源渠：该渠位于广场中部，清澈的水流从连心桥下穿过。流动的渠水使整个景点生机勃勃、充满活力，将动与静、分隔与倒影发挥得淋漓尽致，强化了景观效果。取名“思源渠”寓意饮水思源，喝水不忘挖渠人。随着党在新疆各项惠民政策力度不断加大，该村各类民生问题逐一得到有效解决，村民生产生活发生了翻天覆地的变化，以“思源渠”为名使村民明白惠从何来、惠在何处，进一步教育引导群众牢记和感恩党的关怀，持续激发广大群众的内生动力。

5. 姑墨亭：为方志广场的核心景点，位于广场小土坡最高处。因该村地理位置为秦汉之际西域三十六国的姑墨国属地，当时是古丝绸之路的重要驿站，素有“塞外江南”之美誉。故而得名“姑墨亭”。意在向村民及游客传播中国历史知识和中华优秀传统文化同时，再次明确自古以来新疆就是祖国领土不可分离的一部分。

方志广场的核心景点——姑墨亭（摄于2022年6月）

（三）稻香亭

2020年9月由自治区地方志编委会援建，位于村就业创业市场（方志集市）左前方的乡级公路旁绿化带。投资1.3万元。该亭背靠村2组民居，面朝广阔稻田，掩映在茂密的树林之中，夏季入内歇足休息时常闻稻花飘香，故而得名“稻香亭”。该亭为木质四角方亭，边宽4米，亭高5米。由四根木柱相围支撑亭顶，柱间三面设坐凳，一面为进出口。亭子造型质朴庄重，轻巧典雅，与周边独特的自然风光

稻香亭（摄于2021年8月）

完美融合，构成一幅秀丽乡村美景。亭子建成后，不仅村民有了新去处，也可供路人、游客休息纳凉。

（四）门楼

2021年11月由自治区地方志编委会援建，位于距村委会1千米的乡级公路。投资6.6万元。门楼高6米，宽14米，门楼将徽派建筑风格和中国传统吉祥装饰纹样有机融合，整体设计古朴庄重，一方面改善了村容村貌，展现了新农村建设成就，助力乡村文化振兴；另一方面以各民族文化的交流融合，进一步弘扬中华优秀传统文化，增强文化自信，推进中华民族共同体意识建设，提升乡村凝聚力和归属感。

2021年11月建成的尤喀克库尔巴格村门楼(摄于2022年7月)

（五）村界石

2020年7月由自治区地方志编委会驻尤喀克库尔巴格村工作队树立，位于尤喀克库尔巴格村与托万克库尔巴格村的交界处，为一块长宽高分别为3米、1.5米、2米的花岗岩原石，石块正面刻着“尤喀克库尔巴格村”八个魏碑体大字。为尤喀克库尔巴格村边界标志，也是路人、游客的指示牌，增强了本村村民的归属感。同时，在村就业创业市场（方志集市）和第三、第四村民小组交界的核桃林处分别树立“方志集市”“核桃庄园”两个花岗岩原石标识牌。

在第三、第四村民小组交界的核桃林处树立的“核桃庄园”原石标识牌（摄于2021年8月）

第六章　村域经济

尤喀克库尔巴格村的经济以种植业为主。西汉神爵二年(前60),西汉设西域都护府,姑墨国亦随之归附汉朝。西汉永光五年(前39),右部后曲候屯田姑墨,说明西汉时已有屯民在温宿从事种植业。《晋书》《北史》《隋书》等西域传中均有"姑墨有稻、粟、菽麦"的记载。唐初,玄奘赴印度求学,路经姑墨(时称跋逯迦国),也看到有水稻种植,他在《大唐西域记》中说:"姑墨国宜糜、麦,有粳稻"。1949年中华人民共和国成立前,村民大多无地种,靠租地种,靠扛长活打短工生活。中华人民共和国成立后,特别是1978年中共十一届三中全会以来,农村实行家庭联产承包责任制,大规模开展农田改造,扩大耕地种植规模,农业经济效益有了一定提高,村民生活有所改善。1982年后,全村农机拥有量不断增加,到2000年,农业生产作业基本实现了机械化。经济结构及时调整,从单纯种植水稻、核桃扩大到种植苹果、红枣、西甜瓜、黑木耳、荷花等经济作物,牛羊养殖从散户养殖发展到合作社规模化养殖,养鱼、养虾业等特色养殖已成为促进村经济收入的有益补充。至2021年底,经过几十年的发展村域经济发生深刻变化。

第一节　种植业

一、土地管理

1950年,占全村总人口不足4%的地主、富农,占有总耕地面积将近三分之一,并享有充足水源,而占全村总人口将近一半的贫农、雇农,占有的总耕地面积不到20%。由于伙种制(维吾尔语:奥他克其)在南疆农村的普遍存在,村地主人口(户数)比例19%,土地占有率高达61%。贫雇农人口(户数)比例45%,土地占有率只有9%。许多无地、少地、缺水的农民受着地主的残酷剥削,终年不得温饱。剥削形式主要有:1.死租(定租)。籽种、田赋、差务均由承租者承担,不分年景好坏,地租固定。上等地每亩年租1石~1石2斗,中等地8斗~1石,下等地6~8斗。据老支书邱格尔·买提斯地克回忆,当时一户贫农,3个劳力,租种地主的十几亩土地,年底交完租子、田赋、区公所摊派等支出,收入不够全家3个月的口粮,只好靠打短工谋生。2.夥租(伙种)。出租者仅出土地、水和一半籽种,人工及其他生产工具均由承租人承担。收成中除去田赋,其余由出租、承租者按五五、三七或四六开。伙种地的承租者,大部分每年所得不足以糊口,以打零工来维持生活。3.活租。视作物生长情况定租。地租按四六分,承租者取六成。籽种、粮赋均摊。4.银租。出租者不收实物,承租者将地租折货币缴纳。折价往往高于市价。5.长工。雇主除供吃饭外,年报酬只有3"塔合"(麻袋)粮食(约4.5石)。长工损坏工具,因病误工都要扣除工钱。终年劳累,不得温饱,所得工钱难以养活家小,如遇天灾人祸就得倒欠。据老支书邱格尔·买提斯地克回忆新中国成立前的长工一干就是6~9年,整天累得死去活来,还常常分文未得,甚至冬天连衣服、靴子都没有。

1950年9月至1951年4月，通过废旧约、立新约，尤喀克库尔巴格村农民佃权有了保证，许多人用所得的胜利果实购买了牲畜、农具，推动了生产发展。1952年9月开始到1953年6月结束的土地改革，无地少地的雇农人均占地6.37亩，贫农人均占地6.8亩，分别比土改前增长12.27倍和52.8%。另外，农民还分得了房屋、耕畜、农具、家具等。

1958年5月，温宿县划归阿克苏县。9月，成立政社合一的人民公社——托乎拉乡属温宿镇人民公社，尤喀克库尔巴格村为公社7大队。人民公社成立初期，在“大跃进”的影响下，刮起“共产风”，打乱了以高级社为单位的所有权界限，土地及其他生产资料由公社统一平调，取消了社员的自留地，以生产队为单位办大食堂，“放开肚皮吃饭”不要钱。这种平均主义的做法，挫伤了农民的积极性，加上自然灾害，农村经济进入了一个困难时期。1959年春，贯彻党中央第二次郑州会议精神，对“平调”的生产资料、房屋作了一些退赔。同时，根据中共中央发出的《紧急信》，确定了“三级所有，队为基础”的根本制度。1961年，贯彻中央发布的《农村人民公社条例》和《关于改变农村人民公社基本核算单位的指示》等文件，允许社员经营少量的自留地和家庭副业，停办了公共食堂和粮食分配上的供给制。农民的生产积极性初步得到了恢复，农村经济逐年好转。1962年9月，县委按照中央的规定，迅速确立了以生产队为基本核算单位的体制。生产队实行评工记分，按劳分配，多劳多得，不劳者不得食的原则，充分调动了社员的积极性，促进了生产的发展。

1979年开始，先后实行7种生产责任制：定额管理、小段包工；“五定一奖”（定劳力、定土地、定成本、定产量、定工分，超产奖，减产罚）、包产到组；统一经营、联产到劳；专业承包、联产计酬；包产到户；大包干；口粮田加责任田。

1983年，被群众概括为“保证国家的，留够集体的，剩下都是自己的”大包干责任制，在尤喀克库尔巴格村普遍实行。随着农村经济体制改革的深入进行，专业户、重点户作为农村又一新鲜事物应运而生。

实行生产责任制，特别是实行大包干以后，生产一年比一年发展。粮食单产由1980年的100.5千克提高到1990年的229.4千克，翻了一番多；人均收入由230元提高到700元，翻了两番多。

1998年，按照土地承包期再延长30年不变政策，尤喀克库尔巴格村开展农村土地二轮承包工作，让农民吃上“长效定心丸”。1999年，随着国家提出西部大开发战略，在国家优惠政策及资金的扶持下，全村农户承包土地积极性进一步提高。2003年，尤喀克库尔巴格村全面落实农村土地二轮承包政策，保持农村土地承包关系长期稳定，同时，严格按照“自愿、有偿、公平、规范”原则，依法合理地开展农村土地承包权流转管理工作。至2020年，全村总耕地面积1.59万亩，签订土地承包合同49份，做到承包地块、面积、合同、证书“四到户”。

二、耕作制度

(一)耕作方法

尤喀克库尔巴格村农作物基本上是一年一熟制。夏熟作物有冬小麦、春小麦,秋熟作物有水稻、玉米、核桃、红枣等。

1949年之前,用古式的木犁(二牛抬杠犁)犁地,犁地很浅,只有4寸深。一般不选种,播种用手撒,大部分是"无垄"耕作。锄草很马虎,甚至不锄草。主要农具只有坎土曼、犁、镰刀3种,尤以坎土曼最重要,一切田间劳动都离不开它。打场是用几头牛、驴拴成一排赶着转圈子踏粮食。农业生产是一幅"二牛抬杠(犁地)人撒种,口袋装肥(运肥)牛踩场,万能工具坎土曼,木尕子榨油人捣粮"的落后景况。

20世纪50年代初期,尤喀克库尔巴格村农民的耕作方法大致是:3月中旬开始浇水、犁地、播种。有的随犁沟撒种,有的犁后撒种,然后磨平打埂。籽种是当地土种小麦、水稻,每亩20~25千克。肥料一般为厩肥和沙土,各种作物施肥量每亩平均10~20毛驴车,多在春秋两季施肥。

20世纪50年代后期,开始采取块选、场选、穗选等方法,对种子进行精选,改撒播为条播。引进推广各种新式农具,并采用挖排、水泡、掺沙等方法对重碱地进行改良,施肥量也有所增加。

20世纪60年代,推广农业机械作业,引进良种,预防病虫害,大搞农田基本建设,改变生产条件。播种时,普遍带肥下种,由农家肥扩大到化肥、绿肥,施肥量大大增加。

20世纪70年代以后,耕作方法上有了较大的改进。犁地、播种和打场已基本实现机械化或半机械化;普遍进行深耕、伏耕、秋耕;籽种基本良种化;播种时普遍带化肥下种,作物全部追肥;灌溉上改大水漫灌为小畦灌溉,实行冬灌和早春破冰灌溉。

2000年以后,尤喀克库尔巴格村农业生产过程机械化水平大为提高,在产前、产中、产后各环节中大面积采用机械化作业,劳动强度降低,劳动效率提高。选种、育秧、耕地、播种、施肥、除草、灌溉、收割、脱粒、烘干、仓储、加工、运输等环节机械操作比重显著提高。

另外,尤喀克库尔巴格村还广泛推广套种技术,一般以核桃、小麦或油菜套种为主,将小麦或油菜播种于核桃林行间,实行穿插种植,充分利用地力和光能,以提高地力和单位面积产量。

(二)农事活动时序

每年1—2月中旬,兴修水利,平整土地,积肥运肥,检修农具,备耕选种。

2月下旬,冬麦运肥,春耙。核桃树、水稻地施肥。

3月上旬,破冰灌水,春耙。核桃、水稻地灌溉。

3月中旬,春灌,春耕。播种油菜、胡萝卜和部分蔬菜。

3月下旬,春灌,水稻插秧,植树造林,播种蔬菜。核桃剪枝、灌溉。

4月上旬,小麦、玉米播种。

4月中旬,水稻育秧,抢播大秋作物。

4月下旬,抢播大秋作物。玉米出苗,防玉米地老虎。

5月上旬,小麦拔节,继续灌水,水稻插秧。

5月中旬,玉米3～6叶,水稻插秧。

5月下旬,玉米7叶,水稻开始分蘖,小麦开始抽穗。抓田间管理。

6月上旬,水稻分蘖,小麦扬花。抓田间管理。玉米浇水,水稻拔草、追肥。

6月中旬,小麦灌溉,小麦浇最后一水。抓田间管理。

6月下旬,早麦开始收割。抓紧复播,做好田间管理。

7月上旬,收割小麦。玉米抽穗吐丝。完成复播。防治稻瘟病。

7月中旬,小麦收割拉运。水稻田间拔草、施肥,防治水稻虫害。

7月下旬,小麦打场入仓,种冬菜。

8月上旬,玉米乳熟,水稻抽穗、扬花。

8月中旬,水稻扬花、灌浆。做冬麦播种准备工作。

8月下旬,水稻勾头,玉米开始成熟。作冬播准备工作。

9月上旬,水稻黄熟,冬麦开始播种。

9月中旬,冬麦播种。收割水稻、玉米。

9月下旬,继续冬播。拉运水稻,收玉米。

10月上旬,冬播结束,冬麦大部分3叶,部分分蘖。继续秋收。

10月中旬、下旬,冬麦分蘖,打场入仓,秋翻。

11月上旬,秋收结束。秋翻,开始冬灌。收冬菜。

11月中旬,冬灌,农田基本建设。

11月下旬,冬麦停止生长。农田基本建设。

12月,积肥,农田基本建设,兴修水利,为明年农业生产做好准备。

(三)病虫害防治

尤喀克库尔巴格村农作物病害的发生和气候有密切关系。村域属温带荒漠性气候,早春气温低而不稳定,有利于某些苗期病害发生,如棉花角斑病等。夏季气温高,常导致一些适应高温的病害发生,如稻瘟病、小麦锈病、玉米瘤黑粉病等。农作物病害防治,贯彻“预防为主,综合防治”的方针,首先以农业防治为基础,充分利用耕作、农作制度和方法,清除病害滋生、繁殖场所,并合理应用药剂、生物、物理防治措施。

尤喀克库尔巴格村害虫有地下害虫、粮食害虫、经济作物害虫和草场害虫等17种。农田杂草种类繁多,从低等的藻类植物到高等的草本植物,一年生杂草、越年生杂草和多年生杂草近百种,其中以一年生由种子繁殖的数量多,对农作物危害重。在农田杂草中还有一些属于有毒有害的,如毒麦、醉马草、苦豆子等。这些杂草植株的全部或某部分有毒或产生不良气味,对人、畜危害很大。毒麦和苦豆子种子混入粮食加工成面粉,入食后会引起中毒性头痛;醉马草是剧毒杂草,马吃后能引起中毒死亡。

尤喀克库尔巴格村农户常用的杀虫剂有氧化乐果、1059(内吸磷)、乙级1605(对硫酸)、3911(甲拌磷);菊酯类杀虫剂有灭虫螨磷胺、灭扫利、呋喃丹、杀螟松;杀菌剂有赛力散、代森锌、粉锈宁、敌克松、福美砷、退菌特、克瘟散、稻瘟净、甲霜铜、瑞毒铝铜、抗枯宁、敌锈病、托布津、多菌灵、萎锈灵;杀草剂有2甲,4氯、2-4DJ酸、禾大壮、沙捕垄、NC-311、除草醚、敌稗、五氯酚钠。

常用的植物生长调节剂有矮壮素、缩节胺、增产菌、喷施宝、乙烯利等。

三、产业结构调整

按照建立完善社会主义市场经济体制的要求,尤喀克库尔巴格村持续调整农村产业结构和农村经济结构,按照“夯实水稻传统产业,发展核桃经济作物引领、富民强村示范”的发展思路,不断发展壮大村集体经济,加快农民增收致富步伐,2000年后选择林果业作为农村经济的突破口和新的发展方向,特别是核桃的种植面积持续上升。2010年,粮食面积比1989年多319亩,总产量达1278吨,是1989年32倍。2010年,核桃面积4198亩,是1989年5.3倍,总产1371200吨,是1989年8.25倍。2010年牧畜存栏2275头(只),比1989年增加871(只),出栏976头(只),是1989年1.75倍。农民生活得到不断改善。2020年全村水稻种植规模达到7581亩,核桃种植规模达到8189亩,散户畜牧存栏3192头(只),两家畜牧养殖合作社存栏量3210头(只)。畜牧养殖总收入450万元。

2014—2020年尤喀克库尔巴格村社会经济状况表

表10

指 标	单位	2014年	2015年	2016年	2017年	2018年	2019年	2020年
总人口	人	1017	1019	1065	1165	1189	1189	1198
耕 地	万亩	2.29	2.29	2.29	2.29	2.29	1.59	1.59
作物总产量	万吨	1054	1173	1283	1297	1348	1351	1354
畜牧存栏	只	2798	2834	2991	3084	3310	3506	3192
村集体收入	万元	119.04	47.82	92.77	69.11	137.51	192.54	115.37
人均纯收入	万元	1.71	1.83	1.97	2.05	2.28	2.29	2.46

四、耕地面积

尤喀克库尔巴格村包括4个村民小组。2021年，有1191人，农业劳动力831人，耕地15990亩，人均耕地13.4亩，劳均耕地19.2亩。土壤肥力适中，盐碱较轻，热量条件较好，农业用水基本有保证，是温宿县的水稻商品粮基地。依自然因素尤喀克库尔巴格村属西南部库托冲积平原，土壤以灰潮土、水稻土及灌溉草甸土为主，有机质含量大于2%的耕地占50%以上。虽然地下水位较高，但经多年坚持以治水改土为中心的农田基本建设，条田林网已经成型，路、渠、建筑物已基本配套，技术水平、生产水平均居全县前列。≥0℃的积温在3800～4300℃，≥10℃并具有80%保证率的积温3400～3600℃。

2000年，尤喀克库尔巴格村年末耕地总资源3万亩，农村用电量1800万千瓦时;有效灌溉面积6821亩，旱涝保收面积4953亩。2006年，尤喀克库尔巴格村年末耕地面积总资源7231亩，农村用电量2300万千瓦时，有效灌溉面积7923亩，旱涝保收面积6803亩。2010年，尤喀克库尔巴格村年末耕地面积总资源8932亩，农村用电量2800万千瓦时，旱涝保收面积7328亩。

至2021年尤喀克库尔巴格村总耕地16300亩，其中水稻5832亩，林果9557亩，其他911亩。

五、林果作物

(一)果类生产

尤喀克库尔巴格村群众有栽植果树的习惯。

1949年以来，尤喀克库尔巴格村群众果类生产经历了3个阶段。1949—1965年，群众积极性很高，除在宅院附近栽植果树外，还大力培植集体果园，果树生产连年发展。1966—1976年，大量果园被挖除，农牧民个人栽植的果树被当作“资本主义尾巴”批判，严重挫伤了群众积极性，果类生产大幅度下降。1976年后，特别是1978年中共十一届三中全会后，放宽林业政策，林果生产进入新阶段。

2014—2020年尤喀克库尔巴格村果类面积表

表11　　单位:亩

年份	合计		核桃		红枣		苹果		其他	
	小计	其中结果面积	小计	其中结果面积	小计	其中结果面积	小计	其中结果面积	小计	其中结果面积
2014	9058	8741	5189	4920	582	581	3027	3000	260	240
2015	9058	8952	5189	4872	582	580	3027	3000	260	230
2016	12131	8682	5189	4891	582	560	3100	3008	260	223

续表11

年份	合计		核桃		红枣		苹果		其他	
	小计	其中结果面积	小计	其中结果面积	小计	其中结果面积	小计	其中结果面积	小计	其中结果面积
2017	9151	8760	5189	4891	582	551	3120	3100	260	218
2018	9158	8577	5189	4891	582	354	3127	3110	260	222
2019	9163	8565	5189	4922	582	312	3132	3120	260	211
2020	9240	8446	5189	4900	582	186	3209	3197	260	163

2016—2020年尤喀克库尔巴格村果产量表

表12　　　　单位:吨

年份	合计	核桃	红枣	苹果	其他
2016	1891261	1053128	1864	835271	998
2017	2037413	1123756	1721	911255	681
2018	2121310	1153183	1624	965861	642
2019	2201594	1228752	1158	971166	518
2020	2221538	1236000	824	984217	497

冰糖心苹果(摄于2020年10月)

(二)果类品种

红枣品种　主要有:相枣、骏枣、金丝小枣、灰枣。

苹果品种　主要有:青香蕉、国光、金冠、祝光、元帅、红玉、秋富1号、岩富2号等。地产夏季苹果、冬苹果、花皮苹果、青苹果已经绝种。

葡萄品种　主要有:无核白、马奶子、木纳格、巨峰、赤霞珠、匈牙利、光荣、京早晶、假卡、二宫白、苏107、黑卡拉、红珠美。村民一度种植白圆葡萄，因不易保存，逐渐被淘汰，已很少见。

杏子品种　主要有：库车白杏、柯坪杏、加纳里、陕西白杏、大白杏、小白杏、佳楠杏、红杏、果脯杏等，一度种植面积达到果树的70%，随着产业结构调整，逐渐淘汰。

桃子品种　有开口桃、黄桃、蟠桃等，地产土桃已很少见。

桑树品种　有黑桑、白桑、紫桑、药桑等。

还有少数乌梅、樱桃、沙枣等，食用沙枣基本上消失。

六、粮食作物

粮食作物主要有小麦、玉米、高粱等。

小麦品种主要有：

新冬22号　生育期265天左右，株高90厘米，穗纺锤形，穗长8厘米左右，穗粒数28～32粒，长芒白色，籽粒椭圆形，粒大满，千粒重52～56克，蛋白质含量13.91%，茎秆坚硬，抗倒力强，一般亩成穗45万～55万。抗寒性中等，耐肥水，抗锈病和白粉病，适应性广。一般亩产400～500千克。

新冬33号　生育期274天，属中晚熟类型。高74厘米，穗长9厘米，千粒重53克，穗粒重1.95克。籽粒饱满度好，不易脱粒，穗大粒多，抗抗锈病能力强，耐肥抗倒，稳定性较好。耐盐碱、耐干热风。

农大211　冬性，耐寒性强，生育期262天左右。幼苗色深绿，长势健壮，株型高75厘米左

小麦熟了（摄于2021年6月）

荷花绽放(摄于2021年6月)

右,亩产450～500千克。

新春6号 中早熟,全生育期100天左右,株高85厘米,穗粒数30～32粒,千粒重45～50克,亩产一般400～500千克,最高可达600千克以上。

经济作物主要有辣椒、西红柿、西瓜、黑木耳等。

七、荷花、莲藕

1995年后,村里开始发展荷花、莲藕种植,从10多亩发展到2020年的70多亩,年产量140吨左右,总收入42万元左右,种植户有娄忠明和黄余华。

八、灌溉

(一)灌溉系统

尤喀克库尔巴格村水资源丰富,是林木繁茂、稻米飘香,农业经济比较发达的主要原因。全村属于库玛拉克河灌区。库玛拉克河发源于吉尔吉斯斯坦共和国境内,源头为大小冰川,汇集众多的支流,每年夏季水量猛增,常常出现洪水泛滥,忽左忽右冲刷河床,给两岸人民增加了沉重的防洪负担,给农业生产和人民生活带来严重危害。1949年中华人民共和国成立后,修建4处重点防洪工程,控制了洪害,发展了生产。

2021年尤喀克库尔巴格村各类渠道、水井统计表

表13

名称	长度(米)	灌溉面积(亩)	地理位置
一小组水渠	4500	7487	第一、第二、第三、第四村民小组交界处
二小组水渠	5000	2814	第二村民小组
三小组水渠	4814	4245	第三、第四村民小组
四小组水渠	2861	1000	第三、第四村民小组

纵横交错的农田灌溉渠(摄于2021年12月)

(二)渠道防渗

2000年以前,全村水渠主要以土渠为主,防渗水渠修建规模偏低,每年一到用水高峰期,渠里的水渗漏严重,造成水资源浪费,村民农田灌溉利用率低。

2015年6月12日,自治区地方志编委会协调争取上级政府投入资金300万元,完成了600米的渠道防渗工作,建成“方志渠”,大大减轻了每年入春群众清理渠道淤泥的劳动强度。

截至2021年,尤喀克库尔巴格村全村支渠、斗渠均进行了防渗处理,防渗处理总长度14612米。

(三)灌溉管理

尤喀克库尔巴格村灌溉方式以漫灌为主,同时大力推进高效节水工作。小型水利设施归村集体所有,在水管部门指导下,村委会指派专人负责管理和本村小型水利设施维护工作。水费按用水次数定期向用水户公布,采取按计划用水、按标准收费,严格做到水量公开、水价公开、水费公开,供水到户到达率100%以上。为方便农牧民交纳水费,托乎拉乡建有水费征收大厅。

截至2021年,尤喀克库尔巴格村田间高效节水灌溉面积8968亩,占全乡总灌溉面积18%。

2015年6月12日，方志渠贯通放水

自治区地方志编委会援建的方志渠（摄于2018年11月）

九、农具　肥料

（一）农具

1.传统农具。耕种工具有木犁、坎土曼、铁齿耙、铁锹。收割和打场工具有镰刀、石磙、木杈、木锨、毛绳。运输工具有木轮车、铁轮车、抬把子。农副产品加工工具有水磨、石磨、水碓。其他工具有木耙、手铲、斧头、毛口袋等。

2.新式农机具。农田基本建设机具有推土机、铲运机、平地机、开沟机、打埂机。耕地机具有双轮双铧犁、单体犁、五铧犁、圆盘耙、缺口耙、旋耕机、整压器、中耕机。播种机具有10行播种机、16行播种机、24行播种机、铺膜机、插秧机。收割和打场机具有联合收割机、铁石滚、割晒机、脱粒机、扬场机。农副产品加工机械有碾米机、磨面机、榨油机、粉碎机。运输工具有1～5吨拖车、胶轮大车、毛驴车、手推胶轮车。排灌机械有柴油机、电动机、水泵。

3.发展阶段。尤喀克库尔巴格村农业机械的发展可分为4个阶段。一是以国营为主的阶段(1963—1966年), 1963年,温宿县成立县拖拉机站,国家投资办农机。二是以大队集体购买为主的阶段(1967—1978年),1967年开始,七大队开始集资购买农业机械。1970年,温宿农业机械全部下放到各公社、大队。三是以生产队集体购买为主的阶段(1979—1982年),1978年以后,生产单元相对变小,七大队购买农业机械急剧增加。四是以个人经营为主的大发展阶段(1982年以后)农机户应运而生,农机拥有量不断增加。至2020年底,全村基本每家都有农机机械。拥有大中型拖拉机38台、小型拖拉机283台、农用汽车5辆、水稻插秧机13辆、联合收割机5台。

4.机械化水平。2000年以前尤喀克库尔巴格村农机化水平不到10%,农业生产主要靠人力、畜力,劳动强度大,在犁地、平整耕地、翻地种植、水稻育秧、插秧等方面都是人力起重要作用,2010年以来,全村农业机械化水平不断提高,水稻等种植、收割、加工机械化水平逐年提高,至2020年底,全村有大中型拖拉机7台、小型拖拉机13台、机引农具103部、水稻联合收割机4台、挖掘机2台、水稻插秧机9台、载重汽车5辆、小汽车286辆、农用喷药无人机1架。农田作业除育秧外,插秧、施肥、平地、耕地、收割、脱粒、挖渠、运输、农副产品加工等均实现了机械化。

2014—2020年尤喀克库尔巴格村农业机械化作业情况一览表

表14　　　　单位:亩

年 份	机耕面积	机播面积	机收面积
2014	4234	4234	3900
2015	5855	5855	5658
2016	7101	7101	7000
2017	7329	7329	7228
2018	7500	7500	7236
2019	7581	7581	7338
2020	8600	8600	7551

20世纪50年代的木犁（摄于2022年6月）

20世纪90年代的铁犁（摄于2022年6月）

现代化大型农业机械（摄于2021年10月）

（二）肥料

1.农家肥。农村就地积造的以有机肥为主的肥料有：人粪尿及畜禽粪、饼肥（菜籽饼、胡麻饼、棉籽饼）、堆肥和各种土杂肥（老墙土、坑土、火烧土）。一般农家肥作底肥，优质肥作追肥。1969年，全村施用农家肥11526吨，平均每亩农作物施肥478千克；2020年，共施用农家肥262687吨，平均每亩农作物施肥389千克。

2.绿肥。尤喀克库尔巴格村稻田和冬麦田的绿肥有苜蓿、草木樨，还有油菜、黄豆，野生豆科植物苦豆子，用作绿肥或沤肥，特别是用作甜瓜茎肥或追肥，可显著提高甜瓜含糖量。1979年全村种植绿肥361亩，2020年达1286亩。2020年比1979年增长2.6倍。

3.化肥。主要化学肥料有氮肥（尿素、硝酸铵、碳酸氢铵、氯化铵、硫酸铵）、磷肥（过磷酸钙、三料磷肥等）、复合肥（磷酸二铵、磷酸一铵）等。2020年，施用化肥3838吨，平均每亩农作物施用0.26吨。

十、农业补贴和免税

尤喀克库尔巴格村主要享受的补贴是农业补贴，主要包括种粮直补、农机购置补贴，以及水稻、玉米、小麦收购价政策补贴，2020年，尤喀克库尔巴格村村民享受各类补贴144万元。

农业补贴　从2003年起，新疆出台粮食直补政策鼓励农民种粮，小麦每千克直补0.3元，大米每千克直补0.3元，全村享受国家粮食直补补贴比2004年增长13.4%。2014—2020年，全村近60户农户享受玉米补贴49000元，冬小麦补贴328320元，作物耕地地力保护补贴70000元。2020年，农民享受惠农补贴标准为：小麦220元/亩，玉米18元/亩，油菜18元/亩，黄豆18元/亩，苜蓿100元/亩，杨树500元/亩。2021年，全村享受玉米补贴5296元，冬小麦补贴8580元，作物耕地地力保护补贴5745.6元。

农机购置补贴　2017—2019年，在国家农机补贴政策的引导下，尤喀克库尔巴格村农业机械化水平不断提高，2017年第一批14户农户享受农机补贴，按照购置费用的30%进行补贴，当年第二批8户享受农机购置补贴。2018年两批次共有13户享受农机购置补贴，2019年共有51户农户享受农机购置补贴，累计享受120万元补贴，2020年共有37户农户享受农机购置补贴，累计享受58万元补贴，2021年，共有63户农户享受农机购置补贴，享受14万元农机补贴。

免税　2005年12月，按照国家要求，免征农业税后，对村民原尾欠部分，符合减免条件的，按规定进行了减免；不符合条件的，对农村税费改革前发生的尾欠，通过登记造册，暂缓清收，以后再做处理，当年免征农业税上百万元，切实减轻了村民负担。

第二节　水　稻

一、种植历史

尤喀克库尔巴格村水资源丰富，气候温和，种植水稻有得天独厚的条件。在历史上，温宿种植的香稻“纯系贡品”，且“庶民不得尝”，其香气纯正、浓郁。托乎拉乡素有“南疆稻乡”之美名，尤喀克库尔巴格村更是托乎拉乡水稻种植的重点村，民歌所唱阿克苏大米亚克西（好），其主要产区就是包括尤喀克库尔巴格村在内的温宿县。

中国作为水稻生产的故乡，早在殷商甲骨文中就有“稻”字的痕迹，在汉代已将其种植传入西域。《新唐书·西域传》记述姑墨、温宿“风俗文字与龟兹同”“地宜麻、麦、梗、稻”。温宿稻屯始于清乾隆二十七年（1762），屯兵15名，由游击、把总管理，种植水稻150亩，以其米质优良而声名远扬。清代有关阿克苏稻屯记载甚详，“始建于清代乾隆二十七年，屯兵皆来自关内陕西甘肃名绿营提标”，说明清代已有专一种稻之“军垦农场”雏形，亦是清朝南疆片唯一的稻屯。林则徐遣戍新疆，赴南疆阿克苏（今温宿）勘田，记述当地维吾尔群众生活习俗说：“稻粱蔬果成抓饭”。至于阿克苏大米品质，流传民谣“阿克苏的大米好，天天吃抓饭”是很好的说明。《新疆志稿》有“米产阿克苏者良，粒长色白，味甘而糯，精凿于东南杭米之上”的记载。清光绪三十四年（1908）编修的《温宿县乡土志》载：温宿大米“较各城所产米质量最佳”。“阿克苏泉甘气和，果谷丰登，牲畜繁昌，春夏之季稻穗吐香，杨柳垂荫，风景如画，为新疆产米最良之地，物产有米、麦、黍等，其中的白米最为有名。”《新疆史地大纲》载，“阿克苏及玛纳斯两处兼有水田，利于种稻，白米之佳比于江南，尤为全省特色”，“颗粒白净肥硕如同皖省，糯米亦有，但产量不高，价均较内地廉”。

历史上温宿种植的香稻，则是水稻中的精品，亦是进奉朝廷的贡品。据史料记载，盛唐时期温宿便开始种植水稻，清朝时温宿的香稻进贡朝廷，但在民国期间失传。1984年，温宿县水

“温宿大米”地理标志（摄于2021年11月）

稻原种场为恢复失传已久的香稻生产，从湖南引进“涟香1号”获得成功，1986年又培育出糯香稻，自此，温宿香稻带着醇正的香味，走进寻常百姓家，成为千家万户餐桌上的美食，“一地开花香满坡，一家做饭四邻香”的赞誉百年之后又回到温宿。

20世纪90年代以来，温宿县对水稻品种进行大胆改革与更新，将原来的水稻品种全都更换为产量高、品质好、口感鲜、市场价格高、销售畅的“秋田小町”“越光”“香米”等优质品种，每年水稻种植面积稳定在10万亩，总产量达8万吨，1998年被命名为“中国大米之乡”。

21世纪以来，温宿优质大米更是声誉鹊起，“昆托”牌系列优质米产品，成为新疆农产品中的名牌绿色食品，并且是新疆唯一获得国家权威部门颁发的有机转换产品认证证书的大米。温宿县“昆托”系列大米以其米色洁白透明、米粒整齐无杂、米饭清香柔软无污染等优势挤进北京、上海、深圳等30多个大中城市的700多家商场、超市，产品供不应求，年销售量已经突破6万吨。2012年12月21日，温宿县“香钰”牌大米获有机转换产品认证证书。2018年7月3日，中华人民共和国农业农村部正式批准对“温宿大米”实施农产品地理标志登记保护。

水稻插秧实现机械化（摄于2021年4月）

二、面积产量

1949年前，尤喀克库尔

规模化水稻种植（摄于2020年8月）

巴格村水稻生产规模平稳中略有发展。1949年中华人民共和国成立后，水稻生产技术和产量经过3个不同的阶段。第一阶段为20世纪50年代，生产技术停留在原始播种和管理上，平均亩产80千克左右。第二阶段为20世纪60～70年代，引进部分新的生产技术和品种，采取一些科学管理方法，平均亩产100余千克。第三阶段为20世纪80年代至今，大量引进新技术新方法，并结合尤喀克库尔巴格村实际，总结出一套较为科学的生产和管理方法，平均亩产达300余千克，单产最高达900余千克。

1991年，水稻优质品种秋田小町种植面积3200亩，最优品种越光种植面积761亩，其他特种米种植面积291亩，总产量3897吨，每亩平均产量916.5千克。生产的精制大米、香米、香糯米荣获国家绿色食品证书，被列为国家“绿色食品”优质香米基地。2014年，全村粮食作物播种面积6839亩，其中水稻6000亩、小麦839亩，粮食总产量68231吨。2021年，全村粮食作物播种面积6350亩，其中水稻5832亩、小麦和玉米共518亩。

三、优质大米品种

1.越光米。越光米是引进的特色米品。该米颗粒大、色泽纯，呈半透明状，有“香钰”之美称。味道爽口，回味甘甜，软硬适中，煲饭色泽更佳，洁白圆润，油光可鉴，被誉为“米中之贡品”“米中之王”。越光水稻生长期200余天，利用新疆日照时间长和尤喀克库尔巴格村得天独厚的地理优势，经过先进的设备工艺，加工的产品颗粒均匀整齐，色如玉，免洗免淘，成饭后清香四溢，含有人体所需的多种氨基酸和微量元素。

2.长粒香。米粒细长、透亮，口感好，富有弹性。

3.白香米。表皮为奶白色，放入锅中蒸煮时，会散发特有清香味。此米营养丰富、香味纯正，含人体所需的多种微量元素。

4.秋田小町。米粒匀称晶莹剔透，素有“珍珠米”美称。口感硬而不坚，饭粒完整，食味清香。深受疆内外客户的青睐，供不应求。秋田小町一般亩产650～700千克，最高可达800千克。

第三节　核　桃

一、核桃种植

温宿核桃以皮薄、肉多、味香被专家确认为“品质极上，无可匹敌”。1999年，温宿核桃获得世界园艺博览会金奖；2004年温宿县被评为“中国核桃之乡”，2005年被评为“核桃产业标准化示范县”；2007年12月，温185获2007年中国国际林业产业博览会金奖；2008年，温宿核桃成为北京奥运会指定果品。

尤喀克库尔巴格村2000年后选择林果业作为农村经济的突破口和新的发展方向，特别是核桃的种植面积持续增加。2014—2020年，种植面积5189亩，产量均在百万吨以上，2020年达到123.6万吨。

二、核桃品种

1.温185。1994年列为全国推广品种。坚果似桃形，果基圆而稍平，果顶渐尖，壳面浅褐色、光滑，单果重15.8克，壳厚0.8毫米，出仁率65.9%，果仁饱满，色浅味香。树体矮小、树冠紧凑，一年生枝深绿色，具二次生长特性，有二次雄花，雌先型。4月上、中旬开花，果实9月上旬成熟，发枝力强，每个母枝平均发枝4.5个，较粗壮，短、中果枝结果，短果枝占69.2%，中果枝占30.8%，属短枝类型，坐果率60%以上，结果枝率100%，双果及多果率68.5%，丰产性极强且稳产。树势强，树冠开张，抗逆性强，丰产稳产，坚果品质特优，宜作带壳销售。

新2号核桃（摄于2021年6月）

2.新2号。1995年列为核桃推广新品种。坚果长圆形,果基圆,果顶稍小,平或稍圆,壳面光滑,浅黄褐色,结果繁密,壳厚1.2毫米,单果重11.63克,出仁率53.2%,果仁饱满,味香。一年生枝绿褐色,枝细长,具二次生长特性,雄先型。发枝力较弱,每个母枝平均发枝1.95个,结果枝率100%,平均果枝坐果2.01个,短果枝占12.5%,中果枝占58.3%,属中、短类型。双果及多果率73.6%,树势中等,树冠较紧凑,适应性强,早期丰产性强,盛果期产量上等,坚果品质优良,宜带壳销售。

3.扎343。1994年列为全国推广品种。坚果椭圆形或卵形,壳面淡褐色,光滑美观,单果重16.4克,壳厚1.2毫米,出仁率51.8%,仁色较深。雄先型,雄花先开,花粉量大,花期长,是理想授粉品种。9月中、下旬果实成熟,每个母枝平均发枝2.5个,短果枝占40%,中果枝占60%,属中、短果枝型,坐果率70%~80%,双果和多果率达50%,多单果,果枝率80%,立体结果能力强,产量上等,稳产。树冠开张,抗性强,坚果外观好,适宜带壳销售。

三、核桃加工

2002年开始种植核桃,种植面积465亩,85户村民种植核桃,由于核桃种植面积不大,村民把采摘的青皮核桃人工去皮,效率比较低,劳动强度较大。2007年,随着全村大面积种植核桃,农民自己购买烘干设备,2013年,村民亚森·霍佳木尼亚孜购买了全村第一台核桃脱皮机,2021年全村有30台核桃脱皮设备,其中小型家用11台,15台大型设备用于全村及周边农户的核桃脱皮,提升核桃附加值,产权归村集体所有。

温宿县兴隆核桃专业合作社(摄于2021年7月)

四、核桃合作社

2016年温宿县兴隆核桃专业合作社成立，法人代表吐尼亚孜•吐尔逊，合作社已由当初的5人，发展到2021年的41人，从成立之初的亏损90多万元到2021年盈利40余万元，吸纳贫困群众就业153人次，促进困难群众增收23万余元。兴隆核桃专业合作社租赁的价值150万元15台核桃烘干设备是由2021年中央财政衔接推进乡村振兴补助资金购买的，用于全村及周边农户的核桃清洗烘干，提升核桃附加值，产权归村集体所有。

第四节　养殖业

一、农区畜牧业

《汉书·西域传》记述姑墨、温宿国"土地物类所有与鄯善诸国同"，"民随畜牧逐水草，有驴马，多橐它"。尤喀克库尔巴格村畜牧业历史悠久，并具有相当规模。清末畜牧业生产约占全村经济收入的20%左右。牛羊和畜产品是村向外地输出的大宗商品。但畜牧业粗放原始，遇天灾疫情牲畜则大量死亡。民国33年(1944)，全村年末牲畜存栏1357头(只)。翌年冬，气温殊寒，加之草料不足，牲畜冻饿死2/3，年底仅存栏302头(只)。

绵山羊养殖(摄于2021年5月)

1949年中华人民共和国成立后，尤喀克库尔巴格村畜牧业发展经历5个阶段：1949—1956年，牲畜头数逐步上升，各类牲畜由1121头(只)发展到3053头(只)；1957—1961年，畜牧业生产发展缓慢，平均每年增长速度为0.66%。1962—1965年，在中央"调整、巩固、充实、提高"方针指导下，畜牧业发展较快，牲畜由3154头（只）发展到4073头（只），平均每年增长7.23%；1966—1976年，畜牧业生产有所下降，牲畜由4073头（只）减至3771头（只）；20世纪70年代末以来，调整了牧业政策，使畜牧业生产进入一个新阶段，牲畜由1976年的3771头（只）发展到1990年的5140头（只），增长36.3%，1990年与1949年相比，净增4019头（只），增长358.5%。

二、畜牧合作社

尤喀克库尔巴格村过去完全靠天养畜。20世纪80年代以来，采取国家补一点、集体帮一点、个人掏一点的办法，多方集资修建暖房、棚圈，规划和建设居民点。1990年底，全村共建设棚圈189座，其中砖木结构、设备（牧民住房、草料房、产羔房）齐全的永久性棚圈134座。

2000年以来，全村牛羊畜牧养殖逐步由散养向集中规模化养殖发展，2013年，第二村民小组村民艾合买提·买买提成立了库木巴格养殖农民专业合作社，2020年12月，如斯太木·玉散成立了温宿县众诚养殖农民专业合作社。全村养殖业良种化、规模化、生态化发展趋势良好，存栏量3210头（只），出栏600头（只），收入145万元。2014—2020年为全村贫困户托管牛羊160头（只），总计分红3.781万元。

三、水产养殖

尤喀克库尔巴格村地形平坦，水源充足，境内多泉、沼泽、天然水泊，适于发展水产养殖。该村维吾尔族村民过去食鱼少，捕捞也少，一般任其繁衍。汉族村民在天然水域中自捕自食。

2014—2020年尤喀克库尔巴格村水产生产表

表15

年 份	养殖面积（亩）	捕捞产量（吨）
2014	500	700
2015	517	982.3
2016	480	384
2017	480	432
2018	517	413.6
2019	517	517
2020	514	700

1966年，修建水库，投放一批鲢鱼、草鱼、鲤鱼和鲫鱼鱼苗，年产鱼500余吨。

1983年以后，托乎拉乡党委、政府把发展渔业生产作为调整农村产业结构和脱贫致富的途径之一，重视水域的开发利用，成立渔政机构和技术服务组织，加强对渔业生产的领导，鼓励农民发展渔业生产。制定《关于扶持和保护养鱼专业户、发展渔业生产的决定》，保护养鱼专业户经营的水面及用地所有权，承包期在15年以上，开发性水面承包期在30年以上。承包权可以继承和转让，任何单位、个人不得侵占。对养鱼专业户全部进行2～3次培训，提高他们的养鱼生产技术。村里建立了两个鱼种场，年产鱼苗14万尾以上，保证鱼种供应。每户划饲料地3～5亩。对养鱼所需资金、物资、化肥、燃料给予支持和照顾。放开水产政策，对新的水产企业和养鱼专业户3年内免征一切税收，水产品一律不派购，价格放开，随行就市。

2000年，全村养鱼专业户由1993年的1户发展到3户，分别是周川都、黄玉华、唐道华。2000年以后养鱼业大规模发展起来，2007年，全村养鱼专业户发展到8户，经营水面由2000年大池粗养的113亩发展到小池精养的514亩，收获鲜鱼由2000年的35吨增加到681吨。

2020年全村有鱼塘514亩，年产鱼量700吨，主要供应温宿县、阿克苏市等周边县市，年收入270余万元。

2021年3月，尤喀克库尔巴格村鱼塘

2007—2021年尤喀克库尔巴格村渔业发展情况统计表

表16

序号	经营人员	养殖面积(亩)	品 种	年产量(吨)
1	程利生	58	草鱼、鲤鱼、鲫鱼、鲢鱼等	87
2	朱立元	72	草鱼、鲤鱼、鲫鱼、鲢鱼等	108
3	唐道华	14	草鱼、鲤鱼、鲫鱼、鲢鱼等	21
4	娄忠明	60	龙虾	0.1
5	钟克义	70	草鱼、鲤鱼、鲫鱼、鲢鱼等	105
6	文泽敏	150	草鱼、鲤鱼、鲫鱼、鲢鱼等	225
7	朱小圆	30	草鱼、鲤鱼、鲫鱼、鲢鱼等	45
8	唐绍华	60	草鱼、鲤鱼、鲫鱼、鲢鱼等	90

第五节　手工业与采矿业

一、农机维修

1983年，尤喀克库尔巴格村只有村民尼亚孜·艾赛家从事机械维修，以家庭式经营为主，主要维修村民的犁铧、架子车、自行车，2000年，从事农机维修的有阿卜都拉·毛力托乎提、胡西塔尔·图尔贡两家，维修范围扩大到农用拖拉机、三轮车，2015年，维修范围扩大到插秧机、大型收割机、电动三轮车等，维修点发展到3家。第二村民小组村民尤努斯·艾合买提的农机维修技术盛名在外，不仅承接了全村近30%的农机维修业务，还承接了周边乡镇的农机维修业务。

到2021年，全村共有4名农机专业维修人员，他们经过县、乡、村组织的专业化职业技能培训，可熟练掌握农机常见故障排除、农机发动机日常保养及维护、农机零部件更换，以及拆解检修等技术，可满足全村及周边农户需求，确保农业生产顺利进行，切实帮助农户实现增产增收。

2000—2020年尤喀克库尔巴格村农机维修人员统计表

表17

序号	姓 名	村 组	经营范围
1	阿卜都拉·毛力托乎提	第一村民小组	农机维修服务、铁艺制作
2	尤努斯·艾合买提	第二村民小组	农机维修服务、铁艺制作、电焊加工
3	托尼亚孜·艾合买提	第二村民小组	农机维修服务、铁艺制作
4	胡西塔尔·图尔贡	第三村民小组	农机维修服务、铁艺制作、电焊加工
5	艾买提·赛买提	第三村民小组	农机维修服务、铁艺制作

二、铁器、木器加工

1949年中华人民共和国成立前，尤喀克库尔巴格村人口少，以农业为主，手工行业不景气。仅有几家木匠、铁匠、泥瓦匠铺，由于缺乏资本，生活难以维持，手工技艺鲜有进步，后继乏人。中华人民共和国建立后，党和政府为发展农副业，以副促农，重视村集体企业的发展。本村手工行业有了较大发展，主要有金属制品、木石器具、鞋帽缝纫、建筑制材、修理服务等。手工业多为农工兼营，亦工亦农。

20世纪60年代，尤喀克库尔巴格村逐渐有专门补锅、补壶的匠人。村民麦麦提明·依买尔

20世纪70年代的手摇石磨（摄于2022年6月）

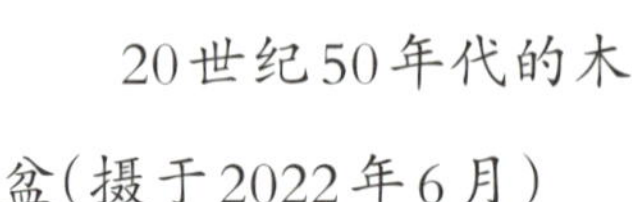

20世纪50年代的木盆（摄于2022年6月）

20世纪60年代的水壶（摄于2022年6月）

专门从事这个行当。他手艺独特，能将磨秃或折断的犁铧尖接好，将破碎和漏底的锅、壶、缸、盆、碗、秤等日用器具巧妙地补修好，凡补之器皆坚固耐用。

木匠的活计主要是修建房屋、家具制作、庄门和牌坊制作、雕花装饰等。制作桌、箱、椅、床、案板、擀面杖、木碗、木桶等生活器具，以及犁、耙、榔头、木杈、梯子、大车推板、扫把、坎土曼、锨把、夹板、车排子、木杆等农具。旧时木工全靠手工，凭力气锯、推、刨、凿，工效低，劳动强度大。20世纪50年代，第二村民小组艾买提·玉山向父亲学习木工手艺，其父是村里最早从事这一行当的木匠，他和父亲一起给全村制作桌椅板凳、农具等。改革开放后到21世纪初，全村对木匠的需求很大，第一村民小组吐尼亚孜·亚库甫、阿吾提·达吾提，第三村民小组毛尼亚孜·霍佳木尼亚孜、阿不都热合曼·木沙，以及第四村民小组的亚森·吾守尔，是村里很有名气的木匠。2005年以后，村民开始建砖房或砖木结构的房子，家具也都到温宿县城或阿克苏市的家具店购买，村里的木匠大多转行，专职从事这一行当的木匠已不多。

20世纪30年代的木床（摄于2022年6月）

三、砂石开采

2020年以前，砂石料场隶属于其他村队，2020年10月按上级要求，3家砂石料厂全部纳入尤喀库尔巴格村规范化管理，以有偿清淤的方式对垮塌体、壅塞体进行处置，在整治库玛拉克河流域、消除地质隐患、依法处置国有资源、保护群众生命财产安全等方面发挥了重要作用。

2021年尤喀克库尔巴格村砂石料场统计表

表18

序号	厂 名	经营者	厂 址
1	信惠15号矿	谭有成	第三村民小组黄羊滩
2	鸿通砂石料厂	梁 华	第三村民小组黄羊滩
3	信惠1号矿	孙长建	第三村民小组黄羊滩
4	恒达砂石料厂	杨雪领	第三村民小组黄羊滩
5	乐图砂石料厂	张晓飞	第三村民小组黄羊滩
6	凯祥砂石料厂	王伟峰	第三村民小组黄羊滩
7	海龙砂石料厂	马志德	第三村民小组黄羊滩
8	浩海砂石料厂	柳文成	第三村民小组黄羊滩

第六节 商 业

一、商店

1949年中华人民共和国成立前，尤喀克库尔巴格村境内只有一处集市。每周六为巴扎日。尤喀克库尔巴格村的集市历史较短，随着时代的变迁也经历了兴衰起伏的曲折历程。1978年改革开放以后，经济发展，商贸活跃，集市作为商品交换的平台又蓬勃发展起来。

1978年是全村商业发展的萌芽阶段，村民乃买提·买买提、托乎提·肉孜率先发展起家庭式商业，2000年前后，受经济发展浪潮的影响，全村有商业头脑的村民逐渐增多，以木沙·邱格尔、亚森·马木提，买买提·艾买提、图孙·萨依提、艾则孜·图克、阿依古丽·亚森为代表的一大批村民带动全村商业发展。

2020年7月15日，自治区地方志编纂委员会驻村工作队为增加尤喀克库尔巴格村脱贫户收入，协调扶贫项目建设资金120万元，在村委会门口新建10间320平方米砖混门面房、一座160平方米彩钢棚及供排水地暖附属设施，9月12日竣工。门面房之间布置印有“像爱护自己的眼睛一样爱护民族团结”“各民族像石榴籽那样紧紧抱在一起”等宣传民族团结主题的展板。小集市受益户为本村已脱贫户18户61人。建筑产权归村集体所有。按照《尤喀克库尔巴格村小集市项目受益方案》,小集市的10间门面全部对外出租,按每间每年租金6000元,全年可收租金合计60000元。实际所收租金由村集体保管,并全部用于已脱贫户收益分红和设立帮扶维修基金。收益分红和帮扶维修基金各占当年实际收取租金的50%。分红收益方式:1.除去尤喀克库尔巴格村无劳动力及长期外出务工的5户贫困户(整户无劳动力:尼沙汗·托合提、帕太姆罕·麦木提力、吐尔汗·吾守尔;整户长期外出务工:库尔班·胡达拜尔地、塔西尼亚孜·马木提),其余13户有劳动能力的贫困户进行排班,轮流负责小集市营业区域的卫生工作,13户每年每户可分红1846元,共分红23998元。2.除去分红剩余的租金全部成立贫困户帮扶维修基金,用于5户无法享受分红的贫困户帮扶和小集市日常维护。5户无法享受分红的贫困户在日常生产生活中遇到自身无法解决的经济困难时向村“两委”提出申请,经“四议两公开”后可使用基金进行帮扶。分红发放时间:每半年一次。按出租合同约定第二次收取当年度半年租金时进行第一次分红,合同满一年收取次年租金时进行当年度第二次分红。门面主要经营日用百货、餐饮、理发、农资、粮油、五金等。

2020—2021年尤喀克库尔巴格村就业创业市场运营情况统计表

表19

序号	店铺名称	经营者	经营范围
1	农心鲜肉店	沙迪克·卡德尔	鲜牛羊肉、各类烤肉等
2	冰泽商店	吾热古丽·达依木	饮品、文具、调料、碗、饭盒、衣物、劳保用品等
3	鲜乐美商店	古丽曼热木·艾买提	各类水果、蔬菜、鲜奶、干果、调料等
4	品一鲜五金店	尤努斯·艾合买提	各类五金杂货、农机维修、电焊、铁艺加工制作等
5	阿布拉江理发店	阿布拉江·阿吾提	专业理发、护发、美发等
6	宗申电动车销售店	亚森·吾布力	各类农用电动三轮车、摩托车销售及维修等
7	乐阳粮油店	艾合买提·沙依木	食用油、面粉、油榨、销售,收购玉米等
8	服饰护肤品店	祖力皮亚·吐热克	女士服饰、美容护肤及护肤品销售
9	古顺切面店	古丽苏姆·邱格尔	炒面、拌面、凉皮等各类小吃

二、夜市

尤喀克库尔巴格村第二村民小组是全村夜市比较活跃的集中点,1990年,村夜市主要以烧烤、小吃为主,2000以来夜市规模有所扩大,第一、三村民小组夜市发展起来,2020年,随着方志集市的建成,夜市逐渐规模化、多元化,烤羊肉、烤韭菜、烤辣椒、烤木耳、烤茄子等烧烤食品，品种多、口味好，一年四季，不仅能吸引全村男女老少前来消费，而且还吸引周边村民到这里消费。

三、农家乐

2000年以前，尤喀克库尔巴格村没有农家乐，到2010年第一村民小组村民亚森·马木提开了全村第一家农家乐，面积83亩，有蒙古包两座、散座一个，可容纳160人同时就餐，2014年全村农家乐发展到6家，之后，部分村民从经营农家乐转型到从事其他行业，全村农家乐数量逐渐减少，至2020年，全村有3家农家乐，占地314亩，有蒙古包4座、包厢3间，散座可同时容纳500人消费，每年吸引近2300人次消费，带动就业38人次，增加收入68000元。

村商业网点（摄于2021年5月）

2010—2020年尤喀克库尔巴格村农家乐经营情况统计表

表20

序号	姓 名	村组	经营范围
1	亚森·马木提	第一村民小组	烤肉、拌面、炒面、抓饭、大盘鸡、拉条子等
2	阿吾提·达吾提	第二村民小组	烤肉、拌面、炒面、抓饭、拉条子、凉粉等
3	阿西丁·巴吾敦	第二村民小组	烤肉、拌面、炒面、抓饭、大盘鸡、拉条子等
4	买买提·玉散	第二村民小组	烤肉、拌面、抓饭、大盘鸡、烤包子、凉粉等
5	亚森·萨力	第三村民小组	烤肉、拌面、炒面、抓饭、酸奶、拉条子等
6	依麦尔·马木提	第四村民小组	烤肉、拌面、炒面、抓饭、拉条子、凉粉等

农家乐（摄于2021年6月）

第七节 集体经济

一、集体收入

尤喀克库尔巴格村集体经济收入主要以耕地集体出租、鱼塘养殖、商铺出租等为主，由2000年以前的单一出租耕地发展到2010年的出租鱼塘、种植苹果，2016年以后村建成5间商铺对外出租，年获租金30万元。2020年小集市建成后商铺增加到15间，年租金收入70万元以上。2020年种植黑木耳，收入18万元，2021年，全村实现家庭和规模化养殖，牛存栏492头、羊2700只，商品畜出售437头(只)，土地承包费收入1303003.5元，商店、温室大棚、羊圈承包收入66300万元，集体羊承包收入54874元。

2007—2020年尤喀克库尔巴格村集体经济状况表

表21　　单位:万元

年 份	2007	2008	2009	2010	2011	2012	2013
村集体收入	30	30	35	35.68	30.83	110.94	42.49
年 份	2014	2015	2016	2017	2018	2019	2020
村集体收入	119.04	47.82	92.77	69.11	137.51	192.54	115.37

二、村办企业

尤喀克库尔巴格村村办项目发展起步较晚，2000年以前没有村办项目，2014年随着国家精准脱贫政策的实施，村里积极利用国家项目，兴办起核桃专业合作社。成立之初，合作社有工作人员5名，2018年引进核桃烘干设备2台，2021年利用中央财政衔接推进乡村振兴补助资金项目购买核桃烘干机15台，租赁给兴隆核桃专业合作社，总投资162万元。项目产权归村集体，依托合作社运营，租赁费用于增加村集体收入和帮助脱贫户就近就业，增加农户收入。

第七章　脱贫攻坚　乡村振兴

1949年中华人民共和国成立后，在中国共产党带领下尤喀克库尔巴格村持续向贫困宣战，取得了一个又一个胜利。2013年，识别贫困户14户54人，2017年12月底，复核识别全村建档立卡贫困人口19户64人。2020年，该村积极应对疫情对脱贫攻坚的影响，认真查漏补缺解决问题，全面完成脱贫攻坚目标任务。2021年，尤喀克库尔巴格村深入贯彻落实党中央决策部署，进一步巩固拓展脱贫攻坚成果，促进乡村振兴与脱贫攻坚有效衔接，让全村人民过上更加美好的生活。

第一节　协调组织机构

2014—2020年，尤喀克库尔巴格村成立脱贫攻坚领导小组，组长为工作队队长、村第一书记，村党支部书记、村委会主任；副组长为工作队副队长，专职负责扶贫工作的村委会委员；成员由村党支部副书记，村委会副主任、村妇女主任、村科技副主任等，工作队队员，第一、二、三、四村民小组第一小组长组成。领导小组下设专门的扶贫工作室，主要负责本村脱贫攻坚相关工作，做好相关材料的汇总上报，推进本村脱贫攻坚工作落实和检查整改等。

第二节　贫困人口识别

一、致贫原因

(一)医疗支出高

一些地方病、传染病发病率较高，影响广大村民身体健康和贫困村民自我发展。许多大病在村、乡、县医院无法治疗，必须到阿克苏地区甚至到乌鲁木齐等医疗条件较好的地方去治疗，农民负担较重，因病致贫、因病返贫现象较多，在建档立卡贫困户中，因病致贫26人，占贫困人口的41.26 %，因残致贫15人，占23.4%。

(二)观念滞后

由于长期受传统思想影响，相当一部分村民等、靠、要的思想比较严重。科学文化素质低，生产技能不高，接受新事物慢，科技成果在生产中得不到推广、发挥不了效益。发展特色种植养殖产业，因缺乏商品意识和市场观念，加之相关种植养殖技术、病虫害防治措施未及时跟进，易造成经济损失。

(三)文化水平偏低

文化教育水平直接影响经济发展水平。村民中有相当一部分文盲、半文盲，由于学习科学文化知识的积极性不高，一些实用性生产技术普及难度大，全村掌握实用技术的人口少，进而导致农业科技对经济增长的贡献率较低，扶贫开发和经济发展效益低下。

（四）基础设施薄弱

基础设施供给数量偏少、质量不高，与村民需求不平衡不充分的矛盾仍较突出，基础设施管护机制不健全，长期运行和发挥效益缺乏足够保障。部分生产性基础设施存在老化、闲置、重建轻管等问题。垃圾清理不足、排水设施不健全等问题仍较突出。林果业管理方式较落后，农业生产成本高、效率低、收益小。

（五）经济结构单一

经济结构单一，增收渠道窄。村民收入仅靠种粮、林果业和畜牧业，而且都是传统种植养殖，处于低水平、粗放式发展状态，没形成规模，特色农产品少，效益低，增收难度较大。

二、启动扶贫

扶贫济困是中华民族的传统美德。1949年中华人民共和国成立前，全村邻里之间互相帮扶，孤贫人员主要靠官办养济院、冬生所等救济。

中华人民共和国成立后，通过土地改革，村民分得土地、耕畜和农具。在人民政府的扶助下，生产有了发展，生活开始改善。但一段时期受“左倾”错误影响，农业生产发展缓慢，农民生活改善不大。1964—1978年的14年间，粮食极为短缺，村民生活贫困。至1988年，全村贫困人口基本解决了温饱问题，但村民的教育、医疗、住房等改善性需求仍然很大。1989—2000年，村民生活质量提高。2001年后，通过落实整村推进、产业化扶贫、雨露计划、以工代赈、易地扶贫搬迁、进村到户、社会扶贫等扶贫开发措施，全村贫困面貌整体改善。

2002年温宿县下达扶贫贴息贷，扶贫贴息贷款计划的30%用于支持农业化龙头企业带动贫困户脱贫致富，70%用于进村入户，包括贫困农民实用技术的培训，真正让贫困户掌握1～2门实用技术。对人均收入670元以下的特困农户减免农业税、牧业税、农业特产税，三年内（含2001年）收入水平达到动态温饱线标准的，继续享受免征农业税、牧业税、农业特产税一至三年的扶贫政策。通过以工代赈项目资金，扶贫到户贴息小额贷款，支持贫困户发展生产，支持带动特困群众和低收入贫困户增加收入的种植业（每户2000元）、养殖业（每户500元）、林果业、手工业、劳务输出以及基础设施建设项目。对贫困农民进行生产技能培训，开展扶贫项目管理人员业务培训、劳务输出法律知识及技能培训、牲畜养殖技术培训、林果业使用技术培训、蔬菜温室大棚种植技术培训、牛羊育肥培训、林果栽培嫁接培训、贫困户养殖业实用技术培训。2005年，温宿县对口扶贫工作重心下移直接进村入户，广大团员、干部和致富能人与贫困户结对子，开展“一帮一”“几帮一”“先富带后富”“挂牌帮扶”“文化帮扶”等活动，深入开展“希望工程”“幸福工程”“光彩事业”“春蕾计划”等工程，做好“抗震安居”工程。

2008年温宿县托乎拉乡尤喀克库尔巴格村致富“明星户”基本情况表

表22

<table>
<tr><td colspan="2">姓名</td><td colspan="2">艾合买提·玉素甫</td><td>性别</td><td>男</td><td colspan="2">族别</td><td colspan="2">维吾尔</td></tr>
<tr><td colspan="2">出生年月</td><td colspan="2">1966年3月</td><td>入党时间</td><td>1992年7月</td><td colspan="2">村内职务</td><td colspan="2">主任</td></tr>
<tr><td colspan="2">学历</td><td colspan="2">中专</td><td>毕业院校</td><td colspan="5">县广播电视学院</td></tr>
<tr><td colspan="2">家庭住址</td><td colspan="8">尤喀克库尔巴格村一组</td></tr>
<tr><td rowspan="3">农业</td><td>耕地面积（亩）</td><td>63</td><td>年收入（元）</td><td>50400</td><td rowspan="3">农机机器</td><td>拖拉机（台）</td><td>2</td><td>年收入（元）</td><td>10000</td></tr>
<tr><td>果园面积（亩）</td><td>11</td><td>年收入（元）</td><td>2000</td><td>收割机（台）</td><td>—</td><td>年收入（元）</td><td>—</td></tr>
<tr><td>温室大棚（亩）</td><td>—</td><td>年收入（元）</td><td>—</td><td>汽车（辆）</td><td>—</td><td>年收入（元）</td><td>—</td></tr>
<tr><td rowspan="3">畜牧业</td><td>牛（头）</td><td>4</td><td>年收入（元）</td><td>2000</td><td rowspan="3">家禽</td><td>鸡（只）</td><td>30</td><td>年收入（元）</td><td>400</td></tr>
<tr><td>羊（只）</td><td>20</td><td>年收入（元）</td><td>1500</td><td>鹅、鸭（只）</td><td>11</td><td>年收入（元）</td><td>200</td></tr>
<tr><td>马（匹）</td><td>—</td><td>年收入（元）</td><td>—</td><td>鸽子（只）</td><td>60</td><td>年收入（元）</td><td>200</td></tr>
<tr><td colspan="2">年底纯收入（元）</td><td colspan="4">66700</td><td colspan="2">人均收入（元）</td><td colspan="2">9514</td></tr>
<tr><td colspan="5">扶贫对象姓名</td><td colspan="5">斯拉木·麻木提</td></tr>
<tr><td colspan="5">扶贫项目</td><td colspan="5">农业</td></tr>
</table>

2010年与2000年相比，农民生活水平明显提高。在帮扶单位及社会力量的支持帮助下，加强农田水利建设、低产田改造，实施了小流域治理及防洪基础设施建设、农村防病改水工程、畜牧育肥小区及其配套设施建设、道路修建、农产品加工、抗震安居工程等项目。共同做好整村推进扶贫开发、构建和谐文明新村工作，到2012年，全村贫困户越过贫困线最低标准，返贫率控制在5%以内。

三、精准识别

2013年识别贫困户14户54人，2014年脱贫3户12人，2016年脱贫2户9人，2017年识别贫困户5户13人，累计实现脱贫5户21人。通过开展建档立卡精准识别复核工作，至2017年12月底，复核识别全村建档立卡贫困人口为19户64人。其中因病致贫29人，占45.3%，因残致贫15人，占23.4%，缺土地致贫8人，占12.5%，缺技术致贫5人，占7.8%、缺劳力致贫7人，占11%。

第三节 脱贫措施

2014年，尤喀克库尔巴格村按照国家统一要求、自治区的部署安排，开展脱贫攻坚工作。

一、项目扶贫

1.产业带动。发展产业是稳定脱贫的根本措施和长久之策。重点加强村基础设施建设、加快产业结构调整、提高贫困人口综合素质、信贷支持产业化、村农业合作社带动贫困农民发展种养业等方面的工作，为实施产业化扶贫打下坚实基础。2016年利用少数民族发展资金2.1万元为4户贫困户购买1052只羽鸽发展养殖。2017年资助20万元兴建立体羊圈2座，5户贫困户受益；投资2万元，发放扶贫牛2头，2户贫困户受益，收益0.9万元。2019年投资1.32万元，实施黑木耳项目，每棒补助2.2元，3户贫困户每户收益3000元；2020年，兴建牲畜棚圈4座，每户补贴15000元，4户11人受益。为18户贫困户、2户边缘户的120亩果园，购买黄腐酸配方肥，每亩补助300元，共投入3.6万元，户均收入较2019年增加10%。投资6万元为村4户贫困户新建40平方米半封闭式、砖木结构的牲畜棚圈，每户自建补助1.5万元，年户均增收2000元。

2.基础建设。抓好基础设施建设，筑牢脱贫攻坚根基。2017—2020年，推进贫困家庭庭院人居环境整治工作，实施贫困户“三区分离”18户、改厕18户，脱贫人口享受公共服务全部达到标准。2020年投入资金219.46万元，硬化村组道路5.6千米。2021年，在第二、四村民小组修建污水集中处理管网3.9千米、污水处理管网检查井99座、100立方米化粪池1座。

美丽庭院建设（摄于2021年7月）

2014—2020年尤喀克库尔巴格村财政扶贫资金项目情况一览表

表23

<table>
<tr><th rowspan="4">年份</th><th colspan="2" rowspan="2">合计</th><th colspan="2" rowspan="2">公益性项目</th><th colspan="3" rowspan="2">经营类项目</th><th colspan="7">入户类项目</th></tr>
<tr><th colspan="3">入户类项目资产</th><th colspan="4">到户到人项目（非资产）</th></tr>
<tr><th rowspan="2">个数</th><th rowspan="2">金额（万元）</th><th rowspan="2">个数</th><th rowspan="2">金额（万元）</th><th rowspan="2">个数</th><th rowspan="2">金额（万元）</th><th rowspan="2">受益情况（户次）</th><th rowspan="2">个数</th><th rowspan="2">户次</th><th rowspan="2">金额（万元）</th><th rowspan="2">个数</th><th rowspan="2">金额（万元）</th><th colspan="2">受益情况</th></tr>
<tr><th>户次</th><th>人次</th></tr>
<tr><td>2014</td><td>1</td><td>11.4</td><td>0</td><td>0</td><td>0</td><td>0</td><td>0</td><td>1</td><td>19</td><td>11.4</td><td>0</td><td>0</td><td>0</td><td>0</td></tr>
<tr><td>2015</td><td>0</td><td>0</td><td>0</td><td>0</td><td>0</td><td>0</td><td>0</td><td>0</td><td>0</td><td>0</td><td>0</td><td>0</td><td>0</td><td>0</td></tr>
<tr><td>2016</td><td>1</td><td>5.5</td><td>0</td><td>0</td><td>0</td><td>0</td><td>0</td><td>1</td><td>11</td><td>5.5</td><td>0</td><td>0</td><td>0</td><td>0</td></tr>
<tr><td>2017</td><td>3</td><td>14.67</td><td>1</td><td>0.87</td><td>0</td><td>0</td><td>0</td><td>2</td><td>7</td><td>13.8</td><td>0</td><td>0</td><td>0</td><td>0</td></tr>
<tr><td>2018</td><td>4</td><td>5.92</td><td>0</td><td>0</td><td>0</td><td>0</td><td>0</td><td>1</td><td>3</td><td>3.9</td><td>3</td><td>2.02</td><td>17</td><td>17</td></tr>
<tr><td>2019</td><td>6</td><td>2.46</td><td>0</td><td>0</td><td>0</td><td>0</td><td>0</td><td>1</td><td>3</td><td>1.32</td><td>5</td><td>1.14</td><td>13</td><td>13</td></tr>
<tr><td>2020</td><td>9</td><td>356.42</td><td>1</td><td>219</td><td>1</td><td>120</td><td>18</td><td>2</td><td>7</td><td>7.32</td><td>5</td><td>10.1</td><td>40</td><td>40</td></tr>
<tr><td>合计</td><td>24</td><td>396.37</td><td>2</td><td>219.87</td><td>1</td><td>120</td><td>18</td><td>8</td><td>50</td><td>43.24</td><td>13</td><td>13.26</td><td>70</td><td>70</td></tr>
</table>

二、就业扶贫

（一）技能培训

积极培育懂技术、会管理、善经营的实用技术人才和致富带头人。2014—2020年，全村利用雨露计划、技工院校结对帮扶贫困家庭“两后生”职业技能培训和农村妇女素质提升计划，使村民熟练掌握1门终身受用的实用技能，累计举办农业技术培训和致富带头人培训73人次，投入资金4.05万元，共有贫困户12户17人实现就业，一人就业，全家脱贫，从根源上阻断贫困的代际传递。

（二）就业帮扶

农村劳动力就业是解决温饱、建设小康社会的有效手段，在促增收、减少富余劳动力方面发挥举足轻重的作用。2014—2020年，对建档立卡有劳动能力和就业意向的贫困家庭劳动力通过多种渠道促其就业。对有劳动能力、45岁以下的“零就业”贫困家庭，确保每户至少有1人实现稳定就业。推荐至温宿农业科技园区、温宿产业园区、阿克苏纺织工业城、阿拉尔工业园区及周边用工企业就业，实现月人均收入3500元；对因身体、家庭等原因无法离开居住地的贫困劳动力，

村农业技术综合服务站（摄于2021年8月）

依托村兴隆核桃合作专业社、村刺绣合作社、村内果园、超市、理发店等，就近就地就业，实现年人均劳务增收3470元。

（三）技术推广

农业技术推广是促进农业技术进步和增强农业竞争能力的重要途径。2018—2020年，通过典型示范带动作用，以“田野大讲堂”为载体，广泛推广果树嫁接改良、青贮多穗玉米、牲畜品种改良、新品种引进推广、高效节水灌溉等一批具有较高科技含量、符合当地生态特点、能覆盖和带动大多数贫困户发展的科技实用技术，并实现就业，年平均收入增加2085元。

2017—2020年尤喀克库尔巴格村到户到人补助项目汇总表

表24

项目实施年份	涉及项目个数（个）	项目总投资（元）	受益情况	
			户次	人次
2017	1	866.47	1	0

续表24

项目实施年份	涉及项目个数(个)	项目总投资(元)	受益情况	
			户次	人次
2018	3	20198	4	17
2019	5	21900	3	12
2020	7	133732.5	25	21
总计	16	176696.97	33	50

注:到户到人补助项目指除公益类(公路、排碱渠、公共棚圈)、经营类和扶贫牛羊(实物类)项目之外的入户类项目,如小额信贷、技术培训、天然气入户等

三、教育扶贫

在消除贫困进程中,作为可带走、可流动的要素投资,教育扶贫是阻断贫困代际传递的根本之策。2014—2020年,对全村建档立卡贫困户家庭子女接受公办全日制中、高等职业教育的学生,按照每生每学年补助3000元的标准给予补助,补助资金主要用于学生在校期间的生活费、往返路费等方面。村教学点的120名学前教育儿童,享受每人每年2800元的保障经费;对9名学生落实义务教育"两免一补"和高中阶段免学费资助的政策;对43名大中专及以上学生,按照疆内1000元、疆外2000元予以补贴,并享受"润雨计划"疆外1000元、疆内500元新生入学路费补助,对考入疆外高校的学生给予每年6000元援疆助学金,保障其在校期间的学费、生活费。村6名学生申领到浙江省希望工程助力脱贫攻坚行动助学金,每人6000元。

四、金融扶贫

小额贷款是一项重要的扶贫到户措施,对贫困户发展农业生产、带动增收、脱贫致富发挥重要作用。全村积极帮助贫困户申请贷款,2017—2020年累计为全村28户建档立卡贫困户申请到扶贫小额贷款71万元,共贴息30885元。其中用于种植业发展的贴息贷款占53.2%;用于养殖业发展的贴息贷款占10.4%;用于工业和农副产品加工业的贴息贷款占28.3%;用于社会建设的贴息贷款占0.3%;用于商贸流通的贴息贷款占7.8%。

五、社会扶贫

(一)驻村帮扶

驻村帮扶是脱贫攻坚的有力举措。2014年,新疆"访惠聚"驻村工作开始。至2021年,自

治区地方志编委会共派出8批工作队，先后有54人次干部接力驻村，协调投入各类项目资助金1700多万元，兴建“方志渠”“方志幼儿园”“方志路”“方志屋”，完善生活、文化、卫生等公共基础设施，打造创业小集市，安装太阳能路灯，升级改造方志广场，解决村民用水、用电、就医、就业、上学等关系群众切身利益的问题1279件。

（二）支教帮扶

支教作为教育扶贫的重要手段之一，是打赢脱贫攻坚战的重要举措。自治区地方志编委会从2016年起，每年选派两名机关干部和一名新录用公务员到村幼儿园支教，至2021年共选派18名干部，补充师资力量，补齐国家通用语言教育短板。

（三）“一对一”帮扶

开展“一对一”精准帮扶，带动技术、资金、服务等要素向贫困户聚焦。2017—2021年，通过“民族团结一家亲”联谊活动，自治区地方志编委会的每名干部与尤喀克库尔巴格村每户贫困户结对认亲，坚持每年6次、4次不等到村“一对一”帮扶，捐款捐物价值516000元，给困难群众定期带去生活必需品，购买化肥、农药、鸡苗、菜苗，寻医送药等。至2021年，结亲干部累计购买尤喀克库尔巴格村农产品19万元以上，并联系当地企业参与消费扶贫，购买核桃、苹果、黑木耳等农产品约43万元。

六、健康扶贫

“人人享有卫生保健”，是世界卫生组织提出的全球战略目标，1986年我国政府明确表示了对这一目标的承诺。农村实现人人享有卫生保健的基本途径和基本策略，是在全体农村居民中实施初级卫生保健。2008年自治区新型农牧区合作医疗实现全覆盖以来，尤喀克库尔巴格村参保率逐年增加，至2020年达到98%，贫困户参保率100%。新型农牧区合作医疗筹集金额由中央财政、地方财政、个人按4∶4∶2的比例分担。对扶贫户实行“三保障一兜底一补充”的综合医疗补助政策，按年人均40元的标准给予补助。2018年，村卫生室和乡卫生院就诊人数132人次，就诊总费用60050.95元，就诊统筹基金支付47596.13元，个人支付12454.82元。贫困户一般大病可优先住院治疗，先住院诊疗后付费，住院报销比例为95%。2019年贫困户在县、乡医院就诊统筹基金支付70557.12元。至2020年，全村贫困人口享受免费体检，补助资金19200元，贫困人口体检率达到100%。乡卫生院与19户贫困户和4户边缘户签订了《家庭医生签约书》，实现医疗帮扶全覆盖。

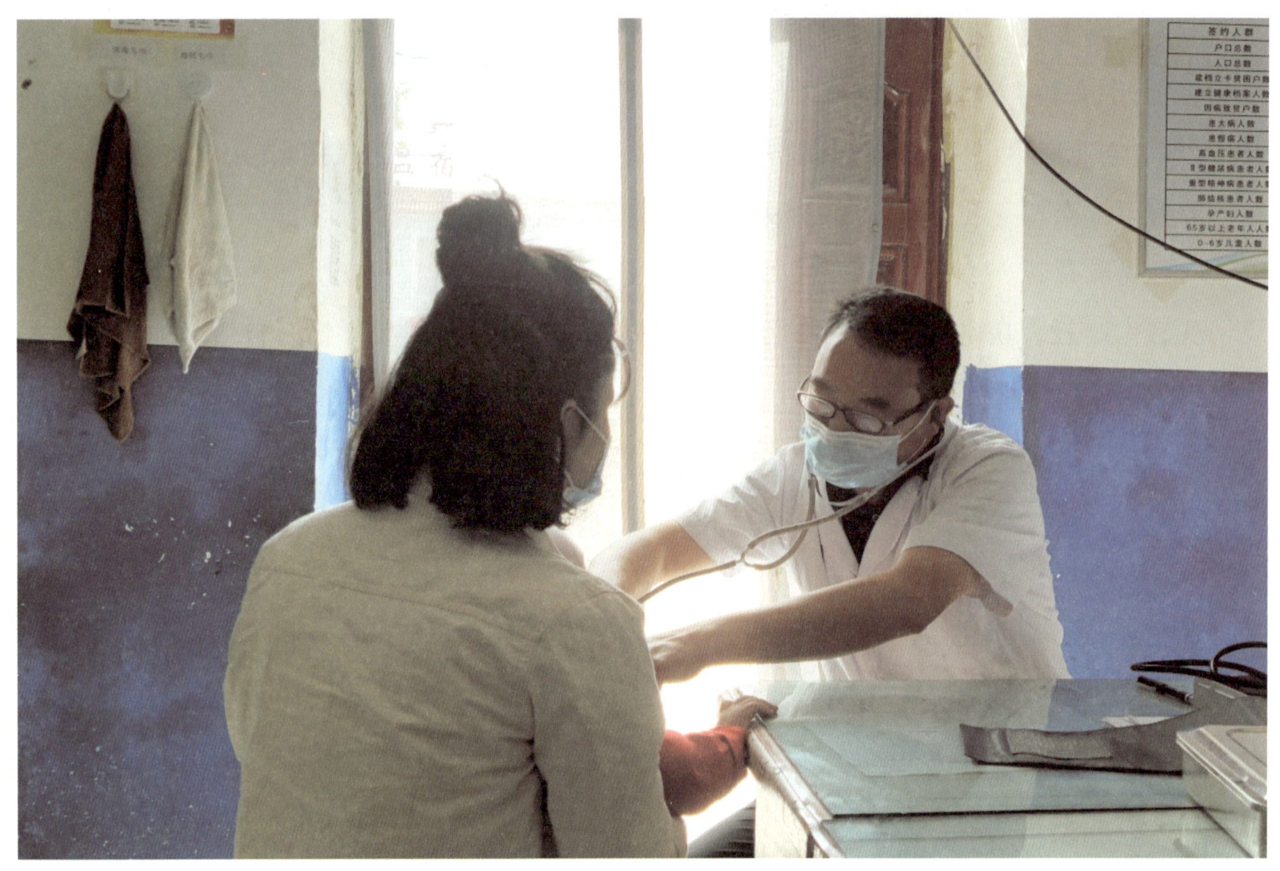

村民享受新型农村合作医疗保障(摄于2021年6月)

七、兜底保障

摆脱贫困,最基本的是稳定实现贫困群众“两不愁三保障”。对老弱病残、鳏寡孤独、丧失劳动力的贫困人员及其子女就学实施综合社会保障兜底。2019年,发放“五保户”生活补助1372元,发放高龄补贴21600元。通过临时救助和定期救助向贫困户发放米、面、油等生活物资72000元。社会各界向贫困户累计捐助33930元。至2020年,全村贫困人口中7户8人享受低保,7户8人享受残疾人补贴,其中5人享受重度残疾人护理补贴,最低生活保障实现应保尽保,切实兜住了困难群众的生活底线。

第四节　脱贫摘帽

一、扶贫成效

2012年以来,党和政府对村公共投入、惠民政策及补贴资金“两笔经济账”进行梳理,全村近4万人次享受涉及就业、教育、医疗、社保、扶贫、安居、暖心、安全等惠民政策近2000万元。至2020年,全村脱贫户人均年收入达12000元以上。全村基础公共服务短板不断补齐,实现通动力电等“五通”,核桃等农产品改良新品种得到广泛推广,有效增加村民收入。农业基础设施条件不断改善，已形成外通内联、通村畅乡、公交到村、安全便捷的交通运输网络，柏油路实现全覆盖。全村人口饮水安全保障水平全面巩固提升，安全住房率、自来水入户普及率达100%。广播、电视、网络实现全覆盖，电冰箱、淋浴器、冲水马桶等一应俱全。庭院人居环境整治实现生活区、种植区、养殖区分离，“农家院”变成“美丽院”，实现“睡觉上床、做饭上灶、吃饭上桌”，村民陈规陋习逐渐破除，健康文明风尚正在形成，村规民约得以遵守，垃圾围村等现象基本消失。通过贫困家庭劳动力实用技能培训实现就业达4329人次，勤劳致富思想进一步树牢，致富能力显著增强。

2014—2019年尤喀克库尔巴格村脱贫情况统计表

表25　　　　单位：户、人

年份	户数	人口	年份	户数	人口
2014	3	12	2017	0	0
2015	0	0	2018	4	17
2016	2	9	2019	10	26

干净整洁的院落（摄于2021年6月）

二、普查验收

2020年7月24—25日。由跨县异地派驻的普查工作组对全村19户64人建档立卡贫困户清查摸底，现场登记普查。普查重点围绕脱贫结果的真实性和准确性，普查建档立卡户基本情况、“两不愁、三保障”实现情况、获得帮扶和参与脱贫攻坚项目情况、主要收入来源，以及村基本情况、基本公共服务、经济与扶贫参与、村组织建设、驻村帮扶等。通过普查验收全面了解全村贫困人口脱贫实现情况，为分析脱贫攻坚成效、总结脱贫攻坚成果提供真实准确的信息。同时，标志着尤喀克库尔巴格村脱贫攻坚任务的完成。

三、脱贫典型事例

脱贫户铸造党旗雕塑感党恩

天刚蒙蒙亮，第二村民小组村民尤努斯·艾合买提赶紧起身，穿好衣服，拿起工具，开始维修农用机械。结束后，他又匆匆吃早餐，待家中小孩吃饱送到学校后，再马不停蹄地赶往外村做散工……每天的生活就是这样忙碌而紧张！

尤努斯·艾合买提是村里的脱贫户，以前全家三口人靠他在村核桃合作社打工挣来的每月2000多元维持生活，但仍难以摆脱贫困，两年前，经驻村工作队支持重新“拾起”他的铁艺手艺，如今每年可以挣到6万元以上，不到一年就清了贷款，还有了存款。

2020年初，又一批自治区地方志编委会的驻村工作队来到尤喀克库尔巴格村，工作队在走访入户时，了解到尤努斯·艾合买提想通过自身学到的手艺改变现状的想法非常迫切，但因为手头没有资金，他的手艺施展不了。了解情况后，工作队立刻帮他申请了5万元无息贷款，同时，先帮他在离家不远的园区找到了一份工作，暂时解决家庭困难。不久，5万元免息贷款落地，工作队也为他做好了创业计划，尤努斯·艾合买提决定要“大显身手”。“再不干活，真怕自己的手艺废了！”他拿到贷款后，先去县城进了一批钢板、钢材、橡胶还有零配件，购买了电焊机。2021年1月村委会免租金租给他创业集市的一间商铺，用来经营五金配件、电焊加工、农用机械维修等。

如今，尤努斯·艾合买提的工作坊渐渐小有名气，他认认真真对待每一个订单，价格也合理，赢得了附近村民们的好评，很快他的腰包就鼓了起来，不但自己脱贫了，还成为村里的致富带头人。

“以前困难时有党和政府的政策帮助，有驻村干部帮扶责任人关心，现在脱贫了，要靠自己的努力，让自己的生活越过越好。”尤努斯·艾合买提感激地说：“没有党温暖的关怀，没有驻村干部的帮助，就没有我的现在，父亲从小教育我，人要怀有感恩之心，我想用自己的方式，表达说不出来的心意。”他说，每周升国旗，听宣讲时，他由衷地感谢党、感谢政府。

于是，从2020年9月初起，他只要有空就一头扎进后院，用钢筋、铁板精心铸造了一面高3米、长5米的党旗雕塑，以表达对党的感恩之情。如今，在尤喀克库尔巴格村村委会门口，矗立着一面红彤彤的党旗雕塑，已成为村党员党性教育“红色打卡地”。

孤寡老人重组家庭过上幸福生活

2020年扶贫日当天，对卡米力•卡吾力和尼沙汗•托合提来说别具意义，当天，工作队为他俩举办了一场特殊的婚礼。现场气氛喜庆，两位老人穿着崭新的衣服，佩戴红花，两张布满皱纹的脸洋溢着幸福的笑容。

“是自治区地方志编委会帮助解决了我的住房问题，让我告别简陋拥挤的居住环境，住上梦寐以求的宽敞的房子，让我重新点燃生活的希望。”婚礼现场，尼沙汗•托合提手捧着鲜花泪流满面激动地说。

从破败倾颓的危房，到宽敞整洁的新居，尼沙汗•托合提收获了满满的幸福，从始至终，老

卡米力·卡吾力和尼沙汗·托合提婚礼现场（摄于2020年11月）

人嘴上说着这么一句话:“真的是要感谢共产党、感谢政府。”2017年,工作队在走访中得知孤寡老人、贫困户尼沙汗·托合提的住房只有10平米后,及时向自治区地方志编委会党组汇报,党组立即决定采取编委会机关划拨和鼓励党员干部捐款的方式给尼沙汗·托合提建造住房,不到两个月的时间就完工,当年冬天她就住上了宽敞明亮的新房。

卡米力•卡吾力和尼沙汗•托合提是村里的建档立卡贫困户,2019年底,和全村17户贫困户一道实现脱贫。2020年自治区地方志编委会驻村工作队在走访时,了解到卡米力•卡吾力和尼沙汗•托合提两位老人的实际情况后,经与双方商议,双方接触了解后走到了一起,组建起了新的家庭。

结婚一年来,夫妻相处融洽。卡米力•卡吾力说,是尼沙汗点燃了他生活的希望,精神上有了寄托。回想起结婚前的日子,卡米力•卡吾力说,几十年来,他吃了不少苦头,过着漂泊不定、吃了上顿没下顿的生活,现在每天吃着尼沙汗做的热喷喷饭菜,感受到家的温暖,再加上近年来在党的免费医疗、低保兜底、养老保险等惠民政策的帮助下,不愁吃、不愁穿,住上好房子,过上好日子。

“女强人”用勤劳双手撑起这个家

屋漏偏逢连夜雨。贫困户阿依尼亚斯汗·乃买提没想到自己的命运是如此多舛。

2011年的一天,第四村民小组村民阿依尼亚斯汗·乃买提吃完早饭,准备下地干活,突然传来丈夫因交通事故去世的噩耗,失去伴侣的瞬间,她撕心裂肺,顿时感到天塌下来了。

家里顶梁柱没了,留下妻子女儿相依为命,生活如何继续。10年来,面对残破的家庭,情何以堪,但阿依尼亚斯汗·乃买提从来没有一丝逃避苦难的念头,坚强地用瘦小的身体支撑着这个家,无怨无悔。她说,在她最艰辛的那些日子里,村干部、工作队隔三差五地就来家里探望,和她聊帮扶政策和生活规划,一来二去,她的心里渐渐有了盼头。

今年53岁的阿依尼亚斯汗·乃买提看起来要比同龄女人苍老的多,生活节俭,衣服也是补了又补。她欣慰地说,2017年她家被识别为建档立卡贫困户,每年享受各类救助补贴上万元,享受黑木耳种植扶贫项目和扶贫牛羊项目,就这两项每年纯收入都在7万元以上,2019年底实现脱贫。2020年家里年人均纯收入3万元以上。

谁说女子不如男！让阿依尼亚斯汗·乃买提感到欣慰的是,她的两个女儿很争气,学习一直很努力。2017年大女儿大学毕业后在温宿县乡镇的农商银行工作,2021年二女儿大学毕业后在阿克苏职业技术学院工作。孩子有了稳定工作,让这个家庭改变了命运。

“如今能过上好生活,得益于党的各项惠民政策,日子也越过越有奔头了。”与笔者交谈时,阿依尼亚斯汗·乃买提的话语里，无不传递着脱贫致富后的喜悦，以及对未来美好生活的向往和憧憬。

在尤喀克库尔巴格村，像阿依尼亚斯汗·乃买提一样的"女强人"还有很多，正是靠着自身的努力和坚持，她们在耕地少、缺资金、缺劳力的情况下，依靠党和政府的好政策，在驻村工作队的贴心帮扶下，坚强自立，走上脱贫致富奔小康的道路。

第五节　乡村振兴

完成脱贫攻坚任务后，在村党支部的带领下，全村群众开始全面推进乡村振兴战略。2020年12月，村党支部制定实施《2020年度脱贫攻坚"冬季攻势"工作方案》，要求以冬季攻势为统领，聚力"四抓"（抓宣传培训、抓项目生产、抓巩固拓展、抓问题整改），确保全面脱贫和乡村振兴有效衔接。

2021年采购的核桃烘干机（摄于2021年9月）

一、壮大产业

产业振兴是乡村振兴战略的重要基础和前提，农民富、农业强、农村美是产业振兴的最终目标。2021年，全村规划生产用地125亩，建设规模养殖场，实现养牛规模化经营。围绕林果、水稻、养殖三大主导产业，实施农业产业提升工程，完善土地流转，发展辣椒种植产业，促进产业振兴和持续稳定增收。利用中央财政衔接推进乡村振兴补助资金项目资金162万元，采购核桃烘干机15台，带动脱贫户、脱贫监测户、边缘户人均增加收入1000元以上。

二、生态宜居

打造集约高效生产空间、宜居适度生活空间、环境优美生态空间。2021年，全村重点实施美丽乡村建设，开展人居环境整治，对生活垃圾、污水、农业废弃物集中治理，村容村貌整体提升，实施厨房革命、家居革命和庭院革命，实现住宅区、种植区、养殖区“三区分离”。建立牲畜集中管理点，粪便集中堆放，推进生活污水和生活垃圾治理。投入资金13万元购置垃圾集中收集、处理，建设无害化、资源化垃圾处理设施。推进实施厕所革命，普及冲水式厕所，加大对粪尿污物的资源化、清洁化处理，至2021年建成卫生户厕320户，其中砖混或一体式成品三格化粪池厕所302个，水冲式小型集中处理系统218户，购买垃圾清运车、洒水车、垃圾船等，每户放置垃圾回收箱，全村建成4个小花园，打造干净整洁、宜居美丽乡村。

美丽庭院（摄于2021年5月）

开展美丽乡村建设（摄于2021年6月）

三、组织振兴

组织振兴是乡村振兴的保障条件。2021年深入推进村干部人才培养工程，加强村“两委”班子队伍建设，选优配强村党支部书记，分批选派3名村干部到温宿县委党校学习国通语和职业技能。至2021年村党支部按照1:3比例配备15名村级储备年轻干部，采取绩效考核机制，多劳多得，提高想干事、敢干事干部待遇。推行“1+1+3+x”能力提升法，每个工作队员与1名村干部、3名后备干部结对帮扶。协助培养入党积极分子35人，发展党员8人，储备培养村级后备力量5人。建立村级后备干部人才库，把学历较高、有一定带领群众致富本领、年富力强的优秀中青年纳入村后备干部，在优秀青年农民中发展党员，着力解决村干部后继无人、青黄不接问题。至2021年村“两委”班子成员中大中专及以上占70%，乡村振兴的组织基础不断建强。

四、文化振兴

用村规民约培育文明新风，引领良好家风。每年评选“星级文明户”32户，“五好家庭”24户，“道德模范”10人、孝亲敬老典型模范11人，争创“美丽庭院”示范户62户。2020年提升方志广场文化品位、打造新疆历史文化墙。每年组织发动“七支队伍”开展“文化大院”“农家书屋”“文化夜市”等文化活动和主题实践活动72场次以上，参与群众1248人次。利用村新时代文明实践站、习近平新时代中国特色社会主义思想讲习所等文化阵地，开展村民读书、用书，学习科学文化知识活动42场次，参与群众217人次，活跃和丰富了农村文化生活，起到了培根铸魂作用，涌现出一批“好儿女”“好媳妇”“好邻居”“好青年”等先进典型，在乡村振兴中，提供有力精神动力和文化支撑。

五、就业增收

坚持扩就业、保就业、促就业并举，扎实推进就业惠民生。至2020年全村县域内就近就地就业、农业内部就业、跨县(市)整建制就业381人次，人均增收1300元以上。开展实用技能培训934人次，实现每户家庭劳动力至少掌握1～2门实用技能，确保有劳动力的贫困家庭至少1人稳定就业。对返乡、返村人员创业提供就业岗位，带动就业37人次，实现增收3000元以上。对低保线以下有劳动能力且有就业意愿的脱贫户、残疾或不便远出的低收入群体，通过公益性岗位实现就近就业13人次，每人每年促进增收12000元。2021年通过土地流转等方式发展辣椒种植产业，流转土地550亩，带动富余劳动力就业130多人次，每人促进增收1800元。依托兴隆核桃专业合作社运营，增加村集体收入和促进脱贫户实现就近就业，对脱贫户、三类户就业，对脱贫户、三类户烘干和加工核桃费用减免，多举措增加群众收入，富余劳动力就业率达100%。

2021年4月，开展丰富多彩文艺活动

尤喀克库尔巴格村好榜样系列典型模范

为充分展示尤喀克库尔巴格村思想道德建设成果，凝聚全体村民向上向善的强大力量，尤喀克库尔巴格村党支部、自治区地方志编委会驻村工作队按照从严把关、确保质量的原则，开展了"尤喀克库尔巴格村好榜样"系列典型模范评选活动，经过宣传发动、广泛推荐、层层审核、初步推选候选人、筛选确定正式人选、公示等程序，并经村党支部、工作队、警务室共同研究决定等环节，共评选出"好家庭"9户、"好邻居"9户、"好青年"9名、"好儿女"9名。

希望受到表彰的先进个人和家庭珍惜荣誉，再接再厉，不断践行社会主义核心价值观，做文明道德风尚的倡导者、引领者，为提升全村社会道德水平作出新贡献。

2021年1月，评选好榜样系列典型模范

六、基础建设

乡村要振兴，基础设施建设是关键。2020年，实施村生态环境优化设施建设、供水保障工程、村清洁能源建设工程，以及村公共服务、社会治理等数字化、智能化设施建设。加快补齐村基础设施等突出短板，改善村人居环境。完善水、电、路、气、暖、讯等基础公共服务设施，实施电力基础设施改造升级，提升农网供电能力。实施通信光缆入户工程，完善村信息化建设。统筹推进教育、卫生、体育、文化等公共服务设施建设，推动村基本公共服务普及化。2021年，重点实施村污水管网建设工程、村部分连接点道路硬化等工程，鼓励有条件的2户村民发展农家乐。

第八章　民族团结之村

新疆自古以来是多民族聚居区,民族团结始终是各民族人民的生命线,也是社会经济发展的基石。中国共产党一贯重视民族问题,在长期的革命、建设和改革实践中,始终坚持把马克思主义民族理论与中国具体实际相结合,致力于推动各民族的共同团结奋斗、共同繁荣发展。特别是改革开放以来,加大了通过法治手段维护民族团结的力度,在改革和发展中全面促进民族团结。尤喀克库尔巴格村全面贯彻党的民族政策,加强民族团结教育,开展一系列活动,1983年起每年开展民族团结教育月活动,2016年起开展"民族团结一家亲"活动和民族团结联谊活动,铸牢中华民族共同体意识成为全村各项工作的主线,各族群众讲团结、促增收、谋发展的愿望越来越强烈,维护民族团结的决心更加坚定。2020年1月,尤喀克库尔巴格村全面开展创建县级民族团结进步示范村工作,在创建成县级民族团结进步示范村的基础上,积极申报创建地区级民族团结进步示范村。

第一节　民族团结教育

一、政策宣讲

1949年中华人民共和国成立以后相当长的一段时期内,党对民族地区工作的重点,是尽快改变各少数民族地区生产力远远地落后于中原地区这样一种普遍的社会状况,加强汉族和少数民族之间的联系,提倡汉族和少数民族之间的互相帮助。1978年中共十一届三中全会以后,中国进入社会主义建设新时期,党中央特别强调了民族团结的重要性。1981年,中共中央在转发《中央书记处讨论新疆工作问题的纪要》的通知中进一步指出:在我国建设社会主义的事业中,汉族离不开少数民族,少数民族离不开汉族("两个离不开")。1990年江泽民同志视察新疆时指出,汉族离不开少数民族,少数民族离不开汉族,少数民族之间也相互离不开("三个离不开"),是对"两个离不开"思想的继承和发展。1982年5月,国家开始民族团结教育月活动,自治区党委决定从1983年起,每年5月在全区开展集中学习党的民族政策、进行民族团结教育月活动。2009年12月29日,自治区审议通过《新疆维吾尔自治区民族团结教育条例》,将每年5月定为"新疆民族团结教育月",2016年升格为"民族团结进步年"。2021年8月27日第五次中央民族工作会议召开,习近平总书记强调,要以铸牢中华民族共同体意识为主线,坚定不移走中国特色解决民族问题的正确道路,构筑中华民族共有精神家园,促进各民族交往交流交融。

1983年以来,尤喀克库尔巴格村"两委"在开展民族团结教育月活动中着力加强"两个离不开"思想宣传教育,1990年后大力宣传"三个离不开"思想,"三个离不开"思想深入人心。2008年5月,村民向汶川地震灾区捐款861元。

2014年以来，村“两委”和驻村工作队紧紧围绕新疆社会稳定和长治久安总目标，把民族政策纳入经常性学习计划，采取培训、专题辅导、座谈交流、印发学习材料等集中培训和分散学习等方式，教育和引导各族干部群众树牢马克思主义“五观”，铸牢中华民族共同体意识，增强明辨是非的能力，自觉抵御错误思想的侵蚀。2014年，驻村工作组深入农户家中宣传党的惠农政策、民族政策和宗教政策，帮助农户解决生产生活中遇到的各类问题。至年底，走访农户500余次，开展各类集体宣传教育活动70余场，解决民生项目2个。

2016年，村党支部利用每周一升国旗开展主题宣讲52次，1—12月的宣讲主题分别是社会主义新农村建设标准、社会主义核心价值观、公民道德建设、现代文化引领、民族团结教育、安全生产、爱党感恩、军民团结、国防教育、爱国主义教育、民族宗教政策、法治宣传教育。

2017年4月，开展“理清两笔账，感恩共产党”活动，对照“党的惠民政策村级公共投入账单”“党的惠民政策农民惠民补贴账单”，全面梳理2012年以来党和政府对村公共投入的“公共账”，以农户家庭为基本单位全面梳理享受的惠民政策及补贴资金“家庭账”这“两笔经济账”，全村公共服务类投入项目资金1075.43万元，近4万人次累计享受涉及就业、教育、医疗、社保、扶贫、安居、暖心、安全等惠民政策52项近2000万元，享受惠民政策最多的家庭达到20万元以上。2016年，新疆农村居民人均可支配收入为10183.2元，尤喀克库尔巴格村人均收入19737元，是全区人均收入的1.9倍。工作队、村“两委”以集中学习、制作板报、张贴受惠清单等方式大力宣传党的惠民政策，教育引导农民向党感恩、向国报恩。开展各类惠民政策宣讲895场次，受教育21792人次。5月25日，建成“理清两笔账，感恩共产党”文化长廊。托乎拉乡党委在尤喀克库尔巴格村召开“理清两笔账，感恩共产党”现场会，各村代表30余人参加会议。

2019年9月11—15日，自治区地方志编委会在温宿县托乎拉乡尤喀克库尔巴格村参加“民族团结一家亲”结亲周活动的干部们，以学习宣传《新疆的若干历史问题》白皮书为重点，扎实开展宣讲和秋收核桃帮扶工作。结亲周期间开展宣讲活动5场，受教育群众近1500人次，为群众办实事办好事20余件。

2020年5月11日，驻村工作队和村“两委”组织开展国务院《新疆的若干历史问题》等三个“白皮书”精神宣讲。尤喀克库尔巴格村第一书记、工作队队长马文华，重点结合《新疆的若干历史问题》《新疆的反恐、去极端化斗争与人权保障》《新疆的职业技能教育培训工作》进行了讲解。

2020年5月26日，尤喀克库尔巴格村工作队结合农户插秧实际，深入田间地头开展“民族团结 从我做起”宣讲活动。

2020年9月开展党的政策大宣讲系列活动，村第一书记、工作队队长马文华主讲。9月6日，组织学习习近平新时代中国特色社会主义思想，贯彻落实习近平新时代中国特色社会主义思想和中共十九届四中全会精神。9月8日，开展新时代党的治疆方略宣讲活动。9月10日，开展“新疆四史”及民族政策宣讲活动。9月28日，开展第三次中央新疆工作座谈会精神学习宣讲。通过系列宣讲活动，教育引导各族党员、群众增强“四个意识”、坚定“四个自信”、做到“两个维护”，铸牢中华民族共同体意识，为新疆的发展做出应有贡献。

2020年9月10日，尤喀克库尔巴格村宣讲员通过《阿卜杜拉·吾拉西木写给妈妈的一封信》《鱼水情》等故事，分享发生在身边的民族团结感人事迹，引导各族群众“爱祖国、感党恩、听党话、跟党走”。

二、“五个认同”教育

在2014年5月28—29日召开的第二次中央新疆工作座谈会上，习近平总书记强调“要在各族群众中牢固树立正确的祖国观、民族观，弘扬社会主义核心价值体系和社会主义核心价值观，增强各族群众对伟大祖国的认同、对中华民族的认同、对中华文化的认同、对中国特色社会主义道路的认同”。2015年提出增强对伟大祖国的认同、对中华民族的认同、对中华文化的认同、对中国共产党的认同、对中国特色社会主义的认同（简称“五个认同”）。“五个认同”是国家统一、民族团结、社会稳定的思想基础，是坚定中国特色社会主义道路、弘扬中国精神、凝聚中国力量的源泉。尤喀克库尔巴格村党支部始终把“五个认同”教育作为维护社会稳定和长治久安总目标的基础性工作来抓，以“民族团结一家亲”和民族团结联谊活动、“三进两联一交友”等为载体，不断增强“五个认同”教育实效。

2016年3月4日，驻村工作队利用农民在下地时间组织大家围坐在田间地头集中宣讲新疆历史，增强对伟大祖国的认同。宣讲内容包括新疆是祖国领土神圣不可分割的一部分，历代中央政权对新疆地区实施有效管辖，新疆自古以来就是一个多民族聚居地区，历史上在新疆活动的各个民族都为新疆的开发和建设贡献了自己的力量。10月1日，驻村工作队组织召开“爱祖国、感恩党”国庆节座谈会，“四老”人员、村“两委”成员、党小组长、妇女代表、部分党员共30多人参加座谈。

2017年6月16日，组织600余名村民参加“阿克苏地区‘忠于祖国反分裂，亮剑冲锋筑长城’”活动，向国旗宣誓、发声亮剑、签字承诺。干部群众纷纷表示，要旗帜鲜明维护祖国统一、民族团结，维护社会稳定和长治久安，坚决反对“三股势力”和暴恐活动，为建设繁荣、富裕、文明、和谐的社会主义新农村而努力奋斗。

2017年10月1日，自治区地方志编委会在尤喀克库尔巴格村开展“同抒爱国情•共筑中国梦”“十一”升国旗活动。2019年2月17日，驻村工作队组织返乡大学生开展“感恩党、热爱祖国、热爱家乡”主题座谈。9月29日开展“我和国旗合影 祝福祖国万岁”主题宣传教育活动。

2020年9月，组建现代舞蹈队、秧歌队、扇子队、快板队、国通语合唱队等“八支队伍”，组织举办各类体育赛、歌手赛、国通语读报赛、唐诗朗诵会等多项活动，引导各族群众进一步增强对伟大祖国、中华民族、中华文化、中国共产党、中国特色社会主义的认同。

三、民族团结教育月活动

1983年5月，自治区党委以每年5月为集中开展民族团结教育月。1983年5月起，尤喀克库尔巴格村每年均开展以集中学习党的民族政策、进行民族团结教育为主要内容的民族团结教育月活动。2009年12月，自治区颁布《新疆维吾尔自治区民族团结教育条例》规定，每年5月为“新疆民族团结教育月”。2014年3月，自治区地方志编委会派出“访惠聚”工作队，在每年民族团结教育月期间，与村“两委”召开专题会议研究活动实施，制定民族团结活动实施方案，明确开展民族团结活动的重大意义、总体要求、主要任务、参与范围与组织领导，在全村召开民族团结活动动员大会，成立以村党支部书记、村委会主任任组长，村干部、小队长、治保主任为成员的“民族团结教育”领导小组，形成村党支部书记、村委会主任负总责亲自抓，“两委”班子分管领导主要抓，小队长直接抓，全体村民共同抓的良好格局。

2014年5月23日，驻村工作队制作“深入开展自治区第三十二个民族团结教育月活动”板报。

2016年5月，玉斯屯克库尔巴格村召开民族团结进步年动员大会

2019年6月3日晚，各小队长组织村民在“暖心大院”开展《新疆维吾尔自治区民族团结进步工作条例》大宣讲。此次宣讲以“热爱党、热爱祖国、热爱社会主义大家庭”主题教育为抓手，深入开展民族团结进步宣传教育，大力营造中华文化认同良好氛围，把党的民族理论政策、法律法规等知识宣传作为民族团结工作的重点，着力从不同社会群体特点出发、结合各地实际开展宣传教育。全村共开展法治宣传教育172场次，受教育人数超过631人次，不断提高全体村民法治意识和法律素质。

2020年5月15日，尤喀克库尔巴格村组织开展第38个民族团结教育月宣讲活动。5月21日，将民族团结教育月活动与推进脱贫攻坚结合起来，村委会和工作队为全村困难群众发放水泥23吨、涂料11桶，总价值3300元。5月22日，工作队与村党员干部组成先锋队近30人到贫困户吐尼亚孜·买提斯地克家，帮助庭院整治，靓化人居环境。5月27日，召开民族宗教政策宣讲会。村党支部第一书记、工作队队长马文华就尤喀克库尔巴格村民族宗教工作基本情况、民族宗教工作政策法规、推进民族宗教工作思路及当前民族宗教领域需要引起重视的问题等方面进行宣讲。

2021年5月民族团结教育月期间，村“两委”和驻村工作队根据实际情况，利用村喇叭把民族团结教育与美丽乡村建设等重大工程实施结合起来，召开民族团结进步创建动员会1次，播放民族团结相关专题广播10期，宣传标语3条/次，制作展板2块，取得良好效果。

第二节　民族团结活动

一、“民族团结一家亲”活动

2016年11月，自治区党委决定深入开展“民族团结一家亲”和民族团结联谊活动，尤喀克库尔巴格村开展“民族团结一家亲”结对认亲活动，维吾尔族、汉族村民共结对认亲7对。11月5日，召开自治区地方志编委会“民族团结一家亲”结对认亲大会，村民与自治区地方志编委会干部结对认亲25对，互签结亲卡、互赠见面礼，共照全家福、共进一家餐、共跳团结舞、共商帮扶对策。

2017年，全村共结亲175对，广泛深入开展“民族团结一家亲”活动，每月至少开展“民族团结一家亲”活动1次，活动走访200次，经常性走访互动、互学语言、互帮互助，切实做到交往交流交融。1月24日，自治区地方志编委会邀请部分结亲户到乌鲁木齐市开展“民族团结一家亲”迎新春·走亲戚团拜活动，与全体干部、部分离退休干部共庆春节到来。3月16日，开展“民族团结一家亲”活动，村党支部第一书记、工作队队长赵实号召各族群众要切实落实习近平总

2018年7月，尤喀克库尔巴格村开展"民族团结一家亲"联谊活动

2016年11月5日，尤喀克库尔巴格村村民与自治区地方志编委会干部结对认亲25对

书记在参加十二届全国人大五次会议新疆代表团审议时的讲话精神，像爱护眼睛一样，爱护民族团结，像珍惜生命一样，珍惜民族团结，像石榴籽一样紧紧抱在一起。要互学对方语言，互讲民族文化和风俗习惯，互做民族团结的好人、好事，加深理解和友谊，真正做到一次结亲、终生结缘，共同维护好民族团结和社会稳定。7月1日，自治区地方志编委会开展“民族团结一家亲”活动，与村党员干部、群众共同开展唱红歌活动。

2018年，深化“民族团结一家亲”活动，实现结对认亲全覆盖。自治区地方志编委会邀请村民2批次62人到乌鲁木齐市开展“民族团结一家亲”结亲周活动，到村组织走访6批次，干部职工参加走访活动累计114人次，走访入户356人次，干部职工累计向村民捐款22700元，捐衣捐物516件。村委会组织各类民族团结联欢会、座谈会、双语学习等活动19场，投入资金1万元，参加群众1000余人次。全年开展民族团结联谊活动9场5220人次。尤喀克库尔巴格村被评为温宿县民族团结进步模范村。

2018年5月17日，在“民族团结一家亲”联谊活动中，自治区地方志编委会妇委会组织“让爱传递，共织梦想”捐赠仪式，给村里编织能手赠送毛线，请她们在农闲时编织毛衣赠送给村里的孩子。同时，还将她们的织品及刺绣向外推介。

2020年，自治区地方志编委会到村组织走访3批次，干部职工参加走访活动73人次，走访入户156人次，累计向村民捐款22700元，捐衣捐物516件。村委会组织各类民族团结联欢会、座谈会、双语学习等活动19场，投入资金1万元，参加群众1000余人次。

2020年9月23日，驻村工作队及村“两委”组织全体村民开展了“中秋节”“农民丰收节”暨“民族团结一家亲”联欢活动，村“七支队伍”、乡包村领导、村党员及村民共400余人参加活动

二、民族团结联谊活动

在结对认亲的基础上，自治区地方志编委会和尤喀克库尔巴格村组织开展丰富多样的民族团结联谊活动，在全体村民中形成“共居、共学、共事、共乐”的良好氛围。

利用地方志独特优势，牵线疆外地方志干部参与“民族团结一家亲”活动。2018年9月20日，全国年鉴研讨会暨中国地方志学会年鉴分会年度会议、第二届全国年鉴论坛与会人员共150余人在尤喀克库尔巴格村实地考察学习。参会人员观摩文化长廊，参观由自治区地方志编委会援建的方志桥、方志渠、方志路及方志幼儿园等惠民基础设施。

与会人员参观完后在村活动中心开展了“民族团结一家亲”联谊活动。活动由自治区地方志编委会党组书记、副主任廖运建主持，温宿县政协副主席、托乎拉乡党委书记孙有佩致辞，驻村工作队赵实进行了工作汇报。之后，村“八支队伍”表演了扇子舞、独舞、现代舞、歌伴舞等节目，全国地方志系统参会人员也兴致勃勃地和村民展开互动，江西省地方志办公室党组书记、主任梅宏美妙的笛声让村民领会到中华传统乐器的魅力；河北地方志办公室副主任王蕾的新疆民歌让村民感受到真正的“民族团结一家亲”；而村民的合唱《没有共产党就没有新中国》更是让全体人员起立齐唱，彻底把活动推向高潮。随后参会人员还和村民一起跳起了麦西来甫，大家其乐融融，亲如一家。

2018年9月20日，全国年鉴研讨会暨中国地方志学会年鉴分会年度会议、第二届全国年鉴论坛与会人员参观尤喀克库尔巴格村方志幼儿园

组织返乡大中专学生开展“民族团结一家亲”活动是这一时期民族团结的重要形式之一。2019年7月17日，举办返乡学生文艺演出暨“民族团结一家亲”联谊活动，共500余人参加。多个节目均由返乡学生自己编排，节目精彩纷呈。8月14日，尤喀克库尔巴格村举行“民族团结一家亲”暨返乡学生联谊活动，工作队队员、村“两委”班子成员、部分党团员、返乡学生及偏远

2018年9月20日，全国年鉴研讨会暨中国地方志学会年鉴分会年度会议、第二届全国年鉴论坛参会人员与村民开展“民族团结一家亲”联谊活动

散居户村民等80余人欢聚一堂。

三、民族间的互帮互助

在长期的交往交流交融中，各族干部群众亲如一家，涌现出很多先进典型和感人事迹。

1998年3月，喻中华、喻中文兄弟俩从重庆市涪陵来到尤喀克库尔巴格村种地，买买提·吐尔地耐心帮助他们，分别租给兄弟俩10亩地，并协助办理开荒的相关事宜，双方结下深厚的兄弟感情。2016年12月，偏远散居的打工妹李胜兰生完孩子后，买买提·吐尔地把李胜兰母女俩接到自己家里坐月子，并给孩子取了维吾尔族名字。

2004年5月，4组村民古丽尼沙·买买提患宫外孕，在家分娩时大出血。村医王世林赶到家里，查看病情，立即进行静脉输液，补充血容量，并用手举着输液瓶一路护送到县人民医院，病人转危为安。

2019年7月17日，举办返乡学生文艺演出暨“民族团结一家亲”联谊活动

2017年，自治区地方志编委会驻村第一书记、工作队队长赵实出资3000元帮助亲戚吐尼亚孜·买提斯地克进行庭院改造。

2018年，自治区地方志编委会干部陈国刚为结对亲戚吐尼亚孜·买买提的孙女购买儿童头颈部矫正器。

2021年，自治区地方志编委会党组成员、副主任马文华出资2000元，资助亲戚艾合买提·玉素甫修建凉棚；干部刘博向从事快递工作的亲戚艾克热木赠送1辆小汽车，助力他致富奔小康。

四、评选表彰先进

2010年，村医王世林被评为“阿克苏地区民族团结先进个人”。2016年以来，为表彰先进、树立典型，激励各族干部群众铸牢中华民族共同体意识，构建起维护国家统一和民族团结的坚固思想长城，驻村工作队与村“两委”每年组织开展民族团结先进表彰活动，2016年表彰民族团结模范户9户，2017年表彰10户。2016年6月4日，村党支部被托乎拉乡党委推荐为阿克苏地区民族团结先进基层党组织。2020年12月，自治区地方志编委会干部、驻村工作队队员陈忠被评为自治区“民族团结一家亲”和民族团结联谊活动先进个人。2021年9月15日，自治区地方志编委会干部、驻村工作队队员刘铖被自治区党委、自治区人民政府授予自治区第八次民族团结进步模范个人称号。

五、民族团结文化长廊

2020年10月由自治区地方志编委会投资1.2万元援建，位于村二组民居与乡级道路之间的绿化带，紧邻党旗雕塑。长廊高2.8米，宽2.2米，长12米。廊亭左右各四根木柱，两侧为长条木凳，顶部悬挂民族团结宣传标语。质朴典雅的长廊已成为尤喀克库尔巴格村又一道亮丽

2020年10月建成的民族团结文化长廊（摄于2021年8月）

的风景线,各族村民在这里休息散步、唠家常、谈心声的同时,也进一步促进了各民族的团结互助和民族文化的交流交融。

第三节　创建民族团结示范村

一、创建申报

2020年1月,尤喀克库尔巴格村深入贯彻习近平新时代中国特色社会主义思想,铸牢中华民族共同体意识,全面开展创建县级民族团结进步示范村各项工作。

二、创建过程

(一)第一阶段:启动阶段(2020 年1—4 月)

成立民族团结进步示范村创建工作领导小组,制定印发《尤喀克库尔巴格村创建县级民族团结进步示范村工作实施方案》,细化民族团结进步示范村创建测评标准。2020年4月25日,工作队和村委会组织召开民族团结进步示范村创建动员会,对民族团结进步示范村创建工作作出安排部署。4月30日,尤喀克库尔巴格村和驻村工作队组织村民开展《新疆的若干历史问题》等三个"白皮书"精神宣讲。

(二)第二阶段:创建阶段(2020 年5—9 月)

对照创建测评指标体系,围绕民族团结进步创建工作总体目标,制定方案、科学规划、精心部署,全面开展民族团结示范创建各项工作。按照"村至少每年召开一次民族团结进步表彰大会"的要求,尤喀克库尔巴格村村民委员会适时组织召开民族团结进步表彰大会,表彰民族团结模范个人。

2020年5月27日,自治区地方志编委会驻尤喀克库尔巴格村工作队和村"两委"研究部署民族团结进步示范村创建工作。5月28日,自治区地方志编委会驻尤喀克库尔巴格村工作队和村委会组织开展"民族团结先进事迹"大宣讲活动。在民族团结示范村创建过程中,村委会、村民小组主干道悬挂张贴民族团结进步宣传标语6条,制作民族团结工作微视频宣传片5部,制作宣传展板35块,撰写民族团结工作信息72条。举办了民族团结先进个人评选活动,推荐5名民族团结先进村民上报乡党委。13户被评为温宿县民族团结进步模范家庭。工作队被温宿县评为民族团结先进集体。

(三)第三阶段:巩固提升阶段(2020年10月)

按照测评体系要求,对照指标进行自查评估,针对自查发现的问题,及时制定整改措施,进行销号整改。村民族团结进步创建工作领导小组,及时进行督促指导,及时提出指导意见,及时汇总督导解决各类问题，及时研究固化成果的具体措施，补齐短板，整体推动，确保创建工作各个环节扣紧抓实。

2020年4月，尤喀克库尔巴格村制定《托乎拉乡尤喀克库尔巴格村创建民族团结进步示范村工作实施方案（2020—2022年）》，全面开展创建县级民族团结进步示范村各项工作。在领导重视方面，召开专题安排部署创建会议2次，打造民族团结示范点和教育基地1个，召开推进会7次；在宣传教育方面，在主干道悬挂张贴民族团结进步宣传标语5条，党支部专题学习民族团结政策1次，民族政策和民族团结巡回宣讲11场次，受教育群众283人次，电视、广播电台等传统媒体和网站、微信等新媒体平台宣传报道13次，在沿街商铺、公众场所悬挂横幅标语5幅，通过农牧民夜校宣传民族团结53场次，制作微视频宣传片11个，撰写信息53条；在选树示范点方面，打造民族团结好村（居）民、好家庭、好邻居、好庭院63个。

（四）第四阶段：验收阶段（2020年11月）

提出创建县级民族团结进步示范村验收申请，迎接县乡检查验收。

三、创建结果

2020年5月，尤喀克库尔巴格村成功创建温宿县托乎拉乡民族团结示范村。

第九章　全国文明村镇

尤喀克库尔巴格村重视和加强社会主义精神文明建设。进入21世纪以来，村党支部以习近平新时代中国特色社会主义思想为指导，组织开展社会主义核心价值观教育、“四史”教育、道德教育等活动，增强“四个意识”，坚定“四个自信”，做到“两个维护”；以庆祝中华民族传统节日为契机，运用散文、诗歌、舞蹈等文艺形式，弘扬中华优秀传统文化；积极开展篮球、排球、足球和民族传统体育活动，引导村民增强体魄，提高身体素质；通过爱国卫生运动，净化、绿化、美化、亮化居住环境；订立乡规民约，规范行为，移风易俗，营造良好的民风民俗；通过行之有效的措施，实现物质文明与精神文明有机结合、协调发展。2017年1月，开展全国文明村争创活动。9月15日，阿克苏地区八县一市全国文明村创建活动推进会在尤喀克库尔巴格村召开，有力地推动了全村的精神文明建设。2017年11月17日，尤喀克库尔巴格村被中央文明委授予第五届全国文明村镇称号。

第一节　宣传教育

一、学习贯彻习近平新时代中国特色社会主义思想

中国共产党第十九次全国代表大会提出习近平新时代中国特色社会主义思想，并把这一思想确立为党必须长期坚持的指导思想。尤喀克库尔巴格村开展形式多样的宣讲活动，加强习近平新时代中国特色社会主义思想宣传教育。

2017年，中国共产党第十九次全国代表大会召开后，村党支部建立学习教育制度，每周一组织“国旗下的宣讲”活动，用15分钟左右的时间，组织村干部、工作队队员、党员、小组长、返乡大学生等宣讲党的治疆方略和习近平新时代中国特色社会主义思想。同时，组织各种宣讲会、报告会，宣讲习近平新时代中国特色社会主义思想。自2017年中共十九大召开以来，驻村工作队、村党支部利用每周一党员学习、周二青年学习、周三妇女学习、周五家长学习、升国旗等活动，通过收听收看、宣讲、组织竞赛，集体学、个人学等方式，持续组织村民深入学习十九大精神。2017年11月14日，村委会邀请阿克苏地区“党的十九大精神”巡回宣讲报告团在村中宣讲。2017年12月10日，村党支部组织全体党员，聆听村党支部书记关于党的十九大精神的宣讲。2018年3月26日，驻村工作队开展十九大报告宣讲活动，村党员、积极分子和部分村民约150人齐聚一堂，驻村第一书记、工作队队长赵实用浅显易懂的语言，做了一场生动精彩的十九大精神宣讲报告。

2019年2月17日，村委会组织返乡大学生和外省新疆初中、高中班学生开展“感恩党、热爱祖国、热爱家乡”主题座谈。在座谈中，鼓励学生牢固树立正确的国家观、历史观、民族观、宗

教观、文化观，号召广大学生更加珍惜来之不易的幸福生活，更好维护民族团结，激发学生关心家乡发展，增强感恩党、热爱祖国、热爱家乡的时代使命感和社会责任感。

2020年7月5日，村委会各村民小组召集村民，在“暖心大院”组织启动会，开展习近平新时代中国特色社会主义思想进万家活动。9月7日，自治区地方志编委会驻温宿县托乎拉乡尤喀克库尔巴格村工作队和村党支部结合当前重点工作，开展中共十九届四中全会精神宣讲，村“两委”班子，工作队全体成员等参加。在2021年的党史学习教育活动中，村委会组织全体党员全面学习习近平新时代中国特色社会主义思想。通过各类学习活动将全村党员和村民的思想统一在一起，铸牢中华民族共同体意识，不断推动习近平新时代中国特色社会主义思想“飞入寻常百姓家”。

2019年10月，村委会开展“我和国旗合影 共庆祖国万岁”主题宣传教育活动

二、社会主义核心价值观宣传教育

2012年11月，中国共产党召开第十八次全国代表大会，会议强调要倡导富强、民主、文明、和谐，倡导自由、平等、公正、法治，倡导爱国、敬业、诚信、友善，积极培育和践行社会主义核心价值观。

2014年开始，尤喀克库尔巴格村就将践行社会主义核心价值观作为一项长期工作抓紧抓好，7月，村委会策划完成了村中文化墙的绘制，共绘制24面320平方米的文化墙。通过一幅幅生动的文化墙，使村民们了解到尤喀克库尔巴格村的历史变迁、党和国家惠民政策、现代科技文化等内容。2017年，村委会翻修和重新绘制文化墙，新增脱贫攻坚内容。

2016年6月19日，全体党员开展“两学一做”学习活动，组织送学入户。2016年10月1日，村委会召开“爱祖国、感恩党”国庆节座谈会，“四老”人员、党员参加并发言。2017年3月，尤喀克库尔巴格村召集20人组成农民宣讲队开展季度巡回宣讲，宣讲队的任务是结合党的理论教育，全面解读社会主义核心价值观的深刻内涵，引导人们省身修德、自我提升。此外，每年还邀请县委党校教师和乡里党建干事至少一次在村里开展文明素质宣传理论讲座。2018年5月和2019年6月，村委会在全村开展文明素质宣传知识竞赛。2019年7月2日，村委会邀请温宿县妇联、县司法局等单位干部及县人居环境工作先进个人入村开展主题宣讲。2019年10月，村委会开展“我和国旗合影 共庆祖国万岁”主题宣传教育活动。

2018年12月8日，全国第五个“宪法日”期间，自治区地方志编委会驻村工作队结合农村实际，给村民们上了一堂生动的宪法宣讲课。2019年10月8日，尤喀克库尔巴格村开展国防教育宣讲活动，全村300余名群众参加活动。2020年5月29日，自治区地方志编委会驻尤喀克库尔巴格村工作队组织开展《野生动物保护管理条例》等法律法规主题宣讲活动。5月30日，尤喀克库尔巴格村在村民活动中心举办禁毒宣传活动。2020年7月7日，村委会开展“明明白白感恩，实实在在脱贫”感恩教育活动。

2020年9月4日，自治区地方志编委会驻尤喀克库尔巴格村工作队深入村民小组开展“三家一院”宣讲活动。时值核桃采摘的农忙时节，为了不影响村民农业生产，工作队队员兼各村民小组第一小组长利用晚饭休息时间，在“三家一院”向村民宣讲防疫知识，“一卡一码一证明”在手机上的操作使用，确保疫情防控知识人人皆知。

三、“四史”宣传教育

2016年，尤喀克库尔巴格村开展了“四史”（党史、新中国史、改革开放史、社会主义发展史）宣传教育。2016年3月至5月，村委会组织全体村民，在田间地头集中宣讲新疆历史，让村民正确了解新疆历史。2019年3月15日，自治区地方志编委会干部阿不都肉甫·艾力在村里主讲“中国共产党的诞生与发展”党课，全村70余名党员参加。2019年7月1日，村支部书记以“壮丽70年 走进新时代”为题为全体党员讲了党课。

2020年9月1日至2021年2月28日，村委会草根宣讲员每周在“三家一院”中开展宣讲新中国70年取得的伟大成就。2020年7月3日，工作队长、第一书记马文华以“中国道路的形成及其历史地位”为题给村里党员上党课。2020年9月9日，自治区地方志编委会驻尤喀克库尔巴格村工作队和村党支部结合当前重点工作，开展党史、新中国史宣讲活动，村“两委”班子，工作队全体成员等参加活动。2020年10月11日，村委会开展《简明新疆地方史》宣讲，村两委班子、小队长、后备干部参加活动。

2020年11月，为深入学习贯彻习近平总书记关于深入学习党史、新中国史、改革开放史、社会主义发展史的重要指示精神，推动全体村民知史爱党、知史爱国。

2020年9月，自治区地方志编委会援建新疆历史文化长廊，长廊位于村委会大门口右侧，长70米。长廊从序言（中华视野中的新疆地区历史）开始，由“先秦至秦汉时期”至“走在中华民族伟大复兴道路上的新疆”等25个板块组成，以图文并茂的方式，以汉文和维吾尔文两种文字记述，从专业的角度向村民及路人游客展示了一幅新疆历史文化长卷：新疆自汉代开始正式纳入中国版图，至今已有2000多年。在多民族大一统格局之中，中央政权始终对新疆地区行使着管辖权，新疆地区与中原地区始终保持着密切联系，新疆始终是我国领土不可分割的一部分。生动的画面和丰富的知识使这里成为村民、中小学生了解新疆“四史”的重要载体，也常常吸引许多路人、游客驻足观看。

2020年10月21日，自治区地方志编委会党组书记廖运建主讲，开展“四史”宣传教育，全村党员参加活动。2021年初，依据党中央和自治区党委统一部署，尤喀克库尔巴格村利用党史学习教育活动的契机，进一步深入抓好“四史”学习教育，引导广大村民特别是青少年弄清楚中国共产党为什么“能”、马克思主义为什么“行”、中国特色社会主义为什么“好”等基本道理，坚定不移听党话、跟党走，自觉做中国特色社会主义的坚定信仰者、忠实实践者。2021年7月1日，全体党员和入党积极分子80余人举行了庆祝建党100周年活动大会。

2020年9月建成的新疆历史文化长廊（摄于2021年12月）

第二节　实践创新

一、弘扬中华传统文化

尤喀克库尔巴格村坚持以现代文化为引领，发挥村民文化活动中心作用，举办丰富多彩的文化活动。2014年开始，将弘扬中华传统文化作为文化工作的重要任务，村委会通过开展贴春联、学剪纸、学书法、诵读优秀文学作品、迎中秋、学党史等活动，着重用中华民族传统文化传播社会主义核心价值观，引领文明新风尚，真正使中华民族传统文化、中国社会主义核心价值观深入民心。

庆祝传统节日，营造浓厚的文化氛围。2018年9月27日，村委会组织开展"中秋节、农民丰收节暨民族团结一家亲"联欢活动。2018年12月22日，村委会举行"迎冬至一家亲"，庆祝改革开放40周年活动。2020年9月22日，村委会以"庆丰收、迎小康"为主题，组织庆祝第三个"中国农民丰收节"。

寓教于乐，宣传优秀传统文化。2014年9月26日，成立村民文艺演出队，演出队在农闲时每两周排练一次，节目包括歌舞、小品、相声、曲艺、时装表演等。同时，尤喀克库尔巴格村成立农民篮球队，篮球队利用农闲时间，一般每周训练三次。2016年初，开办青年影院，每周为"80、90、00"后播放主旋律电影，开展"去极端化"专题宣讲，增强思想政治工作的精准性和

2019年7月，尤喀克库尔巴格村（曾用名玉斯屯克库尔巴格村）开展道德讲堂活动

有效性。2016年5月13日，新疆文化艺术学校艺术团在村开展传统歌舞慰问演出，村委会组织全体村民参加。2019年2月19日，托乎拉乡“我的中国梦”在尤喀克库尔巴格村开展主题文艺演出，歌舞《大拜年》《姑墨古城我的家》《书韵》《戏曲联唱》、小品《和谐大院》《懒汉脱贫》等受到群众欢迎。2019年5月3日，村委会举行“迎五四 展现青年风采”中国传统文艺表演。

开展体育活动，增强村民体质。2016年3月9日，村委会举办拔河比赛、篮球比赛。2017年2月10日，尤喀克库尔巴格村举行各种文体活动，丰富村民的业余生活。2018年6月11日，“文化夜市”开张，村委会32名青年扭起大秧歌舞。2018年9月，村委会组织开展传统文化活动——扭秧歌。

开展群众国家通用语言（简称“国通语”）培训，提高国家通用语言文字水平。2017年5月至2021年底，村委会、驻村工作队对18～45岁村民进行国通语学习指导。

二、推进社会主义道德建设

2001年9月20日，中共中央印发《公民道德建设实施纲要》指出：社会主义道德建设要坚持以爱祖国、爱人民、爱劳动、爱科学、爱社会主义为基本要求，以社会公德、职业道德、家庭美德为着力点。尤喀克库尔巴格村始终将公民道德建设作为提高全村思想水平的一项重要任务来抓，进一步引导和教育村民弘扬和践行社会主义核心价值观，提升思想境界，转变思想观念，利用微信群、喇叭、宣传橱窗、文化活动室等载体开展宣传教育。通过“暖心大院”预防和化解矛盾纠纷，宣传法律法规和民族政策，倾听群众诉求，解决实际困难，将群众的烦心事变成暖心事。

举行升国旗仪式。2013年3月，按照乡党委的要求，开展定期升国旗仪式，即每月1日或重大节日、举办大型文化活动时，举行升国旗仪式，村第一书记、书记、两委班子、全体党员、入党积极分子、小队长、十户长、宗教人士、群众代表参加升旗仪式。

创办道德讲堂。为增强村民的懂法、用法意识，维护自己的合法权益。2018年9月10日，驻村工作队邀请新疆亚夏尔律师事务所艾孜买提·艾合买提律师为尤喀克库尔巴格村的300余名村民上了一堂道德讲堂暨法律讲座。2019年4月12日，温宿县在尤喀克库尔巴格村召开宣传思想文化工作推进会，与会120余人实地观摩了村“道德讲堂”活动。大家首先听取驻村工作队关于尤喀克库尔巴格村全国文明村创建、文化宣传活动、文体“八支”队伍、全民发声亮剑、道德讲堂及“五好”家庭评选等活动的讲解，并观看了现代舞、扇子舞、水袖舞等“八支”队伍表演。最后，实地观摩了“道德讲堂”活动。

充分发挥妇女在社会主义道德建设中的作用。2016年开始，举办“三八”妇女节系列文体活动,调动妇女参与社会活动的积极性。2016年5月8日,村委会以“家风家教 赞美母亲”为主题,举办“我为母亲送礼物”“我为母亲洗洗脚”庆祝母亲节活动。2018年11月20日,自治区地方志编委会驻尤喀克库尔巴格村工作队和村“两委”班子共同组织全村妇女开展厨艺比赛,来自全村四个小队的60余名群众参加了此次活动。2019年5月12日举办庆祝母亲节大型系列活动,近300名母亲参加。2019年7月31日,根据《自治区“家家幸福安康工程”实施方案》工作要求,尤喀克库尔巴格村发挥妇女两个独特作用,以“小家庭的和谐共建大社会的和谐”为主线,进一步统筹和创新推进家庭文明创建、家庭教育支持、家庭服务提升等工作,推动“家家幸福安康工程”深入开展。开展“家庭学校”进农户及“巾帼心向党、礼赞新中国”群众性宣传教育活动,100余名妇女参加了活动。活动由村妇女主任热汗古丽·肉苏力主持,驻村工作队全程参与。在村委会开展家庭学校培训,把缝纫技术、烹饪技术、美容美发技术、穿衣打扮技巧传授给村里的妇女群众,以点带面,示范带动更多的农村妇女掌握现代文明生活基本常识、技能和礼仪。同时,以妇女之家、农民夜校及远程教育等阵地为依托,通过“巾帼心向党、礼赞新中国”集中宣讲,多形式宣传家国情怀、崇德向善、孝老爱亲、清正廉洁、移风易俗、绿色环保等理念,引领群众远离极端思想,树立文明健康的生活方式。

2018年8月12日,村委会开展“诚实守信道德模范”“见义勇为模范”“勤劳致富典型模范”“孝老爱亲典型模范”“助人为乐道德模范”评选活动。

三、倡导文明生活

自2015年来,尤喀克库尔巴格村以倡导科学文明、绿色健康的生活方式为目标,以村民实际需求为导向,从解决具体问题入手,分类施治、综合提升,努力建设环境优美、规划有序、文明和谐的幸福宜居村。推进移风易俗,规范“四项活动”,婚事新办、丧事从俭,破除陈规陋习,反对铺张浪费。明确要求不得吸毒、赌博,不得参与非法宗教活动、不得违法犯罪,发现有违规现象和违法行为要向村委会报告等。村“两委”班子成员向全体村民承诺,带头遵守有关规定,争做移风易俗的带头人,形成崇尚科学、文明、健康、上进的良好氛围。

2019年10月,尤喀克库尔巴格村成立改善倡导科学文明领导小组,由村“两委”班子抓落实。发挥村规民约作用,保障村民决策权、参与权、监督权,强化村民环境卫生意识,提升村民参与绿色健康整治的自觉性、积极性、主动性。11月11日,村委会为全村32户“美丽庭院”获奖家庭发放流动红旗,并鼓励他们继续保持下去,凡是拿流动红旗3次的家庭,还有额外物资和现金奖励,此项活动得到村民的一致拥护。2020年4月至10月,村委会组织全体党员先后开展5次全村环境卫生大扫除,由党员做示范,带动周边邻居及时清扫房前屋后卫生，打造美丽乡村。7月8日，自治区地方志编委会驻尤喀克库尔巴格村工作队与村“两委”工作人员开展“健康防疫知识进万家”活动，入户开展防控知识宣传。11月，驻村工作队投入1万元购买了桌椅，解决了32户生活困难家庭“睡觉上床、做饭上灶、吃饭上桌”的遗留问题。

建立村干部（双联户长）包片包干、群众“门前三包”和垃圾清运制度，全面推进人居环境综合整治。开展文明餐桌行动。2020年10月3日，村委会组织开展全村党员开展“节约粮食，从我做起”系列活动。让“节约粮食”的理念深入人心，让“从我做起”的行动人人践行，增强了珍惜和节约粮食的意识。至2021年12月，尤喀克库尔巴格村人居环境得到极大改善。安居富民房建设实现全覆盖，道路硬化率超过95%，道路亮化率超过80%，群众出行难、吃水难、灌溉难、环境卫生清扫难等问题得到彻底解决。

四、订立和遵守村规民约

为发挥好村民自治作用，充分调动村民自我管理、自我教育、自我服务的积极性，1998年，村委会制订本村村规民约，作为村民的基本行为规范。此后，根据不同时期工作需要和时代要求，结合村民意愿先后对村规民约进行3次修订完善。2016年10月、2018年6月，村委会在广泛征求全体村民的意见后，将村规民约进行了修订并重新发布。2020年6月，根据温宿县“建设法治农村”的目标要求，开展村规民约修订工作，6月3日，成立村规民约修订领导小组，全面开展村规民约修订工作。在修订之前，专题召开会议，统一村规民约修订思想，确定村规民约修订的时间、步骤、定位等，形成共识。至2020年10月底，完成修订并实施。新的《村规民约》共计20条，涵盖了社会公德、尊法守法、民族团结、集体活动、家庭和睦、邻里关系、移风易俗等方面，起到良好的规范和导向作用。

建立激励机制，规范和引导村民遵守村规民约。2020年9月，村委会、驻村工作队制定实施《村民积分奖励办法》，每月评选优秀村民，给予表彰奖励。至2021年3月，发放7期，合计奖励1.8万余元。

五、建强文化队伍

建设高质量的文化队伍是社会主义精神文明的重要保障。村委会成立村篮球队、文艺宣传队、草根宣讲队、村小舞蹈队，发挥“四支队伍”作用，使文化建设和文化活动常态化。2016年7月1日，村委会成立巴图尔（英雄）篮球队、伊利克（温暖）宣讲队、胡夏丽（高兴）文艺宣传队、古再丽（美丽）模特队、小昆格拉克（小铃铛）舞蹈队，旨在充分发挥这“五支队伍”的作用，引领村民适应现代生活的节奏，踏上现代文明进步的道路。

2016年尤喀克库尔巴格村“五支队伍”人员表

表26

队伍名称	组成人员
篮球队	艾合买提·吐尔地、艾合买提·艾海提、艾尼瓦尔·艾合买提、卡哈尔·赛买提、艾木都拉·达吾提、凯赛尔·吐尼亚孜、库尔班·胡吉艾合买提、卡哈尔·吐尔地
宣讲队	古丽扎旦木·买买提、阿扎旦木·买买提、古丽尼沙·吾守尔、邱格尔·买提斯地克、艾尔西丁·图尔荪
文艺宣传队	阿木提·马木提、阿吾提·毛尼亚孜、阿合尼亚孜·托合提、拜克热·艾买提、阿不拉·阿吾提
模特队	祖丽胡玛尔·乃麦提、阿依努尔·赛买提、玛尔哈巴·萨迪克、阿依古扎丽·艾尼瓦尔、努尔加玛丽·伊斯坎德尔、古丽娜尔·吐尼亚孜、阿娜古丽·艾力
舞蹈队	吐尔逊·黑力力、茹仙古丽·图尔荪、古丽拜克热木·托合尼亚孜、阿孜古丽·阿布都哈力克、阿娜尔古丽·马木提、阿米娜母·阿吾提、阿孜古丽·库尔班、黑热古丽·买买提、祖热古丽·奥斯曼、艾买尔·萨迪克

第三节　示范引领

一、评选表彰典型

2011年，热比汗姆·艾山获托乎拉乡“五好文明家庭”称号。

自2014年起，尤喀克库尔巴格村开展典型模范评选表彰活动，通过示范引领，引导村民向先进看齐，深入推进精神文明建设。2014年3月10日，尤喀克库尔巴格村举行村民大会，表彰2013年先进种植能手、先进畜牧工作者、先进庭院经济工作者，并颁发了奖品。2016年起定期开展“十个好”（“好丈夫”“好媳妇”“好邻居”“好婆婆”“好儿子”“好女儿”“好家庭”“好亲戚”“好致富”“好青年”）道德模范评选活动。2015年起，每年评选十星户（五爱星、法纪星、义务星、科技星、致富星、计生星、新风星、文教星、团结星、卫生星），通过先进模范评选，不断提高村民的思想道德素质，更新观念，摒弃旧风陋习，养成积极向上的精神风貌。2020年，开展“十星文明户”评选活动，艾赛提·吐尔地等17户家庭被表彰。至2021年，合计开展六届“十个好”道德模范评选活动，共评选出道德模范536名（户）。

2016—2021年尤喀克库尔巴格村开展“十个好”活动情况统计表

表27　　单位:名(户)

时间	内容	合计
2016年9月30日	“好婆婆”10名、“好丈夫”10名、“好家庭”20户、“好儿子”10名、“好女儿”10名、“好邻居”10户、“民族团结模范”10户、“好青年”10名、“致富能手”10名、“好学生”10名	110
2017年9月25日	“好婆婆”12名、“好丈夫”10名、“好家庭”41户、“好儿子”9名、“好女儿”10名、“好邻居”14户、“民族团结模范”9户、“好青年”14名、“致富能手”10名、“好学生”14名	143
2018年9月27日	“好婆婆”10名、“好丈夫”10名、“好家庭”41户、“好儿子”10名、“好女儿”10名、“好邻居”10户	91
2019年9月20日	“好婆婆”12名、“好丈夫”10名、“好家庭”41户、“好儿子”10名、“好女儿”10名、“好邻居”14户、“致富能手”10名	107
2020年9月29日	“好家庭”9户、“好婆媳”9名、“好邻居”9名、“好青年”9名、“好儿女”9名	45
2021年12月31日	“好家庭”8户、“好邻居”8户、“好青年”8名、“好婆婆”8名、“好媳妇”8名	40
合计		536

二、先进典型

第一村民小组村民约日古丽·吐尼亚孜,自2016年起至2021年连续6年被评为“好媳妇”,得到全体村民的一致认可。吐尔汗·马木提自己养育了7个儿女,多年来的辛苦,使其患上严重的关节炎、妇科病,约日古丽·吐尼亚孜自2003年和艾赛提·吐尔地结婚以来,就和婆婆吐尔汗·马木提生活在一起,做饭、干农活,数十年如一日,即使在自己怀孕待产的情况下,也每天下地干活,为全家十几口人做饭。2009年,吐尔汗·马木提关节炎特别严重,连炕都下不了,全家都以为吐尔汗·马木提熬不过去了,约日古丽·吐尼亚孜顶着压力,在炕上照顾婆婆吃喝拉撒,在约日古丽·吐尼亚孜的精心照顾下,婆婆的病半年以后神奇地好了。吐尔汗·马木提逢人就说,约日古丽·吐尼亚孜是我的女儿,我是约日古丽·吐尼亚孜的妈妈,我们是最亲的一家人。

第四节　环境美化

一、环境整治

2015年1月，国务院印发《关于进一步加强新时期爱国卫生工作的意见》，就做好新形势下的爱国卫生工作提出明确要求，提出四个领域的重点工作任务：努力创造促进健康的良好环境；全面提高群众文明卫生素质；积极推进社会卫生综合治理；提高爱国卫生工作水平。

2016年3月，村委会根据托乎拉乡爱国卫生创建整治活动安排，成立爱国卫生领导小组，每年开展垃圾清运、污物和杂草清理、除"四害"工作。同时，以每年4月7日世界卫生日活动为契机，组织开展宣传活动，倡导低碳、环保、健康的生活理念，定时清扫村庄主要公路干道、院坝。垃圾处理实行设置固定垃圾池、生活垃圾户集村收的处理模式。通过每年的健康教育巡回宣讲，全球洗手日、世界厕所日、世界卫生日、世界无烟日宣讲等，提倡全村村民从个人抓起，坚决把爱国卫生运动作为身边的日常活动，常抓不懈。

2015年9月25日，尤喀克库尔巴格村开展捡拾废弃农药瓶活动，倡导环保新理念。村干部通过攀谈、聊天的方式向过往的村民讲解环保知识，使村民了解乱扔农药瓶、塑料薄膜对环境造成的污染和破坏，养成良好的劳作习惯。自2016年起，尤喀克库尔巴格村根据县乡统一安排部署，深入推进生活污水和生活垃圾治理工作。2017年5月，村委会专门出资购买垃圾清运车、洒水车各1辆，在村委会和4个小队分别设置一个垃圾船，处理和清运垃圾。

2018—2020年，尤喀克库尔巴格村重点围绕《农村人居环境整治三年行动方案》，下大力气开展农村人居环境集中整治。成立改善村人居环境领导小组，把98户偏远散居户纳入环境治理范围。发挥村规民约作用，保障村民决策权、参与权、监督权，强化村民环境卫生意识。充分利用周一升国旗、干部下沉、干部结亲、"民族团结一家亲"联谊活动等开展宣讲，引导村民增强参与人居环境整治的自觉性、积极性、主动性。2020年4月22日，驻村工作队和村委会组织力量到田间地头拾柴禾，送到贫困户家，一方面整治了环境，避免了柴禾堆积引发的危险，另一方面解决了贫困户生火做饭取暖问题。2020年5月2—7日，村委会开展环境卫生大整治活动，进一步营造干净、整洁、优美的居住环境。全体村民在各自家中开展卫生清洁、植绿护绿、庭院净化美化等劳动。2020年5月22日，由自治区地方志编委会驻尤喀克库尔巴格村工作队、村党员干部组成的先锋队近30人到贫困户吐尼亚孜·买提斯地克家，帮助进行庭院整治，美化人居环境。6月7日，村委会组织村中党员干部组成先锋队，到全村4户贫困户家中开展庭院整治，美化人居环境。对他们房屋里的杂物进行搬运清理，粉刷房屋墙壁，为院前台阶贴砖，将生活区、种植区、养殖区进行铺砖分离等。6月22日，村委会召集村中40余名党员组成党员先锋队，重点治理了8户偏远散居户的庭院环境卫生。

2017年3月，尤喀克库尔巴格村获阿克苏地区卫生示范村称号。

垃圾分类亭（摄于2022年6月）

二、农村改水

2000年，库尔巴格水厂在尤喀克库尔巴格村1小队建成，10月，温宿县农村饮用水改水工程启动，自来水入户管道铺设工程在村展开。影响尤喀克库尔巴格村健康的氟中毒、地甲病、克汀病等地方病逐步消失。2005年开始，尤喀克库尔巴格村开始实施富民安居房改造工程。从2015年4月至2017年9月，尤喀克库尔巴格村的富民安居房分三批全部改造完成，村民住上安心房，喝上清洁的自来水。

三、农村改厕

新中国成立初期，尤喀克库尔巴格村大多数人畜共同生活在一个院子，人无厕、畜无圈现象普遍，痢疾等传染病高发，蛔虫病在儿童中非常常见。1957年，尤喀克库尔巴格村开展以除“四害”为中心的爱国卫生运动，对全村进行卫生大扫除和药品消杀。

1975年，开展以“两管”（管水、管粪）、“四改”（改水井、厕所、畜圈、环境）为中心的爱国卫生运动。1981年，结合“五讲四美”活动，大力开展创建卫生文明村（户）建设，尤喀克库尔巴格村每年均参加温宿县和托乎拉乡组织的各种爱国卫生活动。

1991年，温宿县启动农村卫生厕所普及工作，将之作为解决“三农”问题和为民办实事系统工程来实施。2005年以来，尤喀克库尔巴格村不断建造卫生厕所，采取财政拨款、农户自筹相结合的方式解决资金不足的问题，统一规格、统一规划放样、统一施工队伍、统一组织验收，确保改厕的质量标准。施工结束后，由县乡村干部对卫生厕所进行质量验收，不合格的返工改建。

2016年起，尤喀克库尔巴格村委会以持续推进“小厕所”促进乡村文明进步。将“改厕”工作与富民安居、庭院改造、美丽乡村建设及农村人居环境整治工作同部署、同安排、同推进。坚持卫生厕所标准，积极摸索适合本村实际的改厕类型，做到宜水则水、宜旱则旱，不搞一刀切。稳步开展厕所粪污治理，采取厕所粪污进入污水处理设施、厕所粪污统一收集堆肥处理、厕所粪污经无害化处理后资源化利用等方式，加快推进农村改厕工作。在坚持村民自主自愿原则下，选择连片集中、干部群众支持、村民卫生素质较高的第二村民小组作为示范点，率先推进农村改厕工作，以点带面全面铺开。

2017年，尤喀克库尔巴格村农村总户数314户，卫生厕所57座，普及率18%。2018年，该村在建卫生厕所157户，建成卫生厕所133座，卫生厕所普及率92%。双瓮式无害化卫生厕所42座，沼气式无害化卫生厕所31座。至2019年3月，尤喀克库尔巴格村有卫生厕所310座，其中砖混或一体式成型三格化粪池厕所108座，水冲式小型集中处理系统厕所202座。

2019年3月18日，温宿县召开2019年第一季度基层组织建设暨“访惠聚”驻村工作观摩推进会，实地观摩了尤喀克库尔巴格村“厕所革命”。各乡（镇）分管党务工作的副书记、组织干事，各村（社区）第一书记、工作队队长近200人参加现场观摩。

2021年，全村已建成卫生厕所312座，其中砖混或一体式成型三格化粪池厕所41座，水冲式小型集中处理系统厕所271座。

四、“三区”分离

按照自治区统一安排部署，2015年，尤喀克库尔巴格村开展“三区”（生活区、生产区、养殖区）分离工作。2020年6月，自治区地方志编委会捐资2.18万元为尤喀克库尔巴格村购买水泥40吨，解决了15户贫困户的“三区”分离问题。至2021年，除了22户没有人居住的房屋未开展“三区”分离以外，其余家庭均实现“三区”分离。

第五节　创建全国文明村镇

一、创建申报

全国文明村镇是在全国范围内根据村镇的综合发展情况，通过各级组织层层审核，最终由中央文明委批复认定。截至2020年底，全国已评选了六届全国文明村镇。2009年1月，温宿县托乎拉乡成功创建第二届全国文明村镇。

从2008年起，尤喀克库尔巴格村积极开展争创精神文明先进单位的准备工作。2017年1月，尤喀克库尔巴格村正式开展全国文明村镇的争创工作。

二、创建过程

按照创建全国文明村的标准，2008年初，为丰富群众的精神文化生活，成立村全国文明村镇创建领导小组，确定专门人员，制定各类制度和措施，抓紧做好每周两天的大扫除活动、评选一户一院三区文明家庭、加强环境保护等工作，并将文明工作档案资料按标准归档，对村民进行两次评议，使文明家庭覆盖率达到98%。2006年成功创建温宿县“文明村”。2010年，成功创建阿克苏地区“先进精神文明村”。

2015年以来，尤喀克库尔巴格村两委成立创建工作领导小组，由村支部书记任组长，支部副书记、主任任副组长，其他村干部任成员，分别负责四个小队的争创工作，小队长、副队长及十户长、党员发挥示范引领作用，以此团结带动全体村民开展争创活动。

2017年，尤喀克库尔巴格村全面贯彻习近平新时代中国特色社会主义思想，以发展经济为主线，科学制定村级发展规划，民主决策村内事务，注重保障和改善民生，在生产发展、生态文明等方面取得新成效，圆满完成各项工作任务。2017年9月15日，阿克苏地区八县一市全国文明村创建活动推进会在尤喀克库尔巴格村召开，有力促进尤喀克库尔巴格村全国文明村镇的创建工作。

村党支部在宣传教育、实践养成、示范引领、环境美化四个方面持续发力，精心打造民族团结创建示范点和爱国主义教育基地示范点，精神文明建设工作卓显成效。2014年被阿克苏地区评为卫生示范村、“五好”党支部，2015年被自治区评为党员干部远程教育先进单位，2015年被温宿县评为平安示范村，2016年被温宿县评为先进基层党组织、“五好”村党支部，2017年被评为温宿县“平安村”。

三、创建结果

2017年2月，申报材料报温宿县文明办审核通过，3月报阿克苏地区文明办审核通过，5月报自治区文明办审核通过。2017年11月17日，被中央文明委授予第五届全国文明村镇称号。

2018年7月3日，托乎拉乡在尤喀克库尔巴格村召开全国文明村观摩推进会，乡党政班子成员、各村第一书记、村“两委”班子成员、驻村工作队队员等60余人观摩学习，参会人员在村委会观看了“八支队伍”文艺表演及道德讲堂、五好家庭评选、农牧民夜校等亮点工作展示。尤喀克库尔巴格村的社会主义精神文明建设工作得到广泛赞誉。

2020年12月，尤喀克库尔巴格村顺利通过全国文明村镇复检。

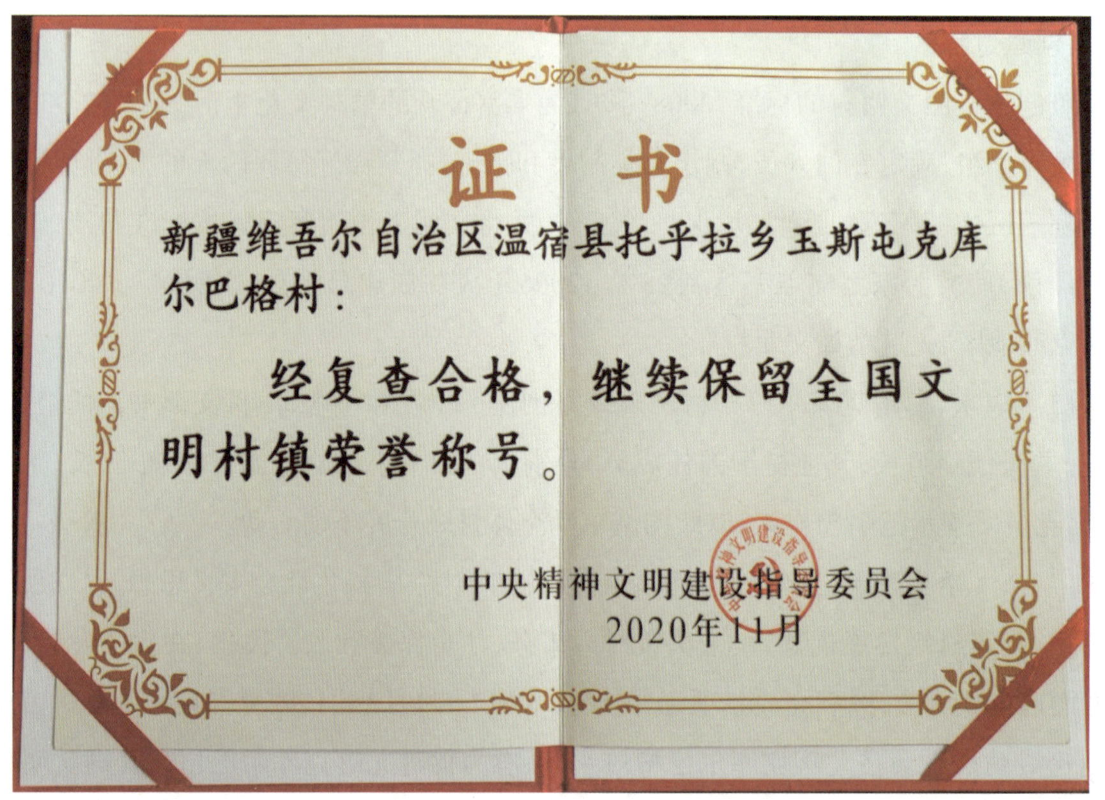
证书
新疆维吾尔自治区温宿县托乎拉乡玉斯屯克库尔巴格村：
经复查合格，继续保留全国文明村镇荣誉称号。
中央精神文明建设指导委员会
2020年11月

2020年尤喀克库尔巴格村（曾用名为玉斯屯克库尔巴格村）经中央精神文明建设指导委员会复查合格，继续保留全国文明村镇荣誉（摄于2022年2月）

第十章　社会民生

随着经济社会发展，尤喀克库尔巴格村居民收入持续增长，消费水平迅速提升，消费观念发生变化，生活质量明显改善。特别是2010年后，以吃用为主的生存型消费成为历史，文化教育、医疗保险等支出逐渐增加，学龄儿童入学率达到100%，大学生、内高班数量和质量逐步提升。2021年，尤喀克库尔巴格村有小学教学点1个，幼儿园1个，有学前教育入园幼儿41名，义务教育阶段小学学生141名，初中学生45名，高中学生27名，大中专及本科以上学生（含中职高职）28名。文化与体育活动形式多样，群众业余生活丰富多彩。农牧民医疗卫生水平明显提高，新型农村合作医疗参与率逐年提高。科学种田提升农产品产量意识深入人心，参与科技培训热情高涨。孤寡与五保户供养体制逐步建立，灾害救济、伤残供养保障有力。

第一节　教　育

一、学前教育

（一）校舍建设

尤喀克库尔巴格村原来没有幼儿园，幼儿在周边学校入园。2015年，为解决尤喀克库尔巴格村幼儿上学难问题，自治区地方志编纂委员会协调争取资金119.6万元筹建一所双语幼儿园。2015年4月，幼儿园开工建设，建筑面积798.57平方米，2015年10月竣工。2016年11月开园。

2016年，自治区地方志编纂委员会协调资金援建的尤喀克库尔巴格村双语幼儿园（摄于2021年12月）

2017年4月，尤喀克库尔巴格村按照温宿县规划，新建双语幼儿园舍一栋，建筑面积978.7平方米，2017年8月竣工。2017年秋季学期，新招收的小班幼儿到统建双语幼儿园舍入园。2019年秋季学期，小、中、大三个班全部搬入新建幼儿园，自治区地方志编纂委员会协调筹建的原幼儿园部分教室给尤喀克库尔巴格村小学教学点教师作办公用房。

2017年，温宿县统一规划建设的尤喀克库尔巴格村双语幼儿园(摄于2021年12月)

2021年11月17日，尤喀克库尔巴格村幼儿园合并到托乎拉乡托万克库尔巴格村幼儿园，幼儿及教师全部顺转，尤喀克库尔巴格村幼儿园闭园。

(二)在园幼儿

2016年11月，自治区地方志编纂委员会协调资金筹建的双语幼儿园开园，招收尤喀克库尔巴格村幼儿及周边幼儿80余名。2017年9月，尤喀克库尔巴格村幼儿园在园幼儿136名，设小班2个，中班2个，大班1个。两个小班有幼儿49名，两个中班有幼儿55名，一个大班有幼儿32名。2018年，在园幼儿158名，其中小班1个，中班2个，大班2个，为幼儿园入园幼儿人数最多的一年。

2019年6月，毕业幼儿68名。秋季，在园幼儿98名，设小中大三个班，幼儿数分别为18名、33名、47名。2020年6月，幼儿园有幼儿94名。2021年秋季，设小、中、大各1个班，在园幼儿41名。

2018—2021年，幼儿入园人数逐年下降。主要原因是随着经济社会发展，人民生活逐渐富裕，群众生育观念和教育理念发生变化，入园适龄幼儿开始减少，幼儿转入乡中心幼儿园或县城私立幼儿园现象逐渐增多。

(三)公用经费

2016年8月30日，尤喀克库尔巴格村幼儿园开园，阿克苏地区按每所幼儿园15.6万元补助标准统一配备教学、生活辅助及活动设施设备，幼儿学杂费、课本费、生活费全免。

2016年，公用经费补助600元/年，幼儿保育费500元/年，幼儿伙食补助1450元/年，伙食一餐两点（午餐、早晚点心），平均4.2元/日·生。取暖费补助120元/年，幼儿免费读本130元/年，五项共计2800元/年。2018年，幼儿伙食补助标准提高到6.6元/日·生。2021年11月，伙食标准继续提高，涨至8.15元/日·生。

（四）教师

2016年10月，新疆维吾尔自治区党委、人民政府启动南疆学前双语教育干部支教工作，首批选派3000名干部赴南疆四地州农村幼儿园开展支教，自治区区直机关单位选派1200人，南疆四地州及各县市选派1800人。2016—2021年，按照自治区党委、政府安排，自治区地方志编纂委员会每年均选派干部到阿克苏地区温宿县托乎拉乡尤喀克库尔巴格村幼儿园开展学前双语教育支教工作，6年共派出干部支教12人。

2016年11月，自治区地方志编纂委员会选派两名干部到尤喀克库尔巴格村幼儿园支教。2017年秋季，尤喀克库尔巴格村幼儿园有教职工10名，其中，园长1名，专任教师3名，保育教师3名，支教教师3名。2018年，有教职工16名，其中，园长1名，专任教师6名，保育教师6名，支教教师3名。2019年，有教师12名，其中,园长1名，专任教师4名，保育教师4名，支教教师3名。2020年，有教师10名，其中，园长1名，专任教师3名，保育教师3名，支教教师3名。

2021年，有教职工11名，其中，园长1名，专任教师4名，保育教师3名，支教教师3名。

2016—2021年自治区地方志编纂委员会支教人员情况表

表28

姓名	性别	族别	支教时间	备注
哈丽达·哈的尔	女	维吾尔族	2016.11—2018.6	
胡建峰	男	汉族	2016.11—2018.6	新遴选
刘 铖	男	汉族	2017.9—2018.6	新招录
赵燕秋	女	汉族	2018.9—2019.6	
加米拉·阿不拉	女	维吾尔族	2018.9—2019.6	
俞 静	女	汉族	2018.9—2019.6	新招录
吴佩昀	女	锡伯族	2019.9—2020.12	
齐俊生	男	汉族	2019.9—2020.12	
孟庆姣	女	汉族	2019.9—2020.12	新招录
邓兆勤	女	汉族	2021.3—2021.12	
俞 静	女	汉族	2021.3—2021.12	
木尼拉·艾沙	女	维吾尔族	2021.9—2022.6	新招录

(五)学制课程

2016—2021年,尤喀克库尔巴格村幼儿园实行三年学制,按年龄分设小班、中班、大班。课程设置涵盖语言、科学、数学、健康社会、艺术五大领域,共有3本教材,3本教材分别是语言、科学与数学、健康社会与艺术。根据幼儿特点,一般小班每周6~8节课,每节课时10~20分钟;中班每周10~11节课,每节课课时20~25分钟;大班每周开设12~13节课,每节课课时25~30分钟。

(六)教学

2014年,阿克苏地委、行署联合印发《关于进一步加强双语教育工作,提高教育教学质量,积极推进素质教育的决定》,坚持从娃娃抓起、从领导班子和教师队伍抓起、从国家通用语言文字推广普及抓起的工作思路,明确推进双语教育的目标和任务;加大幼儿园管理力度,贯彻落实《3~6岁儿童学习与发展指南》,规范办园行为。随着大批幼教专业的毕业生进入教师队伍,幼儿教育逐步走向正规。

2016—2021年,尤喀克库尔巴格村幼儿园均能按大纲制定工作计划,开展教学工作。遵循保育教育相结合的原则,按计划开设课程,在国家通用语言教学上,特别注重在幼儿心中厚植爱国情怀,注重培养幼儿精神家园,幼儿国通语口语表达能力提升明显。

二、小学教育

(一)校舍

1954年以前,尤喀克库尔巴格村无教学设施。1954年9月,尤喀克库尔巴格村教学点创办,占地面积15539平方米,建筑面积396平方米。校舍为土木建筑,条件简陋,课桌椅凳均不规范,教具、体育用具和图书资料不足。

1987年,改扩建教学点,设两排教室6间,教室为砖混结构的抗震安居房,能做到班班有教室、人人有课桌。

2008年,对教学点进行大范围加固维修,硬化面积814.62平方米,拆除和清理危房150平方米,加固维修120平方米,桌椅维修刷漆50套,硬化篮球场等650平方米,配备体育、美术、音乐、劳技等器材和图书折合人民币20000元。2021年,教学点有篮球场、乒乓球场、足球场、排球场等体育活动场所。

2022年2月,尤喀克库尔巴格村小学教学点合并到托乎拉乡中心小学。

尤喀克库尔巴格村小学教学点(摄于2020年10月)

(二)在校学生及教师

1954年以前,尤喀克库尔巴格村小学生在成立于1942年的托乎拉小学就学。1954年9月,尤喀克库尔巴格村教学点创办后,本村学生周边村部分学生在教学点就学。

1990年,有班级6个,在校学生91名,均为少数民族学生,教职工6名。

2006年,实行新的农村义务教育经费保障机制,农村义务教育经费大幅增加,保障水平大幅提高,“两免一补”政策的实施使尤喀克库尔巴格村送孩子上学的积极性得到极大调动,许多在家务农的孩子重新走进了课堂,入学率得到提升,“普九”进程进一步加快。2009年以前,开设1~6年级6个班。

2010年,教学点有班级3个,在校学生52名。2015年,有1~3年级四个班,学生85名,其中含2个幼儿班,有教师8名。2016年,有学生85名,教师13名。2020年,设1~3年级,有学生84名,教师8名。

2021年,尤喀克库尔巴格村教学点有1~3年级3个班,教师8名,学生84名。2022年2月,尤喀克库尔巴格村教学点合并到温宿县托乎拉乡中心小学后,学生、教师一并顺转。

(三)课程

2001年,温宿县小学实施素质教育。各学校根据实际,开设劳动技术教育课,建立“以学生为主体、教师为主导、操作训练为主线”的教学模式,让学生劳动实践,动手动脑。开设音乐、绘画、手工制作、书法、舞蹈、写作、武术、珠算、心算等特色班(第二课堂)。

2005年，按照自治区教育厅颁布义务教育课程设置方案和阿克苏地区安排，尤喀克库尔巴格村教学点设语文、数学、汉语、科学、品德与社会、体育、音乐、美术、综合实践活动、地方与校本课程等11门课。

2010年，国通语课在每周原有课时（一、二年级4课时，三年级5课时）基础上新增3课时（一、二年级增加2课时）。在课程内容设置上，加强课程内容与学生生活以及现代社会和科技发展的联系，关注学生的学习兴趣和经验，精选终身学习必备的基础知识和技能。

（四）“两免一补”政策执行

根据《国务院关于进一步完善城乡义务教育经费保障机制的通知》精神，自治区结合新疆实际建立城乡统一，重在农村的义务教育经费保障机制，大力推进教育管理信息化。在自治区范围内对城乡义务教育学生免除学杂费、免费提供教科书，对家庭经济困难寄宿生补贴生活费（统称“两免一补”）。免费教科书资金由中央、自治区按比例承担。

2003年，温宿县实施“两免一补”政策。县教育系统对中小学贫困生进行全面摸底，摸清底数、建档立卡并严格按照补助标准进行申报、审批，最大限度做到受助对象一个不漏。

2006年，温宿县按上级“两免一补”有关规定，根据自治区下发的预算和摸底调查数据完成专款分配预算。是年秋季，尤喀克库尔巴格村教学点纳入“两免一补”范围。

2021年，尤喀克库尔巴格村教学点无寄宿生，公用经费补助600元/年，取暖费105元/年，免除教材费90元/人，营养餐改善补助每人800元/年，校服补助87元/年，五项合计1682元/年。

（五）免费营养改善计划

2012年秋季学期开始，阿克苏地区新和县财政自筹资金在地区率先实施“免费午餐工程”。2013年春季学期，乌什县、柯坪县被列为自治区第二批农村义务教育学生营养餐改善计划试点县，补助标准为每生每天3元，全年每生600元。2014年11月始，自治区试点县补助标准提高至每生每天4元，全年800元/生。

2016年秋季学期，温宿县等7个县市义务教育学生营养餐改善计划纳入试点范围；是年11月，教学点实施免费营养改善计划，补助标准为每生每天4元。

2021年，教学点营养餐改善补助800元/人·年。

三、捐资助学

（一）尤喀克库尔巴格村捐资助学

尤喀克库尔巴格村历来重视教育，通过各种方式对本村学生予以资助。2010年，村委会对考上中专的学生每人奖励500元，考上大学的学生每人奖励1000元。对其他学生的资助标准为：升学的学生支付500元/人，内高班学生支付500元/人，新疆初中、温宿高中和阿克苏高中读书的学生250元/人。

1954年小学教学点成立、2016年尤喀克库尔巴格村幼儿园开园以来，尤喀克库尔巴格村加大了义务工和财力的投入。2008年，支出18900元用于改善学校教学和环境建设。为学校操场铺砖硬化支出20000元。为配合"两基"工作，为参加达标考试的文盲免除2个月的义务工。教学点有需要人工帮助的，及时安排义务工加强教学点建设。

2016年6月3日，尤喀克库尔巴格村土地承包大户李新安给教学点捐助10套办公桌。

（二）自治区地方志编纂委员会驻村工作队捐资助学

2014年访惠聚驻村工作开展以来，自治区地方志编纂委员会驻村工作队为幼儿园和小学教学点孩子们的健康成长创造条件，每年举行各种文艺活动和捐资助学活动，每年六一儿童节来临之际，均举办各种庆祝活动，为孩子们准备各种礼物，让爱国之情、民族团结之花在孩子们心中生根发芽。

2016年5月27日，自治区地方志编委会驻村工作组协调、购买20套舞蹈专用服装和58套民族特色服装给尤喀克库尔巴格村教学点。5月31日，工作组与尤喀克克库尔巴格村“两委”共同举办庆祝“六一”儿童节联欢会，为85名学生捐赠书包。9月9日，工作组向13名教师赠送了台灯、剃须刀等礼品。

2018年5月28日，驻村工作队出资3000余元，捐献50套书包、文具盒、铅笔等学习用品。2019年5月31日，工作队为200余名小朋友送上节日礼物，价值3000余元。

（三）其他社会捐资助学

2020年7月，驻村工作队联系企业向托乎拉乡中学捐赠20套床，价值6000元。

2020年9月7日，浙江省到温宿县托乎拉乡开展希望工程助力脱贫攻坚行动，为3名学生发放助学金3000元。

2020年11月，驻村工作队协调阿克苏地区慈善总会为尤喀克库尔巴格村教学点和幼儿园捐献体育用品、学习用具等共200套，合计6万元。

2021年12月，驻村工作队协调阿克苏地区慈善总会为尤喀克库尔巴格村捐献篮球、足球、羽毛球拍、乒乓球拍、书包等运动器材、学习用具等100套，合计3万元。

四、成人教育

冬学。1951年，温宿县农村各区配合减租反霸和民主建政，利用冬闲开班冬学，结合形势教育学习文化。尤喀克库尔巴格村冬学由小学教师、有文化的农会会员等担任教员对村民进行教学。

识字班。1955年，温宿县城乡推广速成识字法，集训132名高小毕业生为教师。办乡村识

村幼儿园、小学教学点举行“六一”活动（摄于2018年6月）

自治区地方志编纂委员会驻村工作队为村学生捐赠学习用具（摄于2018年5月）

字班116个，学员3944人。各乡村学校教师在各自学校办识字班86个，学员3026人。尤喀克库尔巴格村以农业社或学校为中心，在农闲组织学习，每班时间为30～40天。

扫盲教育。1949年中华人民共和国成立前，1936年，温宿县扫盲班开办。初由维吾尔文化协会经办，后由中心学校及国民学校分设扫盲班，学校教师兼课。中华人民共和国成立后，1956年，温宿县成立县扫盲委员会，办扫盲班235个。1965年，共办扫盲班1098个，脱盲4019人，尤喀克库尔巴格村均参加扫盲班学习。20世纪80年代，温宿县委、县政府把扫除文盲列为重要议事日程，认真贯彻执行《义务教育法》《扫盲条例》，发布《普及初等教育和扫除文盲的通令》，制定六定（定领导、定教员、定学员、定学习时间、定经费、定教材）、一奖惩（脱盲乡奖电视机1台，脱盲村奖现金100元，脱盲率达不到80%的村罚款30元）的扫盲制度，县乡村干部采取层层包干办法，把思想教育工作与必要的制度措施结合起来，有力地推动了扫盲工作的进程。尤喀克库尔巴格村全程积极参与县乡举行的各种扫盲活动。1985年4月—1986年4月，温宿县委县政府先后对全县1镇9乡12个农林牧场扫盲工作进行验收，对表现突出的8个乡场进行奖励。1986年11月，自治区教育厅在温宿县召开扫盲检查验收总结大会，给温宿县颁发普及初等教育扫除文盲合格证书和锦旗。

2001年，阿克苏地区将扫盲工作纳入各级领导干部任期目标责任制，采取双线承包办法落实扫盲工作，实行扫盲工作“一票否决制”。联合举办乡（镇）干部扫盲专干培训班，抽调相关部门干部下乡指导扫盲工作。托乎拉乡利用“科技之冬”培训班、农牧民文化技术学校、乡村文化室和各类文化夜校开展扫盲工作，通过广播、电视、悬挂横幅、张贴标语，宣传扫盲对科教兴县（市）兴农的重要意义。举办扫盲班、脱盲人员巩固班、小学文化补习班，联合科技机构送教到基层、田间，方便农民学习文化、技术。每期培训严格实行考勤制度，统一命题组织考试，考试合格后给脱盲人员（包括流动人口）颁发脱盲证。尤喀克库尔巴格村非文盲率99.3%，复盲率3.5%以下。

2016年，全村青壮年农牧民培训率97.3%。15~50周岁青壮非文盲率99.99%。扫盲工作进入巩固提高阶段后，科技培训、职业培训、富余劳动力培训特别是国家通用语言文字培训成为农牧民培训工作的重心。

2016年11月26日，尤喀克库尔巴格村（曾用名为玉斯屯克库尔巴格村）举办团员及青年双语培训班

国家通用语言培训。2014—2021年，自治区地方志编纂委员会驻村工作队把国家通用语言培训当成一项持之以恒的工作来抓，制定《国家通用语言村干部班培训方案》《国家通用语言初级班培训方案》《国家通用语言中级班培训方案》，通过赠送

书籍，开展国通语大比拼等活动，进一步提高村干部和村民国家通用语言水平，促进村民学习国家通用语言的积极性和主动性。

2019年，驻村工作队组织国家通用语言培训初级班，每月4次，11个月开展培训44次。2019年，在温宿县对各乡镇干部群众国家通用语言达标情况统计中，尤喀克库尔巴格村村两委干部、村民(含村级储备年轻干部)共631人，达标人数507人，达标率80%。

2020年，尤喀克库尔巴格村共举行国家通用语言初级班培训22次，中级培训班30次。

2019年尤喀克库尔巴格村干部、群众国家通用语言达标情况统计表

表29　　单位：人、%

乡镇名称	类别	实有人数	达标人数	未达标人数	达标率
托乎拉乡尤喀克库尔巴格村	村“两委”干部	5	4	1	80
	村民(含村级储备年轻干部)	631	507	124	80

第二节　科　技

1996年，中共中央宣传部、国家科委、农业部、文化部等十部委联合下发《关于开展文化科技卫生三下乡活动的通知》，1997年，“三下乡”活动在全国正式开展。科技下乡包括科技人员下乡，科技信息下乡，开展科普活动等。

一、科技普及

1987年以前，温宿县电影院和托乎拉乡电影院在放映故事片前，大多加映科教片进行科普宣传。1987—1990年，县乡科协放映《稻乡新貌》《水稻盘育机插技术》等影片，在生产季节放映，收到较好效果。

2003年以后，托乎拉乡每两年召开一次科技大会、科技工作联席会议等，对科普工作进行具体部署。2011—2013年，托乎拉乡陆续开展科技特派员送技术现身说法、科技宣传等活动，发放各类宣传材料2000余份，尤喀克库尔巴格村参加宣传工作5次。

二、科技培训

温宿县乡科协成立以前，由农业部门负责农牧民技术培训。1957年，温宿县举办农业技术员和会计员培训班，训练农作物栽培技术员673名，农机手87名，饲养员98名。1966年6月，在托乎拉公社二大队举办水稻插秧比赛，有150名插秧能手参加，尤喀克库尔巴格村村民参加比赛和观看学习。

1979—1990年，县乡科协有组织有计划抓农林水牧、农机、渔业等专业技术培训，采取长期与短期、集中与分散、农忙与冬闲相结合的方式，举办各种类型的技术培训班。托乎拉乡成立科技文化学校，坚持常年培训农牧业技术人员，尤喀克库尔巴格村有的农民参加技术培训达5次。1989年，尤喀克库尔巴格村被温宿县科协命名为“科普文明村”。

2001年后，托乎拉乡结合农村技术进步和农牧民对农业技术的需要，每年协调组织实施科技之冬活动。开展农牧民冬季科技培训，使实用新技术、新成果、市场信息得到应用和宣传。培训主要采取集中培训、示范培训、外出参观、考察培训、组织科技人员进村入户、蹲点培训等形式，根据群众实际需要确定授课内容 。

2017年3月26日，新疆农科院4名专家到尤喀克库尔巴格村为200余名群众现场讲授林果业科技知识。授课内容包括：清源管理、水肥管理、病虫害防治等核桃种植全过程管理技术。4月13日，尤喀克库尔巴格村邀请托乎拉乡农业技术员为村民讲解复合肥的使用方法。

2016年12月12日，尤喀克库尔巴格村举办“农牧民夜校”惠民政策宣传培训班

2018年，尤喀克库尔巴格村参加托乎拉乡组织的农用实用技术培训项目3批33人。5月6日，尤喀克库尔巴格村邀请核桃种植技术专家为村民开展核桃嫁接技术培训。2019年，尤喀克库尔巴格村参加托乎拉乡组织的短期技能培训班、劳动力技能培训班、农业实用技术培训班、致富带头人培训班共四批12人。2019年，尤喀克库尔巴格村邀请专家召开核桃、水稻、玉米种植和无人机喷洒农药现场会15场次，培训群众4000余人次 。

2020年，尤喀克库尔巴格村参加托乎拉乡组织的农业实用技术培训班，致富带头人培训班

10人。2020年5月6日，尤喀克库尔巴格村邀请水稻技术专家深入田间地头为村民开展水稻栽培技术培训，参加培训人数80余人。

2021年，尤喀克库尔巴格村参加农村劳动力技能培训班24人，其中，劳动力全覆盖培训20人，农业实用技术培训4人。

三、田野大讲堂

2014年访惠聚工作开展以来，自治区地方志编纂委员会驻村工作队通过邀请专家、专业技术人员、致富带头人、村民代表等到田间地头围绕果树、水稻栽培管理、病虫害防治，果树科学施肥、林果产业及发展技术等内容对村民进行现场知识培训。

2020年，驻村工作队根据作物生长时令和特点，针对林果种植与管理当前需要重点关注和处理的问题，邀请技术人员在田间地头有针对性开展现场“田野大讲堂”培训，被村民称为“及时雨”，为林果种植提质增效打下基础。“田野大讲堂”围绕核桃水稻种植施肥、水稻种植技术与管理、核桃采摘后的管理技术、秋冬季林果业田间管理、秋冬季植树造林、农药化肥的减量增效等专题开展培训20余次，参加培训人数2000余人次。

田野大讲堂——核桃水稻种植施肥知识培训（摄于2021年3月）

四、科技示范户

2020年11月，为推动科技普及，提高生产效率，经村科技示范户评选小组推荐，村两委商议决定，授予吐尔地·毛尼亚孜等21位同志“科技示范户”荣誉称号。名单附后。

第三节　文化体育

一、文化体育活动场所

1990—2021年，尤喀克库尔巴格村文化活动场所，有综合文化服务中心、农家书屋、党建文化活动室、方志文化一条街、文化广场等。

（一）综合文化服务中心

2002—2003年，温宿县采取“财政补一点，乡村筹一点，单位助一点”方式，筹集资金800余万元，按照“四室两场”（图书阅览室、电教室、广播室、综合活动室和篮球场、排球场）要求，遵循风格迥异、布局合理、简洁实用的特点，实行统一规划、统一施工、统一采购、统一使用，保证每个宣传文体活动中心建筑面积340～780平方米，并有与之相配套的活动设施，适应新形势下文化活动多样化需要。

2002年4月，尤喀克库尔巴格村投资39万元建成活动中心一个，含会议室、活动室、图书阅览室等，结构为砖混。活动中心占地面积1280平方米，建筑面积390平方米，其中会议室80平方米，阅览室64平方米，卫生室75平方米，资金来源为县财政拨款10万元，县直对口单位援助10万元，乡政府援助10万元，村集体经济筹款9万元。图书阅览室藏书1400余册，党报党刊和农业资料14种。

2015年，由托乎拉乡统一规划，拆除原活动中心点建成多功能综合文化服务中心，室内建筑面积580平方米，内设文化活动室、电教培训室。电教室配有电视、VCD、扩音器等设备，其他各项配套设施齐全。服务中心开展基本服务活动项目包括节庆日、民族团结等文艺演出，各类群众性文化体育活动，读书看报，收看广播，观看电视，农村电影放映，政策法规法律、健康知识、科技知识等的培训，书法、摄影、农民画等展览展示以及数字化服务。综合文化服务中心加挂村习近平新时代中国特色社会主义思想讲习所，广播电视农村公共服务点，新时代文明实践站等牌子。

2015—2021年，综合文化服务中心组织各类活动350余次，其中，2021年2月12日，组织法律法规培训，3月19日，放映电影《闪闪的红星》，3月25日，放映电影《慈祥的妈妈》。

2015年新建的尤喀克库尔巴格村综合文化活动中心(摄于2021年5月)

（二）村民活动中心广场（篮球场）

2002年，尤喀克库尔巴格村有村民活动中心广场一个，面积600平方米。活动中心广场先后经过2016年、2020年两次改扩建，扩建后面积900平方米，共花费资金13万元，资金来源村集体经济。2021年，活动中心广场有篮球架两个，活动中心广场兼具篮球场功能。村户外大型活动均在活动中心广场举行。

经过两次改扩建后的村民活动中心广场(摄于2021年11月)

（三）农家书屋

2020年11月建成，为尤喀克库尔巴格村村委会改建项目，地点村委会小会议室旁，面积35平方米，有藏书1200余册，图书内容包括哲学、法制、果树栽培、养殖业、综合性图书、儿童文学及各种光碟、期刊，图书开放日为每周星期三 。农家书屋加挂尤喀克库尔巴格村青年之家、代表联络站牌子。

2020年11月改建的农家书屋

（四）方志文化一条街

为宣传党的方针政策、铸牢中华民族共同体意识，深入开展好文化润疆进乡村，传播文化感党恩，2020年，自治区地方志编纂委员会驻村工作队倾力打造方志文化一条街。方志文化一条街以尤喀克库尔巴格村民委员会为中心，向左右两侧辐射，东西长约600米，涵盖方志广场、徽式顶棚农民画、新疆历史文化长廊、方志集市、稻香亭等。

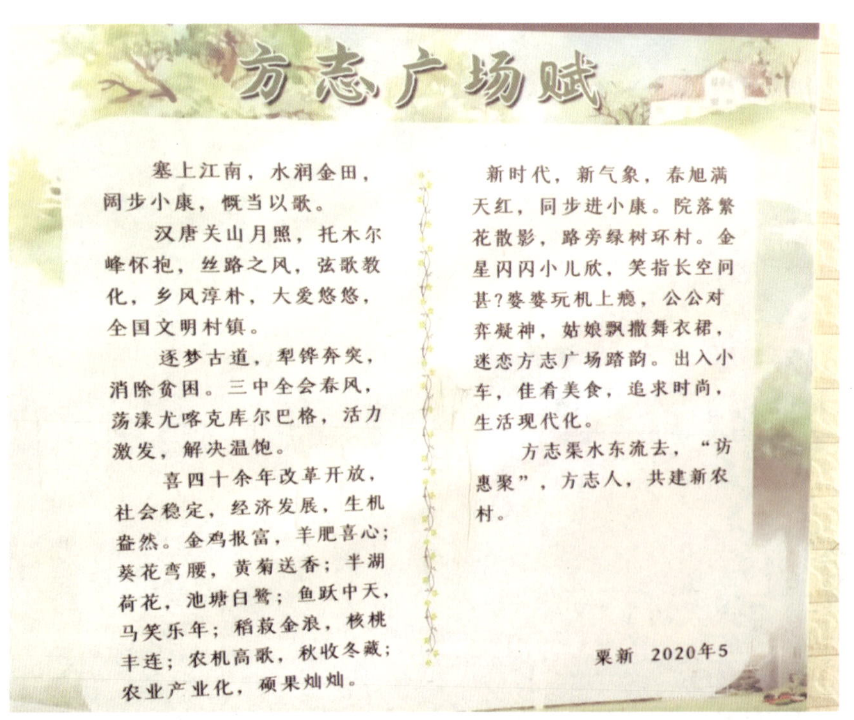

2020年阿克苏地区地方志办公室主任粟新创作的《方志广场赋》

方志广场。方志广场位于村委会和村一组交界处，为改建工程，2020年3月动工，7月竣工。现有木栈道三条，亭子一座，秋千若干，改造资金两万余元，资金来源自治区地方志编纂委员会。一组村民依托方志广场优势，租用紧邻方志广场民房建成农家乐一个。农家乐外墙有尤喀克库尔巴格村概况和《方志广场赋》，方志广场由自治区地方志编纂委员会投资2万建成。

2020年8月，孩子们在方志广场游玩

徽式顶棚农民画。徽式顶棚农民画起点为方志广场旁的农家乐，终点为村委会正对面凉皮店门面房，全长约100米，共有农民画25副，涵盖爱国、爱党、民族团结、人民幸福奔小康等内容，农民画顶棚为徽式特色，2020年8月竣工。

2020年8月建成的徽式顶棚农民画

新疆历史文化长廊。新疆历史文化长廊由25块展板组成，位于尤喀克库尔巴格村委会大门右侧，与徽式顶棚农民画隔路相望，遥相呼应，2020年9月竣工。由中华视野中的新疆地区历史，新疆地区纳入祖国版图的进程，新疆地区在大一统格局中的动荡与融合，新疆地区在大唐盛世中的繁荣，新疆地区割据政权浓厚的中国一体意识，新疆地区融入中华一体程度的加深，新疆地区在统一多民族国家中的曲折发展，新疆地区汇入洪流、走向光明，走在中华民族伟大复兴道路上的新疆九个部分组成。为群众正确认识和了解新疆历史，对增强各族群众的“五个认同”，自觉维护民族团结和国家统一具有重要意义。

稻香亭。稻香亭位于村委会大门西面，亭子前面配套小喷泉。与之相连的有休闲文化长廊等，共投入4万元，2020年11月竣工。

二、文化体育活动

（一）节庆文化体育活动

尤喀克库尔巴格村每年举办三八国际妇女节、五一劳动节、五四青年节、六一儿童节、中秋节、十一国庆节等节庆文化体育活动。

2014年9月26日，成立村民文艺演出队，演出队在农闲时每两周排练一次，节目包括歌舞、小品、相声、曲艺、时装表演等。2016年8月12日，尤喀克库尔巴格村成立农民篮球队，篮球队利用农闲时间，一般每周训练三次。

2016年3月8日，尤喀克库尔巴格村文化夜市开张

2016年3月8日，尤喀克库尔巴格村开展文化夜市活动。2018年6月11日，尤喀克库尔巴格村文化夜市再次重启。文化夜市从6月持续到10月底，每周日举办一次，时间为21:30—23:30。文化夜市举办各类体育赛、歌手赛、国通语读报赛、唐诗朗诵会等多项活动。

2016年3月9日，尤喀克库尔巴格村举行篮球比赛

2016年3月9日，尤喀克库尔巴格村举行拔河比赛

2016年8月12日，尤喀克库尔巴格村成立篮球队

2017年2月10日，尤喀克库尔巴格村举行各种文体活动

2018年9月27日，尤喀克库尔巴格村开展“庆国庆迎中秋”活动

2019年10月3日，尤喀克库尔巴格村举办庆祝中华人民共和国成立七十周年文艺晚会，有现代舞蹈队、秧歌队、扇子队、快板队、国通语合唱队等8支队伍表演的集体舞、现代舞、歌曲、小品、麦西来甫等。

2019年7月7日，举行返乡学生暨“民族团结一家亲”联谊活动

（二）传统民间活动

2000年前，冬季农闲的时候，尤喀克库尔巴格村民委员会邀请周边村的村民举办叼羊、斗羊、斗狗、斗鸡、荡秋千等活动。2000年以后，这些活动逐渐变少。

（三）儿童游戏

尤喀克库尔巴格村少年儿童的游戏种类比较多，其中独有特色的是叶坎游戏。其玩法类似于足球，孩子们分两队，每队有4～5个孩子，踢某一个孩子的皮帽，一方能踢到另一方的边界就算赢，不能抱着帽子跑。

（四）文化下乡与中华民族一家亲文化下基层

文化下乡。1996年，中央十部委联合下发《关于开展文化科技卫生“三下乡”活动的通知》。1997年，“三下乡”活动在全国正式开展。文化下乡包括图书、报刊下乡，电影电视下乡，开展群众性文化活动等。1998年，温宿县贯彻落实全国农村电影工作会议精神，2000年后，尤喀克库尔巴格村群众一个月能在本村观看一场电影。

2004年，温宿县组织电影公司、文工团开展送电影、送文艺下乡活动，放映电影2378场，此后每年均有各种形式和内容的文化下乡活动。2010年，放映电影科教片35场，爱国主义电影70场，指导乡村开展活动200余场，送书活动7次，送书1400册。

中华民族一家亲文化下基层。文化下基层是国家民委按照中央关于服务基层、服务群众的要求，面向边远民族地区基层群众开展的一项活动，包括送戏、送书、送报刊、送医药等内容。

2011年，自治区采取政府购买演出机制，鼓励基层艺术表演团体开展面向基层、面向各族

2015年4月13日，新疆艺术歌剧团“三区”文化援助活动服务队在尤喀克库尔巴格村举办活动

2016年5月13日，民间艺人百日文化广场巡回演出活动在尤喀克库尔巴格村举行

群众的公益性演出。各类形式的文化盛宴进一步惠及各族农村群众。2016年5月13日，新疆文化艺术学校艺术团到尤喀克库尔巴格村开展慰问演出，全村800余人观看演出。演出包括国家惠民政策和民族团结进步年活动问题抢答、舞蹈、声乐、乐器等各类节目20个。演出结束后，艺术团副团长和节目导演组导演对村演出队节目进行了现场指导。2016年5月13日，温宿

县第15届百日文化广场巡回演出在尤喀克库尔巴格村展开。演出由温宿县民间艺人自发组织，县统一管理，演出节目包括舞蹈、民间艺术、民族团结小品等。

2017年后，随着时代发展，电视节目和网络的普及村民接受各种信息途径多样化，文化下基层活动频次逐年减少。

（五）文化产业培训

2016年8月11日，尤喀克库尔巴格村阿斯亚木民族手工绣品农民专业合作社获批成立。8月12日，尤喀克库尔巴格村召开合作社成立大会暨授牌仪式，会议宣读了绣品合作社51名刺绣成员名单。9月21日，尤喀克库尔巴格村举行阿斯亚木民族手工绣品农民专业合作社揭牌仪式暨培训班开班仪式。9月22日，阿克苏地区特别职业培训学校教师对11名绣女进行培训，培训周期40天。

举办刺绣比赛，图为优秀作品展览（摄于2014年8月）

民族手工绣品农民专业合作社揭牌仪式暨培训班开班（摄于2016年9月）

第四节　医疗卫生

一、村卫生室

1949年中华人民共和国成立前，温宿县城仅有一家简陋的官办卫生院，乡镇无医疗机构。

中华人民共和国成立后，温宿县医疗卫生防疫、妇幼保健和爱国卫生机构在城乡发展起来，医疗卫生条件逐渐改善。1958年，托乎拉乡卫生院建院，尤喀克库尔巴格村村民一般到乡卫生院看病。

1990年，尤喀克库尔巴格村新建卫生室一个，条件简陋，有保健员一名，不接诊病人，主要工作为疫苗接种。1996年，村卫生室有工作人员一名，主要工作为疫苗接种和接诊病人。病人诊疗给药一次上限5元。1990—2013年，卫生室在原址先后经过三次翻修。

2014年，阿克苏地区印发乡镇卫生院和村卫生室标准化建设方案。根据阿克苏地区统一规划，在原址新建规范的村卫生室，面积60平方米，有工作人员两名，病床、输液架等设备。2015—2021年，按照房屋设备、人员管理达标要求，村卫生室进行规范化配套建设。药品室、诊疗室、留观室、注射室分离，根据建档需要，配备消毒灯、氧气瓶、血压表、冰箱等。

翻修后的尤喀克库尔巴格村卫生室(摄于2021年7月)

2021年，村卫生室设施、药品更加齐全，基本做到小病不出村。村卫生室主要工作涵盖门诊接诊、精神病管理、结核病管理、老年病管理、孕产妇管理、防疫接种、驱虫药发放等。

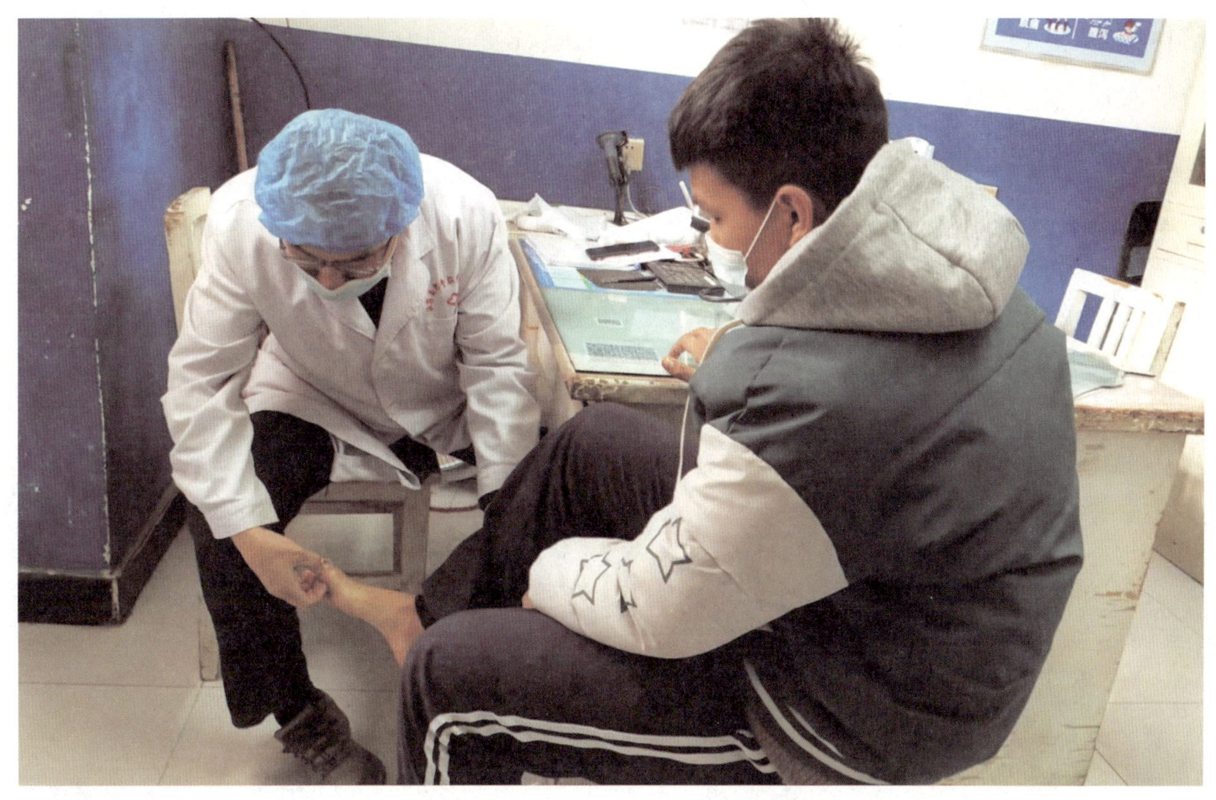

2021年11月13日，村医王世林接诊病人

（一）精神病管理

主要工作是对病人一月两次随访，了解病人基本情况，根据评估情况上报。

（二）结核病管理

主要工作是筛查、发现、上报结核病例，对确诊病人督促服药，分发营养早餐定期随访。

（三）老年病管理

主要工作是对65岁以上“三高”病人、精神异常病人实行一周、半月、1月、3月不定期随访。

（四）孕产妇管理

主要工作是对孕妇妊娠高血压综合症三天一次跟踪随访，对围产期孕妇一天一次随访。2020年，尤喀克库尔巴格村有1名新生儿出生，2021年，有5名新生儿出生。

（五）疫苗接种

主要工作是对0～7岁儿童的集中免疫接种。

2016年开始，村卫生室配合托乎拉乡卫生院组织65岁以上村民每年进行一次体检。2016年12月24日，村卫生室协助托乎拉乡卫生院到尤喀克库尔巴格村对全体村民进行普外科、心电图、B超，血常规检验等工作，1192人享受到全民免费体检的医疗惠民政策。

2018年开始，对高血压、糖尿病、冠心病、脑卒中患者每年组织复查，1—3月组织一次随访，并建立村民健康档案。2015—2021年，每年组织全体村民进行一次全民体检，医护人员到村给村民发放宣传资料通知单，进行普外科、心电图、B超、血常规检验，让村民享受全民免费体检的医疗惠民政策。

2010年，村医王世林被评为"阿克苏地区民族团结先进个人"。

2016年10月22日，尤喀克库尔巴格村全民体检

二、防疫

（一）计划免疫

1953年，温宿县开始计划免疫工作。尤喀克库尔巴格村村民到温宿县城免费预防天花、接种牛痘，注射伤寒、百日咳流脑、小儿麻痹等疫苗。1958年，托乎拉乡卫生院建院以后，村民到卫生院接种疫苗。1978年，温宿县成立县计免协调小组，实行县乡村层层签订的奖罚责任合同，加强计划免疫工作。1987年，全村0～7岁儿童四苗接种率、建卡率均达到85%。麻疹疫苗、三联疫苗、卡介苗注射接种率达90%。1983—1987年，尤喀克库尔巴格村未发生过百日咳、麻疹、破伤风病例。

1990年，村卫生室可以进行部分疫苗接种，全村实行三卡一证制度，按月接种0～7岁儿童，建卡率99%。1993年，开始实施脊髓灰质炎疫苗强化免疫活动。

2004年，根据统一规划部署，尤喀克库尔巴格村乙肝疫苗纳入免疫规划，对适龄儿童进行免费接种并开展麻疹强化免疫活动。2005年，对入托儿童进行查验证，对漏种儿童进行补种。

2021年，全村0～7岁儿童建卡率100%，常规疫苗接种率100%。

(二)地方病与传染病防治

尤喀克库尔巴格村地方病主要有地方性甲状腺肿、地方性氟中毒、布鲁氏杆菌病。流行的传染病主要有乙肝、结核病、痢疾、肠道传染病等。

1979年，温宿县爆发痢疾，发病1397例，1980年再次流行蔓延，患病1107例。尤喀克库尔巴格村根据温宿县统一安排，大搞爱国卫生运动，保护水源，修建厕所，保证环境干净整洁。

第五节　社会保障

一、医疗保险

1962年，尤喀克库尔巴格村实行合作医疗制度。医疗费试行集体与个人共同负担，个人每年缴纳1.5～3元，其余部分从集体资金中提取，公社大队统一收集管理使用。20世纪80年代初，合作医疗停办。1994年，托乎拉乡恢复合作医疗，1996年再次停办。1996年，尤喀克库尔巴格村村民在村卫生室看病，一次连诊带药上限5元。

2002年10月，中共中央、国务院决定实施新型农村合作医疗制度。自2003年起，对中西部地区参加新型合作医疗的农民按每人10元，地方财政每人10元标准补助，个人缴费10元，此后阶梯式调整。

2006年，尤喀克库尔巴格村开始实行新型农牧区合作医疗制度。中央和地方财政各补助40元，个人缴纳10元，最高支付标准由原来的1.5万元提高到2万元，病种药品报销范围扩大。启动新农合补充大病医疗保险，参保人最高可获15万大病医疗保险。2008年，温宿县各级政府对新农合补助标准为每人每年42元，农民个人缴纳18元，人均筹资标准为60元。尤喀克库尔巴格村上交新型农牧区合作医疗保险金共174户800人，合计缴费16020元。

2010年，尤喀克库尔巴格村推行门诊统筹加住院统筹合作医疗模式，各级医疗机构住院报付比例比上年增长5%～10%，住院报付封顶线由上年1万提高到2.1万，大病住院单次费用达4万以上，农民住院实际报销比例超过70%。补偿模式由“住院统筹+家庭账户”转向“住院+门诊+慢性病+重大疾病”统筹模式。2012年，门诊慢病封顶线提高到4000元，增长100%，住院报销比例提高4.8%，达58.8%。人均住院补偿1806元，人均处方补偿32.2元，52种重大疾病列入保障范围。

2021年度尤喀克库尔巴格村慢性病人情况汇总表

表30　　单位：人

各类慢性病人人数										合计
高血压	高血压(肺结核,治愈)	高血压合并白内障	高血压合并糖尿病	高血压合并冠心病	高血压、糖尿病、冠心病、肺结核、风湿性关节炎	冠心病	肾病综合征	糖尿病	精神病	
111	2	1	11	1	1	3	1	8	6	145

2017年,新型农牧区合作医疗与城镇居民医疗保险合并为城乡居民基本医疗保险。居民缴纳医疗保险费历经每年80元、120元、240元、340元。参加医保的村民在村卫生室看病,诊疗给药上限为每次30元,住院报销比例为乡卫生院报销90%,县卫生院住院报销80%,地区住院报销70%,自治区及以上住院报销50%~55%。大病医疗报销上限40万元。慢性病人每人每年给药上限500元,慢病药3000元,比一般病人的药费便宜50%。2018年1月,阿克苏地区印发《阿克苏地区城乡居民大病医疗保险实施细则》,助力精准扶贫,减轻居民患大病时的经济负担。2018年,尤喀克库尔巴格村村民在乡卫生院住院91人次,报销住院治疗费28020.36元,实现贫困人口体检率100%。2020年,全村有人口1101人,参加城镇居民医疗保险人数为1098人(含低保人员19人),其中,城镇居民医疗保险1034人,职工医疗保险39人,系统参保17人,参保率99.73%。

报销比例,乡镇医院报销95%,县城医院报销90%,地区医院报销80%。至2021年10月31日,尤喀克库尔巴格村有户籍314户1184人。参加城镇居民基本医疗保险1089人(含低保户14人,特困供养户一人,重度残疾14人),参合率91.98%,人均缴费340元,合计缴费370260元。全村有慢病户119户144人,办理慢病21人,大病重病户1户1人。

2020年尤喀克库尔巴格村基本医疗保险参保情况统计表(含非农户籍的一般户)

表31　　单位：人

总人数	其中					未参保人数	参保率(%)
	参保人数	居民医疗保险	职工医疗保险	系统参保	死亡		
1101	1098	1034	39	17	8	3	99.73

2021年度尤喀克库尔巴格村农业户籍参加基本医疗保险人员汇总表

表32　　　　单位：人

全村农业户籍实有人数																全村农业户籍参保人数	全村农业户籍人口参保率(%)
总人数	一般户			脱贫户			三类户			特困户			低保户				
	实有人数	参保人数	参保率(%)	实有人数	参保人数	参保率(%)	实有人数	参保人数	参保率(%)	实有人数	参保人数	参保率(%)	实有人数	参保人数	参保率		
1165	1071	1069	99.81	61	61	100	1	1	100	1	1	100	14	14	100	1148	98.54

说明：1.2021年全村低保户17户26人，表中低保户14人为不是脱贫户、三类户、特困户的低保人员；

2.2020年10月5日脱贫户自然减少1人(死亡)，脱贫户实有人数由61人减少至60人，系统人数至2020年底61人

二、养老保险

1993年，温宿县开始开展养老保险业务。2010年7月1日，阿克苏地区启动首批新型农村社会养老保险试点工作，温宿县为第二批启动新型农村社会养老保险试点县。农村社会养老保险基金由个人缴费，集体补助和政府补贴构成。个人缴费设定100元、200元、300元、400元、500元、600元、700元、800元、900元、1000元共十个档次，参保人根据本人及家庭经济状况，按年度自主选择，政府对参保人缴费给予补助，补贴标准为30元，每人每年基础养老金每人每月55元。2015年1月，温宿县新型农村社会养老保险和城镇居民社会养老保险合并，统一为城乡居民基本养老保险，缴费档次由10个增加到14个，温宿县对参保人员缴费补贴标准为每人每年50元，对重度残疾人等缴费困难群体每人每月代缴最低100元养老保险基础养老金。

2018年1月，温宿县对建档立卡标准脱贫的贫困人员低保对象、特困人员代缴部分或全额最低标准养老保险金。2020年，尤喀克库尔巴格村缴纳城乡居民基本养老保险599人次，政府代缴30人，人均200元，缴费金额合计149700元。2021年，尤喀克库尔巴格村农业人口参加基本养老保险762人，其中，城镇居民养老保险706人，职工养老保险1人，机关事业养老保险55人，参保人员中低保户8人，特困户1人，脱贫户35人，五保户1人，重度残疾人11人。慢病签约服务144人。

2021年尤喀克库尔巴格村农业人口参加基本养老保险情况统计表

表33　　单位：人

参保险种（人数）				参保人员中特殊身份类别（人数）					
城镇居民养老保险	职工养老保险	机关事业养老保险	合计	低保户	脱贫户	五保户	重度残疾人	其他	合计
706	1	55	762	8	35	1	11	707	762

三、扶贫救济与高龄老年人生活津贴发放

（一）扶贫救济

1981年，温宿县在托乎拉公社八队三生产队进行扶贫试点。为贫困户购置耕牛、马、毛驴以及生产工具等。1989年，托乎拉乡有贫困户224户930人，全部纳入扶持范围。1990年，托乎拉乡成立农牧民救灾扶贫互助储金（粮）会。

2007年7月1日，温宿县启动农村低保工作。2007—2011年，国家、自治区先后5次提高农村低保补助水平，人均补助水平由23.3元提高到2012年的95.3元。

2018年，尤喀克库尔巴格村有建档立卡贫困户19户64人，低保户18户28人，五保户3人。温宿县为符合条件的4户贫困户发放小额信贷资金13万元。按照3名党员干部包联一户贫困户标准，60名各级党员干部开展帮扶结对，实现19户贫困户结对帮扶全覆盖。将8户10人贫困户种植业纳入万亩亿元计划。借助村现有农业产业特色种植基地、林果业就业扶持9人。3名贫困群众以公益岗位形式参与安保、保洁等工作，实现人均增收1000元。为3户贫困户发放扶贫羊39只；开展农村实用技术各类技能培训5场90人次；对21名老弱病残、贫困人口及子女就学实施社会兜底保障。

2019—2021年，全村有低保户分别为24户37人、20户26人、16户24人。

2021年，尤喀克库尔巴格村有残疾人27户41人，享受各类补贴的残疾人15人，享受护理补贴残疾人6人，享受两项补贴残疾人8人。新申请临时救助五保户1户，补贴3200元；申请困难户1户，补贴5000元。

（二）大学生补助

2015—2021年，尤喀克库尔巴格村对困难家庭子女按照大中专及以上学生疆内1000元，疆外2000元标准进行补助。同步润雨计划按照疆外1000元，疆内500元新生入学路费补助。对考入内地高校的学生予以每年600元援疆助学金，保障其在校期间学费、生活费。

2018年，尤喀克库尔巴格村有43名大中专及以上学生享受以上就学援助。

2020—2021年，润雨计划受助学生5名，共15000元；红十字助学金一名，助学金3000元。

（三）高龄老年人生活津贴发放

2021年，尤喀克库尔巴格村80～100岁老人有10人，90岁以下老年人按每月50元发放生活津贴，90岁以上老人按每月120元发放生活津贴。

第六节　村民生活

一、收入

1991年前，水稻是托乎拉乡农民的经济支柱。1991年，温宿县农村人均纯收入613元，其中，托乎拉乡农民人均纯收入由1977年的104元增加到1991年的475元。1995年，温宿县农村人均纯收入1389元，托乎拉乡农村人均纯收入1319元。

2001年后，农业农村经济结构调整加快。在稳定粮食种植面积的基础上，调整种植业结构农产品价格，政府多次提高粮油的农产品收购价格，制定农产品收购保护价格措施，不断减轻农民负担，发展农村多种经营，引导农牧民在推进非农业产业方面增加收入。国家出台多类优惠扶持措施，鼓励农牧民发展以林果业，畜牧业养殖为主的养殖业，多形式、多渠道增加农牧民收入。

2005年，国家取消农业税，实行种粮补贴、良种补贴、地膜补贴、农机补贴等一系列稳农惠农补贴政策，使农民纯收入持续增长。2005年，托乎拉乡农民人均纯收入4189元，比2000年增加1447元，增长52.8%。2007年，尤喀克库尔巴格村集体经济收入30万元，农民人均纯收入4821元。

2008年，人均收入5513元，比2007年的4821元增加692元。

2010年，尤喀克库尔巴格村集体经济收入35.68万元，农民人均纯收入7751.7元。2011年，集体经济收入30.83万元，农民人均纯收入11167.9元。2014年，集体经济收入119.04万元，农民人均纯收入17100元。2018年，集体经济收入137.51万元，农民人均纯收入22800元。

2019年，尤喀克库尔巴格村人口320户1195人，耕地面积142655亩，村集体经济收入72万，农民人均纯收入22900元。2020年，尤喀克库尔巴格村总人口322户1202人，耕地面积115990亩，集体经济收入116.37万元，村民人均纯收入24881元。

2021年，全村户籍人口314户1184人，总耕地15990亩，人均耕地面积13.4亩，人均纯收入26878元。

二、支出

1950—1980年，尤喀克库尔巴格村消费水平低下，多吃粗粮，细粮及肉、食油等副食品匮乏。

1980年，阿克苏地区农村居民总消费13140万元，其中自给性消费7639万元，占58.14%，人均消费水平111元。1980年，人均消费水平126元。

1985年，随着农村经济的发展及居民收入增长，消费水平增长较快。主食实现细粮化，自行车、收音机及大型家具（衣柜、写字台）等日用品消费品进入村民家庭。农民大量购置大牲畜、农机具，人均消费水平241.7元。村大队部购买了全村第一台黑白电视机。

1986—1990年，农民食品消费开始由“吃饱”向“吃好”转变，食品消费支出结构有明显改善，衣着改变了色泽单一的状况；自行车、收音机、缝纫机、手表、闹钟等日用消费品普及，黑白电视机等开始普遍进入村民家庭，家庭生产性支出进一步增加，农业机械、用电量、化肥使用量较快增长。

1995年，农民人均支出569.84元，其中食品和衣着支出占绝对值。1995年，二小队村民邱格尔·买提斯地克购买全村第一台家用彩色电视机。1996—2000年，阿克苏地区放开农牧民生产经营自主权，发展个体私营经济，推进乡镇企业发展，农村消费结构进一步优化，生活环境和社会保障得到改善。1996年，村民开始安装固定电话，当年全村安装20余部，每部安装费用1300元。1998年，村民开始使用传呼机。1998年人均生活消费支出达到1518元，比1995年的569元增加949元，增长1.66倍，通信工具主要是固定电话和传呼机。2000年，村民木沙·邱格尔花费700多元购买了全村第一部移动电话。2001年，村委会干部先后分别购买5部手机，之后移动电话逐渐在全村普及。

2001—2005年，由于农村居民收入增加，生活水平提高，消费水平快速提高，消费结构进一步优化，消费支出主要为农业生产消费和生活消费。用于购买农业机具的消费增长，农业机械化水平提高，家庭耐用品增多。2006—2010年，农村居民家庭消费水平进一步提升，生活环境和社会保障制度进一步改善。交通工具主要为电动车、摩托车、电动三轮车等，电动三轮车既是交通工具又是农具，成为农民首选。家庭小汽车也开始进入村民家庭，通信工具主要以手机为主，手机已经普及，网络成为新的时尚。村民邱格尔·买提斯地克购买了全村第一辆小轿车。

2011—2020年，农村居民消费多样化发展，居民生活质量进一步提高。饮食结构、衣着与城市已无明显差距。家用小汽车大部分普及，智能手机也基本普及，用家庭电脑、安装宽带的家庭明显增多。2013年，村民亚森·霍佳木尼亚孜购买了全村第一台核桃脱皮机。

三、农牧民生活水平

50年代初，尤喀克库尔巴格村通过土地改革，农民分得土地、耕畜和农具，生产有了发展，生活开始改善。1961年，人均纯收入48元，人均口粮137.9千克。1963年，年纯收入下降到39元，人均口粮136.35千克。1964—1976年，年人均纯收入60～70元，人均口粮200千克。

1979年开始，随着党的各项经济政策的落实，农村经济和农民生活发生深刻变化。1982年开始，尤喀克库尔巴格村吃粮不定量，农民温饱问题得到解决。

2010年，村民亚森·马木提开了全村第一家农家乐，村民在节假日或者庆祝活动会在农家乐举行。2010年后特别是2018年后，随着农村经济的不断发展，农牧民收入水平逐年提高，农牧民生活开始由生存型向发展型和享受型过渡，日常消费已由过去的自给自足为主向以市场消费为主转变。出现吃讲营养，穿讲样式，住讲宽敞，行讲便利的消费趋向，支出水平逐年提高，支出结构逐步由单一转向多元化发展。村民思想观念进一步开放，到县城或者到阿克苏市消费极为普遍，生活水平和消费观念与城镇区别基本不大。

2020年，村民祖力皮亚·吐热克开了第一家服饰护肤品店，经营各种女士服饰和美容护肤品，妇女更加注重皮肤护理和美容护肤，高档皮草、名牌服饰也逐步进入村民家庭，村民的衣着“向城里人看齐”。亚森·吾布力开了第一家宗申电动车销售店。

2021年，尤喀克库尔巴格村村民家庭生活水平随着家庭收入增长逐步提高，享受型消费和家庭教育支出逐步占据重要位置。

第十一章　风土　民情

尤喀克库尔巴格村自古以来就是多民族聚居区，在长期发展中，人们相互交往、交流、交融，共同创造了美好和谐的家园，村民之间相互学习、相互帮助、和睦相处，共同发展进步，形成了富有地方特色的民俗、民风。

第一节　岁时节俗

一、春节

即中国农历新年，俗称新春、新岁、岁旦等，口语又称过年、过大年。春节在传承发展中承载了丰厚的历史文化底蕴，凝聚着中华传统文化的精华。在春节期间，尤喀克库尔巴格村村民也会过新年、迎新春、吃团圆饭，祈福来年的幸福生活。

二、中秋节

中秋节以月之圆喻人之团圆，为寄托思念故乡、思念亲人之情，祈盼丰收、幸福。2006年5月20日，国务院将中秋节列入首批国家级非物质文化遗产名录。自2008年起中秋节被列为国家法定节假日。尤喀克库尔巴格村村民在中秋节聚会吃月饼、赏月圆。

三、诺鲁孜节

诺鲁孜节是在冬春交替时间（每年3月20日或3月21日）。“诺鲁孜”意为“日新”，亦称“开春节”“踏青节”。诺鲁孜节多为春耕播种前举行的庆典仪式，以求春播顺利，五谷丰登。节日当天，举办集体娱乐活动，村民聚集在一个空旷的地方吃大锅饭，村里对村民进行教育，强调村民加强团结，和睦相处，照顾好父母，教育好孩子，远离坏事。还会进行摔跤、赛马、叼羊、斗鸡等活动，表达对新春的欢悦之情。诺鲁孜节过后，紧张的春耕生产就开始了。

四、肉孜节

也为开斋节。节日这天，女性打扫庭院内外卫生，炸馓子，做点心，准备糖果等各种小吃和美食，互送亲友邻居，互相拜节问候。

五、古尔邦节

肉孜节后的第70天是古尔邦节，意为“宰牲节”。节日当天，家家户户宰羊，各家准备馓子、糖果等节日各种食品，随时招待拜节客人。第一天多为亲戚互拜，第二天起，邻居朋友拜年，大人小孩都穿新衣，人们载歌载舞，到处洋溢着民族团结、和睦友好的气氛。

第二节　传统风俗

一、服饰

1952年前，尤喀克库尔巴格村男子冬天戴冬帽，名为特勒帕克，女人帽名萨特巴额。《西域图志》记述："冬帽，名特勒帕克，顶高5寸，以毡为之，边宽，前后独锐，各5寸，饰以海龙水猴，贵者用貂，帽顶红色，织花绣纹，均不绕缨。妇人帽顶尖圆，中腰稍细，形若芦葫之半。辫发双垂，名萨特巴额，束以红帛，上下两匝，不用珠缀。秋夏帽名喀勒帕克，制同特勒帕克，以小呢猩猩毡倭缎为之。又有小帽，无边顶微锐，质以布，或用毡，又或以布帛缠头，名萨帕特，其末半垂于后。"

1952年以后，逐渐改为长袍，穿短装。进入20世纪80年代，旧式长袍已不多见，尤其青年人追求新型款式，服装多用丝绸、毛料、高档化纤作面料。首饰有金银耳环，项链，戒指和手镯等。除冬季外，妇女用高档头巾束发，不少青年烫发。女孩有画眉和扎数条小辫的习惯。2010年，衣着服饰消费趋势也由单调低档向多样化中高档转变，一季多衣现象明显。

2015年后，每逢农闲和节假日，村民更加讲究穿着了，妇女都穿上时髦的裙装，人的精神面貌也焕然一新，衣着打扮与城镇基本没有差别，画着精致的妆容参加聚会或各种庆祝活动。

二、礼仪

尤喀克库尔巴格村村民相见时一般握手问候，互道平安。妇女相见，长辈亲吻晚辈头额；久别重逢的姐妹或朋友相见时，彼此拥抱紧贴脸庞。做客和聚会时，长者到场，先到的年轻人起立恭迎让座，都向老年人问候祝福，然后才依次入座。年轻人在老年人面前，言谈举止庄重，忌在长者面前吸烟、喝酒。行走时不从长者面前横穿。

就餐时如有友人来访问，即使友人已吃过饭，也恳请同桌进餐；其他时间有来者，也摆馕、倒茶招待。

到村民家中做客，喝茶、吃饭前要洗手，主人持壶或自己持壶冲洗完毕后，用毛巾擦干，抖动或甩动双手会被视为不礼貌。客人要坐在炕上，主人会为客人准备坐垫、靠枕。进餐时，围坐在餐桌旁，盘双腿或跪坐，不能蹲。

三、居住

50年代前，尤喀克库尔巴格村村民普遍把盖房子称"砌墙"，90年代后，房子建好后还要举办新宅茶宴，也称砌墙茶，2005年后这一习俗就逐渐没有了。尤喀克库尔巴格村4个村民小组土壤环境存在差异，房屋建造也有区别，第一村民小组和第三村民小组土壤比较干旱，泥砌墙较多。第二村民小组和第四村民小组附近湿地多，水系发达比较潮湿，草根墙较多。村民家庭院一角多置羊圈。

1964年，温宿县农村开始“五好”建设。1983年，“五好”建设掀起新高潮，土坯墙开始普及。房顶平坦，开天窗，可以晒瓜果和粮食。室内砌土炕，供起居坐卧，院落呈方形。

90年代，砖木住房逐步普及，村民住房面积不断扩大。1990年，温宿县农村新建住宅面积25万平方米，其中砖木结构平房15万平方米，土木结构平房10万平方米。尤喀克库尔巴格村矮小昏暗的房屋基本被宽敞明亮的新房取代。

2004年开始，温宿县实施新农村建设、“富民工程”“抗震安居”“安居兴牧”等惠民工程，国家对建房户给予补贴，农牧民翻盖新房的积极性大为增加。尤喀克库尔巴格村根据农村建房的统一规划、统一设计、统一要求，房屋外墙贴瓷砖，庭院地面做硬化处理，生活区、养殖区、种植区三区分离，不仅美观时尚、实用，而且抗震安全，使用寿命长，基本装有土暖气，宽敞明亮的抗震安居房使农村居住有了质的飞跃。

2019年，实行睡觉上床、做饭上灶台、吃饭上饭桌、学习上书桌的农村人居环境整治工作，每户均设有客厅、卧室和厨房，客厅配备沙发，卧室配备床具，家具款式新颖。有些家庭还建了车库。部分家庭修建了水冲式卫生间，配备了马桶、淋浴设备，生活条件明显改善。

2020年，电视机、电饭锅、电热水器、电冰箱等商品在尤喀克库尔巴格村村民家里已经非常普遍，农民的幸福感、安全感、获得感进一步提升。

截至2021年，尤喀克库尔巴格村308户农业户籍村民住房均通过温宿县住建部门住房安全鉴定。

人居环境“三区分离”（摄于2020年5月）

尤喀克库尔巴格村积极倡导文明生活方式，农民群众做到睡觉上床、做饭上灶台、吃饭上饭桌、学习上书桌（摄于2020年2月）

四、出行

20世纪60年代前，尤喀克库尔巴格村农民出行大多是步行、驴车、牛车、马车作交通工具。60年代后，自行车增多，80年代，自行车已经普及，少数人家里有摩托车。

2000年后，随着国家政策扶持和收入的不断增多，农村道路也由土路逐步变为石子路、柏油路；农民田间劳作和收割农作物，拖拉机、小四轮、电动车等成为农村的主要运输工具，畜力车逐步退出历史舞台，部分农民开始购买私家小汽车。

至2021年，摩托车、三轮电动车、面包车已成为农村居民最普遍的交通工具，在路上，随处可见开着三轮车、面包车风一样经过的村民在尤喀克库尔巴格村穿行，小轿车也在寻常百姓中随处可见，有些家庭甚至有2～3辆小轿车，农民出行更方便，生产生活更加快捷。村民离开阿克苏地区，乘坐的交通工具与时俱进，乘飞机出远门在村民中已经不是遥不可及的事。

五、婚姻

1949年中华人民共和国成立前，尤喀克库尔巴格村村民婚姻多由父母包办，早婚较普遍。《中华人民共和国婚姻法》颁布后，包办婚姻逐渐被自由恋爱婚姻替代，一夫一妻制得到确立。婚礼一般经提亲、订婚、迎娶和婚礼等过程。婚礼当天中午，新郎在亲友陪同下迎娶新娘，亲朋好友带着包裹好的布匹或馕到家中祝贺，一般饭食为抓饭，夜晚，男女双方家皆举行麦西来甫。

随着社会经济文化的发展，婚礼也增添了时代内容，拍婚纱照，新娘穿婚纱、新郎着西装已经成为一种时尚，完全被村民接受，将婚姻场所改到村活动中心或县城餐馆、酒店等地方已经非常普遍。

六、丧葬

尤喀克库尔巴格村有9处墓地，其中第四小组的墓地规模较大。2017年，第一小组附近的墓地实行公墓式统一管理，其他墓地均已废弃，有的改成了耕地。

村民去世后一般实行土葬，主张速葬。人亡即向亲友报丧，晨亡午葬，晚亡翌晨葬。

七、起名礼

维吾尔族人的名字之后附父名，父名作为下一代的姓，以示其血缘相延的关系。如阿不力米提·库尔班，前者为名，后者为姓，后者同时也是其父亲的名。起名的内容十分丰富，范围广泛。起名内容主要有地名、动植物、宝石、矿石、花卉等。如尧勒瓦斯（老虎）、普拉提（钢）、阿曼古丽（平安之花）、巴哈尔古丽（妙春之花）等。

随着社会发展和人民生活水平的提高，村民也会起一些比较时尚新潮和象征努力奋进、感恩的名字。尤喀克库尔巴格村村民姓重复较多，比较常见的有吐尼亚孜、吐拉洪、依买尔、木尼亚孜、木力托合提、木力艾买提、木力卡德尔、阿克尼亚孜、邱尕尔、达吾提等。第二小组有个村民叫买买提·买买提，说明他和他的父亲名字都叫买买提。

第三节　饮食　土特产

一、饮食

维吾尔族群众除面粉、大米、玉米等主食外，喜食牛、羊、鸡、鸽等禽畜肉。常食用蔬菜有白菜、马铃薯、胡萝卜、恰玛古、洋葱、辣椒、番茄等。家庭内妇女下厨，但食堂餐馆主厨一般为男性。汉族群众一般保持出生地饮食习惯，同时兼具本村的饮食特色。

20世纪50～70年代，尤喀克库尔巴格村主食以玉米为主，小麦、大米比较少，粮食、食油定量供应，要讲究干稀搭配才能吃饱，禽蛋肉类在家庭逢年过节或招待贵宾时食用，蔬菜以白菜、萝卜、南瓜、茄子、辣椒为主。

20世纪80～90年代，粮油供应渠道变多，村民主食主要有拌面炒面、烤馕、抓饭、薄皮包子、烤包子等。羊肉、牛肉、鸡蛋等副食品逐渐丰富，奶类消费出现增长。

2001年开始，尤喀克库尔巴格村农牧民食品消费也由追求数量向讲求质量，注重营养均衡方面转化，并逐步多元化。2020年，农牧民消费结构发生变化，由面食为主的主食型向营养较为齐全、均衡的复式型转变。食品消费由单一型向多元化转变，饮食从家庭就餐向社会化、家庭化、方便化就餐相结合转变。聚会、婚丧庆典等由居家办理开始向县城酒店、餐馆发展。

二、特色小吃

（一）烤类

烤类小吃包括烤馕、烤包子、烤肉等。

烤馕。烤馕分葱花、芝麻、辣椒等，也有用油和鸡蛋牛奶和面制作的烤油馕，厚而小的油馕维吾尔语称作“给尔代”。

烤包子。烤包子维吾尔语为萨木萨，用羊肉、洋葱为馅，再加入黑胡椒或者白胡椒等调料，面皮包成四角烤制。

烤肉。将腌制好的羊肉切块串入铁签放在炭火上，边烤边放入孜然粉、辣椒粉。

（二）煮类

煮类包括拉面、汤面、揪面片、抓饭、曲曲儿、麻辣烫等。

拉面。又称拌面，拉条子。一种不用擀、压的方法而直接用手拉制成的小麦面制品，加入了佐餐的拌面菜，是尤喀克库尔巴格村各族群众都喜欢的一种大众面食。

抓饭。主要原料是新鲜羊肉、胡萝卜、洋葱、清油、羊油和大米。尤喀克库尔巴格村的正宗抓饭一般不放孜然粉、山楂、酱油等。也根据个人的口味可以酌量添加自己喜欢的配料。

曲曲儿。与馄饨类似，用羊肉、洋葱做馅，以盐、胡椒为佐料，面皮切成正方形包成。用水煮熟后，和汤食之。

面肺子。维吾尔语“玉普克”，将面粉和水拌匀后灌牛羊肺内，米灌入肠内，和胃、心等脏器一起煮熟。

麻辣烫。麻辣烫是各民族交往交流交融在饮食上的一个重要缩影。在尤喀克库尔巴格村夜市、餐饮店门口和百姓的日常生活中随处可见。村民制作麻辣烫种类众多，有串于竹签上的，也有直接烹煮的；食材众多，不论荤素；口味既麻辣又鲜爽。

（三）蒸类

包子。维吾尔语“曼塔”，用羊肉、洋葱做成馅，放盐、胡椒等佐料，蒸制。

南瓜包子。维吾尔语“喀瓦曼塔”，用南瓜、羊肉做成馅，放胡麻油或香油等调料，用薄面皮包或蒸制而熟。

（四）炸类

尤喀克库尔巴格村油炸面食主要有馓子。盘如锅盖，古尔邦节、肉孜节等重大节日和喜庆日必备。

三、土特产

尤喀克库尔巴格村土特产主要有大米、核桃、红富士苹果、红枣、桑葚等。随着经济发展和生产力的提高,村里的土特名产品种和质量有了很大的提高和改进,知名度逐渐提高,尤其是冰糖心苹果和纸皮核桃,已经成为村民主要经济收入来源。每到收获季节,收购商络绎不绝穿梭在各个田间地头,成为尤喀克库尔巴格村的一道风景。

第四节　谚语　歌谣

一、谚语

尤喀克库尔巴格村维吾尔族群众日常生活一般使用现代维吾尔语和国家通用语言文字。其中,维吾尔语口语发音与乌鲁木齐、伊犁、哈密等地维吾尔语基本相同。其细微差别主要是语音中的元音和辅音发音较弱,尾音稍长。维吾尔族谚语、歇后语具有生动的口语特点,不仅活泼风趣,形象鲜明,而且比喻含蓄,音韵铿锵,内容丰富,题旨广泛。谚语反映的内容涉及社会生活的各个方面,以生动活泼、幽默诙谐的语言形式客观地反映出村民的生活哲理、道德观念、行为准则和风土人情。谚语所包含的深邃的哲理、睿智的幽默、乐观的生活态度和丰富的生活经验,无不充分地展示出村民高尚的情操和高度的智慧。同时,村民在日常生活中还有许多带有辩证思想的俗语,富含哲理。如:

天道酬勤:“人把地养好,地把人喂饱。”

事物并非十全十美:“月亮也有斑点。”

眼见为实:“眼之所见,心之所求。”

沉默是金:“给无知者的回答就是沉默。”

珍惜土地:“农民爱的是土地,女人爱的是男人。”

讽刺小气鬼:“自吹自擂,吃饱了夸老婆(泛指吝啬鬼)”。“云不见炊烟,狗不见剩饭(泛指吝啬鬼)。”

知识就是力量:“定让孩子读好书,读书不好卖鹰嘴豆。”

提倡夫妻白头偕老:“莫在途中死了马,没了老婆不成家。”

反对空谈:“有本事当县长,没本事去烤馕。”

做事三思而后行:“砍砍不好配把,姑娘不好外嫁。”

不要有非分之想:“衣襟做不了衣袖,杂碎成不了鲜肉。”

二、歌谣

在举办麦西来甫的时候，歌舞间歇，有人会手持颇塔（用布条编成的软鞭子）站出来，到某人面前朗诵歌谣，对方也会对出相应的歌谣，可以反复几轮，前者满意了便会下去。

在宴会上也会有这种游戏，互敬茶或者穆塞莱斯，歌谣主要是向对方表达心意，基本以玩笑为主。有时候也会互相揭短，也会因出现污言秽语而发生打斗。引发这种不快的人会被赶出麦西来甫，或接受教育，姑娘小伙子们也会借此机会相互表达心意。例如：

（一）宴会上的主宾对答

茶宴开始后，主人会向客人们敬茶诵歌谣：

看您端坐大方
正好是主宾
盛情来您面前
端了杯茶饮

也会有用这样的词语：

我的天空有明月
苜蓿地里有良驹
此番来到您面前
茶水里面有情义

客人起身谢茶：

烤馕炉里我烤馕
眼看焦黄鼓起来
我当端起您的茶
痛痛快快喝起来

敬茶者转过身面向众人：

大渠里已经来水
快去引到石头渠
今天场面很热闹
颇塔游戏快开始

(二)男女宾客之间的对答

颇塔游戏就此开始,席间站出一位男子开始出颇塔。

男:
您光请我赴茶宴
我该去哪赴茶宴
里面金子外面银
哪能找到这种碗

我把碗交给陶匠
就是想有个茶碗
我把心交给了你
就是想有个依恋

我知道你很仁爱
你身上有股魔力
来了那么两三回
就把我的心掠去

我在高地种辣椒
洼地种下田旋草
我像花草快干枯
好久没见你来到

莫要点燃我的火
我要撒开我的火

我端茶向你走来
不要看见我就躲

女：
看你沿着大渠来
为何听不到琴声
见你腰上绑锦带
为何没带水果糖

男，女：
我的衬衣白丝绸
叠好放在床头上
我的心意已备好
两个鸡蛋在桌上

两座山涧一棵松
你的骏马像阵风
金质马镫铁皮鞭
此茶甘甜情更深

男：
知道你来自远方
我的思绪更遥远
寻找恋人路途遥
天意让我把你恋

白色棉花绿棉花
弹好后做了被褥
听说你自远方来
用烤羊肉最舒服

男,女:

垂柳细枝随风摇
细枝条条离得远
尽管你我心很近
怎奈两家离太远

虽然两家离太远
只要两心近就行
你我之间无所谓
只要誓言真就行

撒马尔罕的苹果熟了
山谷里到处果香
撒马尔罕的泉水叮咚
你我相距实在远
路途遥远也无所谓了
只要心别离太远
如果不能遵守誓言
做人有什么脸面

一本两本都是书
恋人怀里是金书
只见金书月作伴
我的恋人手捧花
花与人花香为伴
朱蓓雀与郁金香
都比不上你笑脸

墙裙布上走金线还有花纹
好心人说出的话也像鸟鸣
你若不叫我就会飞向远方

我想你想的已经很难受了
如今的我变成了秋末苍蝇
若能像苍蝇一样飞就好了
但愿在三个县里找到恋人

台架上的书上满是蜘蛛网
你说那年轻人心头满是愁
你说青年学者有贵人之相
脸上有颗痣就像一朵鲜花
请把花摘走最好一朵别留
你要精选恋人好好去守候

白蜡里面取冰糖就此开花
你给恋人苹果我却送鲜花
我给我的恋人送鲜花一束
只是你太傻我很那么痴情

女人生气回娘家，丈夫去接，小姨子对姐夫说：

我们不是灰鸽子
让你天天来下套
我们总是隔月来
为了看你的英俊
你的英俊好容光
倒映在了茶碗里
你也不可怜我们
我们可是孤儿身

朋友可不是苹果
咬一口就可以扔
友情应该很珍贵

能让人永远想念
我在平台种了花
把种子收在盒里
我的恋人去远方
让我在这里受苦
让他快快回来吧
快来把我救出去

在往餐布上摆放酸奶和馕时念的歌谣：

毛驴还是野外好
泥巴汤子让给牛
白面馕饼泡茶好
玉米馕饼沾酸奶
男：
我若手头有些钱
会在高处建座房
那姑娘要是爱我
定让她靠我肩膀

我在高处建座房
足足高出十五米
你怎么托着下巴
你究竟想去哪里

男：
我情人捎来口信
让我在月光下等
我的确等了好久
就是不见她相会

女；

苹果树枝不算低
把它折弯很容易
你这小伙个子矮
拿你开涮很得意

女：

我的裙子八条边
四条是黑其余花
几个月了爱着你
你却故意来装傻

男：

我也知道你心硬
这一点我很清楚
但与你交个朋友
我本人也有需求

女：

白手帕掉在灰上
被夜莺带到天上
我不知你知道否
你真的在我心上

男：

亚卡依热克巴扎
不是每天有热闹
只要我想起你时
我注定备受煎熬

男：

看你灶台上留饭
为何不把饭盖上

不知还要等多久
你我共枕入梦乡

男：
看你头戴黄头巾
却漏出你的额头
不知道要等许久
该扑灭心中的火

我挖了条小小水渠
足可以跳着过去
清澈的水已经引来
这可以手捧着喝
清澈的水下五花石
黑眉姑娘把心伤

黑眉姑娘坐在屋里
花园里红玫瑰盛开
盛开的花儿多艳丽
点燃的火让我痴迷

（三）其他场景人员的对答

如果去某地参加麦西来甫却不热闹，人们就会把那个地方的地名唱进对歌里，如：

我怎么就来到了苏布拉克
就像被水浇了热闹不起来
我想我也该回库尔巴格去
就像炸油饼那儿会乐起来

第十二章　人物　荣誉

厚道泽众，良行致远。改革开放以来，在建设团结和谐、繁荣富裕、文明进步、安居乐业、生态良好的尤喀克库尔巴格村的进程中，涌现出一批先进模范人物，他们因改革创新的智慧、开拓前进的精神、顽强不息的斗志、团结友爱的事迹，成为全村各族人民的榜样。

第一节 人物简介

一、带领村民致富的村支书邱格尔·买提斯地克

邱格尔·买提斯地克（1953.10—），男，中共党员，维吾尔族，尤喀克库尔巴格村2组村民。先后于1984年11月至1992年12月、1995年3月至1998年11月、2001年11月至2005年8月担任尤喀克库尔巴格村党支部书记。任职期间，邱格尔·买提斯地克充分发挥党支部战斗堡垒作用，开拓进取，按照“夯实水稻传统产业，发展核桃经济作物引领、富民强村示范”的发展思路，不断发展壮大村集体经济，加快农民增收致富步伐，在科学发展的道路上走出了一片新天地。针对村里贫穷落后的面貌，邱格尔·买提斯地克把带领群众增收致富作为第一目标，围绕打造温宿优质大米绿色基地，重点在调整产业结构上做文章，带领群众种植核桃，发展畜牧养殖业，加快农牧民增收致富步伐。刚开始，群众对现代化水稻种植和核桃种植疑虑重重，再加上资金紧缺、技术不足、缺乏经验，工作推动十分困难。邱格尔·买提斯地克看在眼里、急在心上，带头购买了5台插秧机和2台收割机，在自家地里作示范，并为村民插秧和收割。同时，在邱格尔·买提斯地克的示范带动下，村里种植核桃的农户越来越多，核桃面积不断扩大。为了提高核桃管理水平，村里还从外地聘请专家，专门为村民传授核桃管理技术，使当地出产的“纸皮核桃”闻名全国，全村生产的水稻和核桃得到国家有机产品认证。各族群众抓生产、促发展的热情高涨，学科技、用科技的氛围浓厚，呈现出一派勃勃生机。

二、阿克苏地区民族团结模范王世林

王世林（1970.6—），男，汉族，河南息县人，尤喀克库尔巴格村1组村民，村卫生室医生。1992年，毕业于河南罗山县卫生学校。1996年6月，来到尤喀克库尔巴格村，任村医。在王世林的努力下，村里建起60平方米的卫生室，卫生室的条件逐步改善，村卫生室设置了疫苗接种室、观察室、药房和医生诊疗间，配备了冰箱、血压计、体温计、血糖仪及理疗设备等。王世林承担全村的健康扶贫、疾病救治、家庭医生签约服务、慢性病管理、传染病防治、妇幼保健、健康教育等工作。刚到村里担任村医的时候，由于语言沟通不便，了解村民病情有困难，难以对症下药。王世林下定决心，主动向村民学习维吾尔语，主动走出卫生室，走进千家万户，上门服务，与村民建立了深厚的感情。王世林乐善好施，经常帮助村民免费看病，多次护

送村里的孕妇去乡卫生院和县人民医院就医。2002年10月,2组村民穆合塔尔·亚森的爱人住院做剖腹产,需要1500元住院费,王世林毫不犹豫地为其垫付押金。2004年5月,4组村民古丽尼沙·买买提患宫外孕,在家分娩时大出血。王世林赶到家里,查看病情,立即进行静脉输液,并用手举着输液瓶一路护送到县人民医院,病人转危为安。正因为王世林的医术精湛,为人谦和,附近几个村的村民也纷纷到尤喀克库尔巴格村医务室就诊,每天的就诊人数在20人左右。村民有个头疼脑热,既不用跑远路,也不用窝在家里硬扛。2018年起,村民开始享受免费体检。经乡医院检查后,患高血压、糖尿病、肺结核病的村民,会按时到村卫生室调理治疗,因为有城乡合作医疗,治疗这些慢性病基本不用村民花钱。2010年,王世林被评为阿克苏地区民族团结模范。

三、与汉族村民亲如一家的买买提·吐尔地

买买提·吐尔地(1965.3—)男,维吾尔族,中共党员,尤喀克库尔巴格村1组村民。作为一名少数民族党员,买买提·吐尔地多年来始终坚持党员本色,忠诚党的伟大事业,高举民族团结的旗帜,情系各族群众,发挥少数民族党员在建设各民族共同繁荣伟大事业的特殊作用,始终站在维护民族团结的最前列,努力为村里汉族群众办实事、办好事,解决汉族群众困难。买买提·吐尔地经常与村里的汉族村民交流交往,邀请汉族干部和村民到家做客,遇到用水矛盾,主动去调解。汉族村民需要劳力去施肥、摘核桃时,买买提·吐尔地动员少数民族村民去帮忙。1998年3月,喻中华、喻中文兄弟俩从重庆市涪陵区来到尤喀克库尔巴格村种地,买买提·吐尔地耐心帮助他们,分别租给兄弟俩10亩地耕种,并协助办理开荒的相关事宜,双方结下深厚的兄弟感情。2016年12月,偏远散居的打工妹李胜兰生完孩子后,买买提·吐尔地把李胜兰母女俩接到自己家里坐月子,并给孩子取了维吾尔族名字。买买提·吐尔地经常帮助从重庆市到村里承包鱼塘的文泽敏,每当鱼塘清淤或捕鱼需要劳动力时,买买提·吐尔地主动召集村里的劳动力去帮忙,在不同民族之间架起一座友谊的桥梁。买买提·吐尔地始终牢固树立马克思主义国家观、民族观、宗教观和"三个离不开"的思想,认真贯彻执行党的民族宗教政策,及时处理民族问题,自觉宣传党的民族政策,在反对民族分裂主义、反对非法宗教活动等大是大非问题上立场坚定、旗帜鲜明,坚决维护祖国统一和民族团结。在他的影响下,尤喀克库尔巴格村的民族团结局面始终如一。在民族团结结亲活动中,买买提·吐尔地主动热情与结亲对象交流沟通,成为结亲对象的典范。

四、致富不忘困难群众的吐尼亚孜·吐尔逊

吐尼亚孜·吐尔逊(1975.3—),男,维吾尔族,中共党员。尤喀克库尔巴格村3组村民。

2016年，在吐尼亚孜·吐尔逊的带头下，成立了温宿县兴隆核桃专业合作社。合作社占地35亩，5名村民入股。为确保村民收入，在核桃销售上，价格高出邻村，村民的积极性也越来越高，慢慢地，更多的村民加入合作社，截至2021年底，有41名村民入股。合作社从成立之初的亏损90多万元到2021年盈利40余万元。每年9月核桃采摘季节，都会吸纳全村及周边200多名劳动力就业，辐射带动周边农户近100户，切实提高了困难群众收入，促进困难群众增收23万元。

随着合作社的发展,使得他在致富的道路上走在前列。致富后的吐尼亚孜•吐尔逊深知党和政府对自己在翻身致富过程中的恩情，饮水思源，时刻不忘困难群众。2020年3月，3组村民麦合麦提·奥斯曼家庭困难，吐尼亚孜·吐尔逊借给其1万元，解决住院治疗和春耕费用，帮助其渡过难关。2020年7月，1组村民热曼提·胡大拜尔地卧病在床，无钱看病，吐尼亚孜•吐尔逊送去5000元慰问金并安排病人住院。2020年9月，在新冠肺炎疫情期间，合作社捐款5000元，支援村委会抗击疫情，帮助困难群众渡过难关。吐尼亚孜·吐尔逊通过合作社带领村民走在致富路上，帮助贫困群众圆致富梦。

五、养牛致富的带头人吐尔洪·乃买提

吐尔洪·乃买提(1975.5—)，男，维吾尔族，尤喀克库尔巴格村1组村民。吐尔洪·乃买提务实创新,坚持不懈,奋斗不息,在平凡的岗位上干出不平凡的业绩。吐尔洪·乃买提只有初中文化水平，但他没有自暴自弃、甘于人后,反而不断刻苦钻研肉牛养殖技术，同时认真学习别人的良好经验,为自己创业致富打下坚实基础。通过不懈的努力,在党的富民政策鼓舞下立足实际,带头致富。吐尔洪·乃买提从饲养四五头牛，发展到存栏150多头牛,以可靠的信誉、过硬的养牛质量和良好的服务站稳了脚跟,事业蒸蒸日上。吐尔洪·乃买提饮水思源,富不忘本,带领村民养殖肉牛，帮助3组村民艾合买提·木沙建起养牛大棚，多次给予技术指导。同时经常把饲养牛棚的牛粪送给村民作为水稻地和核桃地的肥料。作为村里的致富带头人,兢兢业业,坚持不懈, 无私奉献。吐尔洪·乃买提在村民中竖起一面致富带头旗,是村民学习的榜样。

第二节　民间艺人　能工巧匠

一、第一村民小组

伊敏·卡德尔是个训鹰猎人，是艾尔西丁·图尔荪的爷爷。

伊麦尔·努尔是个爱马人，善于叼羊运动。

乌斯曼·努尔会用传统手艺榨油。

阿吾提·麻木提能够熟练弹奏多种民族乐器，特别是弹波尔演奏的特别好，村民家中搞活动都会邀请他去演奏几曲。

二、第二村民小组

萨迪尔·沙依提原来会制作水磨磨面。

1995年去世的吾守尔·铁木尔会用传统手艺榨油。他的儿子吐尼亚孜·吾守尔家中存有木制榨油工具的零部件。

三、第三村民小组

白克力老人善于制作手鼓。

卡斯木·阿西木是训鹰猎人。他是肉孜·喀斯木的父亲。

乌斯曼·托乎提会用芦苇草编织草席，芦苇席一般用在房屋和羊圈的屋顶上。还会用柳枝条编织鸡蛋篮，用红柳枝条编织各种框子和运土农具。还会捆扫把。

司马义·艾山是个木匠，以前制作木轮车和木制榨油工具，现在制作木勺子。

1985年左右去世的吐喀洪师傅是有名的鞋匠，能够制作各种靴子。

托合提·玉素甫、沙力·玉苏甫、艾来克·玉素甫、买买提明·玉素甫、艾买提·萨木萨克是织土布匠人。艾力亚斯·尤努斯、斯拉木·依布拉音、托合提·玉素甫是鞋匠。这些人都已经去世。

四、第四村民小组

沙吾提·木沙家、买买提·依布拉音家过去从事加工稻米业务。加工方式是以水利为动力，配以相应的木制工具。

已经去世的阿西木·卡斯木、祖卜敦·帕勒塔是托乎拉乡乃至温宿县有名的民间艺人。

第三节　大中专及本科以上学历人员

尤喀克库尔巴格村重视教育，1992年艾山江·买买提被阿克苏师范学校录取，成为尤喀克库尔巴格村第一个大中专学生，2005年吐尔逊·吾布力被昌吉学院录取，2008年后，村干部素质显著提升，2014年后中专以上学历人数增长迅速，这些优秀人才在全疆各地工作，为尤喀克库尔巴格村各项事业健康、快速发展奠定了基础。

2008年尤喀克库尔巴格村村干部农村大中专毕业生统计表

表34

姓名	性别	族别	文化程度	出生年月	政治面貌	毕业学校	毕业时间	家庭地址
艾热提·玉山	男	维吾尔	中专	1976.10	党员	县农广校	2002	尤喀克库尔巴格村4组
艾合买提·玉素甫	男	维吾尔	中专	1966.9	党员	县农广校	2002	尤喀克库尔巴格村1组
艾塞提·吐尔迪	男	维吾尔	中专	1982.3	党员	县农广校	2005	尤喀克库尔巴格村1组
古丽尼沙汗·吾守尔	男	维吾尔	中专	1973.12	党员	县农广校	2005	尤喀克库尔巴格村3组
尼亚孜·吾守尔	男	维吾尔	中专	1967.2	党员	阿克苏农校	2000	尤喀克库尔巴格村2组
买买提·马木提	男	维吾尔	中专	1973.5	党员	县农广校	2003	尤喀克库尔巴格村3组
依迪热斯·伊司马依力	男	维吾尔	中专	1978.2	党员	阿克苏技工	1999	尤喀克库尔巴格村3组

2005—2021年尤喀克库尔巴格村大中专及本科生统计表

表35

姓名	性别	户籍地址	就读院校	专业	学历	入校时间	工作单位
艾山江·买买提	男	尤喀克库尔巴格村4组	阿克苏师范学校		大专	1992年9月	温宿县恰格拉克乡台普台村小学
吐尔逊·吾布力	男	尤喀克库尔巴格村4组	昌吉学院	体育与健康	本科	2005年9月	温宿县阿热勒镇中学
麦麦提·依斯拉木	男	尤喀克库尔巴格村4组	塔里木大学	汉语言	本科	2006年9月	阿瓦提县第四中学
奥斯曼·依麦尔	男	尤喀克库尔巴格村4组	新疆师范大学	音乐教育	本科	2006年9月	温宿县吐木秀克镇中学
古扎力努尔·图尼亚孜	女	尤喀克库尔巴格村4组	塔里木大学	农林经济管理	本科	2010年9月	温宿县博孜墩乡人民政府
则乃提古丽·吐尔逊	女	尤喀克库尔巴格村1组	塔里木大学		本科	2010年9月	洛浦县恰尔巴格乡政府

续表35

姓名	性别	户籍地址	就读院校	专业	学历	入校时间	工作单位
古丽米热·吐尔洪	女	尤喀克库尔巴格村1组	中国政法大学		本科	2011年7月	阿克苏职业技术学院
阿热甫·阿不来提	男	尤喀克库尔巴格村2组	西北农林科技大学	园林设计	本科	2012年9月	新和县公安局
阿不都热依木·阿不都外力	男	尤喀克库尔巴格村4组	中国农业大学(武汉市)		本科	2013年6月	阿瓦提县公安局
古丽胡玛尔·艾热提	女	尤喀克库尔巴格村4组	长春师范学院		本科	2014年9月	和田县阳光驾校
阿依古扎力·吐尔逊	女	尤喀克库尔巴格村2组	乌鲁木齐职业大学		大专	2014年9月	尤喀克库尔巴格村兴隆核桃专业合作社
阿娜尔古丽·艾尔肯	女	尤喀克库尔巴格村2组	新疆工程学院		大专	2014年9月	温宿县城建局
阿依古扎丽·吐尔逊	女	尤喀克库尔巴格村4组	喀什大学	广播电视学	本科	2015年9月	麦盖提县融媒体中心
古扎力努尔·买合木提	女	尤喀克库尔巴格村2组	新疆大学	信息计算科学	本科	2015年9月	中国移动铁通支撑服务中心阿克苏分公司
古丽胡马·吐尼牙孜	女	尤喀克库尔巴格村4组	新疆大学	数学与应用数学	本科	2015年9月	温宿县医疗保障局
阿不都热西提·阿不来提	男	尤喀克库尔巴格村3组	盐城理工大学	土木工程	本科	2015年9月	沙雅县公安局
塔吉古丽·库尔班	女	尤喀克库尔巴格村4组	喀什大学	广播电视学	本科	2015年9月	
阿尔孜古丽·吐尔逊	女	尤喀克库尔巴格村2组	中国农业大学	园艺	本科	2015年9月	
古丽尼噶尔·阿合尼亚孜	女	尤喀克库尔巴格村4组	新疆农业大学	动物医学	本科	2015年9月	温宿县林业和草原局
古丽比耶姆·达伍提	女	尤喀克库尔巴格村1组	乌鲁木齐职业大学	电气自动化	大专	2016年9月	温宿县政府
阿依夏木古丽·吐尔逊	女	尤喀克库尔巴格村2组	新疆应用职业技术学院	工程造价	大专	2016年9月	尤喀克库尔巴格村养殖合作社

续表35

姓名	性别	户籍地址	就读院校	专业	学历	入校时间	工作单位
图尔贡·麦麦提	男	尤喀克库尔巴格村4组	江西医学院上绕分院	临床医学	本科	2021年9月	阿克苏市人民医院
祖丽皮耶·乃买提	女	尤喀克库尔巴格村3组	新疆医科大学高等职业技术学院	医学检验技术	大专	2016年9月	
热汗古丽·艾合买提	女	尤喀克库尔巴格村3组	新疆理工学院	法学	大专	2016年9月	
艾合买提·沙吾提	男	尤喀克库尔巴格村4组	新疆农业大学	森林保护	本科	2016年9月	温宿县古勒阿瓦提乡桥头村
麦尔旦·图尼亚孜	男	尤喀克库尔巴格村4组	江南大学	工商管理	本科	2016年9月	塔城地区公安局
阿依吐尔逊·乃买提	女	尤喀克库尔巴格村4组	宁波大学	金融	本科	2017年7月	温宿县农商银行
阿力木江·艾热提	男	尤喀克库尔巴格村1组	新疆建设职业技术学院	建筑装修工程	大专	2017年7月	乌鲁木齐
古丽娜尔·吐尼牙孜	女	尤喀克库尔巴格村4组	新疆农业大学	种子科学与工程	本科	2017年9月	阿图什市委宣传部
祖丽胡玛·艾海提	女	尤喀克库尔巴格村4组	湖北大学	汉语言文学	本科	2017年9月	温宿县恰格拉克乡第一小学
凯丽比努尔·图尔贡	女	尤喀克库尔巴格村3组	新疆工程学院	测绘工程	本科	2017年9月	
古丽米热·吐尔逊	女	尤喀克库尔巴格村3组	塔里木大学	动物科学	本科	2017年9月	
夏米西努尔·阿吾提	女	尤喀克库尔巴格村1组	新疆大学	资源勘查工程	本科	2017年9月	
凯丽比努尔·麦麦提	女	尤喀克库尔巴格村1组	新疆科技学院	人力资源管理	大专	2017年9月	
地力娜尔·阿不拉	女	尤喀克库尔巴格村4组	新疆农业职业学院	计算机网络技术	大专	2017年9月	
迪丽娜尔·图尔贡	女	尤喀克库尔巴格村2组	河北科技大学	食品质量与安全	本科	2017年9月	

续表35

姓名	性别	户籍地址	就读院校	专业	学历	入校时间	工作单位
阿丽米热·阿不力米提	女	尤喀克库尔巴格村2组	新疆职业大学	烹饪工艺与营养	大专	2017年9月	
木热提扎·库万尼亚孜	男	尤喀克库尔巴格村4组	新疆农业大学	农业水利工程	本科	2018年9月	新疆捷诚建设项目管理有限公司
阿不都萨拉木·阿布都拉	男	尤喀克库尔巴格村3组	新疆农业大学	农业水利工程	本科	2018年9月	
古丽米热·库尔班	女	尤喀克库尔巴格村2组	新疆应用职业技术学院	机械制造与自动化	大专	2019年9月	
阿依先木·卡地尔	女	尤喀克库尔巴格村4组	昌吉职业学院	移动互联应用技术	大专	2019年9月	
再肉然木·毛力库万	女	尤喀克库尔巴格村1组	和田职业技术学院	会计	大专	2019年9月	
拍祖拉·吐尔洪	男	尤喀克库尔巴格村1组	新疆教育学院	影视动画	大专	2019年9月	
艾孜买提·沙吾提	男	尤喀克库尔巴格村4组	新疆职业大学	物联网应用技术	大专	2020年9月	
阿丽屯古丽·图尔荪	女	尤喀克库尔巴格村2组	新疆科技学院（库尔勒市）	金融	大专	2020年9月	
凯德艳·图尼亚孜	女	尤喀克库尔巴格村3组	新疆农业职业技术学院（昌吉市）		大专	2020年9月	
艾克拜尔·艾海提	男	尤喀克库尔巴格村4组	新疆科技学院		大专	2020年9月	
木沙江·吐尔逊	男	尤喀克库尔巴格村4组	新疆铁道职业技术学院（哈密校区）		大专	2020年9月	
迪丽胡玛尔·肉孜	女	尤喀克库尔巴格村4组	广东东莞纺织服装学校		中专	2020年9月	
艾柯代·买买提	女	尤喀克库尔巴格村3组	新疆农业职业技术学院（昌吉市）		大专	2020年9月	

续表35

姓名	性别	户籍地址	就读院校	专业	学历	入校时间	工作单位
于米提·麦麦提	男	尤喀克库尔巴格村3组	伊犁丝路职业学院	学前教育	大专	2020年9月	
古丽米热·阿卜拉	女	尤喀克库尔巴格村2组	新疆铁道职业技术学院（哈密校区）		大专	2020年9月	
谢热妮阿依·沙木沙克	女	尤喀克库尔巴格村3组	天津医学高等专科学校		大专	2021年9月	
买尔哈巴·吐尔洪	男	尤喀克库尔巴格村2组	广东东莞纺织服装学校		中专	2021年9月	
穆合塔尔·库万尼亚孜	男	尤喀克库尔巴格村4组	新疆农业职业技术学院（昌吉市）		大专	2021年9月	
艾孜麦提江·热合曼	男	尤喀克库尔巴格村3组	新疆轻工职业技术学院		大专	2021年9月	
任国铭	男	尤喀克库尔巴格村4组	新疆天山职业技术学院		大专	2021年9月	
玉米提·吾布力	男	尤喀克库尔巴格村2组	新疆克拉玛依职业技术学院		大专	2021年9月	
迪丽拜尔·图尔贡	女	尤喀克库尔巴格村2组	乌鲁木齐职业大学		大专	2021年9月	
阿依古扎力·吐尔洪	女	尤喀克库尔巴格村1组	新疆职业大学		大专	2021年9月	
地里木热提·买合木提	男	尤喀克库尔巴格村2组	塔里木职业技术学院		大专	2021年9月	
库德热提·库尔班	男	尤喀克库尔巴格村4组	开封大学		本科	2021年9月	
古丽皮亚·哈力克	女	尤喀克库尔巴格村4组	新疆博乐职业技术学院		大专	2021年9月	
姆尼热·木合拜提	女	尤喀克库尔巴格村2组	新疆应用职业技术学院（伊犁奎屯）		大专	2021年9月	
古丽巴哈尔·吾守尔	女	尤喀克库尔巴格村3组	新疆农业职业学院	商务管理	大专		

续表35

姓名	性别	户籍地址	就读院校	专业	学历	入校时间	工作单位
迪丽扎帕尔·阿不都拉	女	尤喀克库尔巴格村1组	新疆教育学院	科学教育	大专		
阿丽米热·阿卜拉	女	尤喀克库尔巴格村2组	新疆应用职业技术学院	建筑工程技术			
热依沙·沙吾提	男	尤喀克库尔巴格村1组	喀什大学	幼师			
玉苏甫·艾买尔	男	尤喀克库尔巴格村3组	新疆职业大学	水利水电工程			

第四节　集体荣誉

尤喀克库尔巴格村党支部充分发挥党支部战斗堡垒作用，团结带领各族群众开拓进取，发展壮大村集体经济，加快农民增收致富步伐，2002年以来，尤喀克库尔巴格村先后受到乡级以上表彰共12次。

2002—2021年尤喀克库尔巴格村获得重要集体荣誉统计表

表36

序号	获奖时间	授予单位	荣誉称号
1	2002年7月	温宿县委	五好村党支部
2	2003年6月	温宿县委	五好村党支部
3	2005年	温宿县委	五好村党支部
4	2006年	温宿县委	先进基层党支部
5	2007年	温宿县委	先进基层党组织
6	2007年	阿克苏地区精神文明建设指导委员会	先进精神文明村
7	2014年	托乎拉乡党委	反恐维稳先进集体
8	2014年	温宿县精神文明建设委员会	温宿县文明村
9	2015年	阿克苏地区精神文明建设指导委员会	阿克苏地区文明村
10	2016年	阿克苏地区爱国卫生运动委员会	阿克苏地区卫生示范村
11	2017年	中央精神文明建设指导委员会	全国文明村
12	2020年	温宿县人民政府	温宿县民族团结示范村

附 录

附录1

托乎拉乡2011年村庄整治规划

为稳步推进社会主义新农村建设，提高村庄整治的技术水平，加强村庄整治的技术管理工作，保证农村居民基本的生产生活条件和居住环境质量，促进农村经济、社会和资源的协调发展，制定本标准。

村庄整治应充分利用村庄现有房屋、设施以及自然和人工环境，通过政府帮扶与农民自主参与相结合的形式，分期分批整治改造农民最急需最基本的设施和其他相关的项目，以低成本投入、低资源消耗、不加重农民负担的方式改善农村人居环境的活动。

1. 尊重农民意愿，保护农民利益。必须充分利用已有条件及设施，以现有设施的改造、维护作为主要工作内容。严禁盲目拆建、强行推进。

2. 尊重农村建设实际，坚持因地制宜、分类指导的原则。各类设施整治应做到经济合理、管理方便。不应盲目套用城镇标准和建设方式，避免铺张浪费。

3. 村庄整治应首先根据村庄规模大小及长期发展趋势，由县级以上人民政府确定分期分批整治的村庄选点。村庄选点宜以中型村、大型村及特大型村为主，不宜选择城乡规划中计划迁并的村庄。

4. 当村庄安全防灾、垃圾和粪便处理、给水排水等工程设施采取区域联建共享方式进行整治时，应统筹安排，协调布局，避免重复建设，浪费投资。

5. 村庄整治应综合考虑整治内容的急需性、公益性和经济可承受性，量力而行选择整治项目，分别实施；确定整治时序，分步实施。

6. 贯彻资源保护和节约利用的原则，切实执行节地、节能、节水和节材的方针。根据当地实际，采用与村庄整治相适应的成熟的技术、工艺、设备和材料。

7. 应严格保护村庄的自然生态环境和文化遗产，延续传统景观特征和地方特色。严禁毁林开山、占用农田、破坏历史文化遗产等盲目建设行为。

8. 应建立和完善运行维护管理制度，保障整治成果，保证各项设施整治后正常有效使用，实现公共设施投资的长期效益。

2011年，为促进农村居民点相对集中、居民适度集聚和农村改水、改厕等工程逐步完善，改善广大农牧民群众的生产生活条件，为社会主义新农村建设奠定基础，温宿县启动富民安居工程。当年，玉斯屯库尔巴格村完成富民安居工程建设项目48户。

2013年，托乎拉乡人民政府制定《托乎拉乡农村环境连片整治示范区整治初步方案》。《方案》在以往农村环境连片综合整治的基础上，将该乡的玉斯屯苏布拉克村及玉斯屯克库尔巴格村作为农村环境连片整治的重点村庄，加强环境保护的各项基础性建设。当年，这两个村完成的建设项目：生活河水处理，建设HDPE315污水排水管网6000米，设置检查井150座；垃圾清运，配置240L垃圾收集桶210个，垃圾船21个，保洁车10辆，挂桶式垃圾车(3T)1辆，摇臂式垃圾转运车(51)1辆。项目建成后可利用新的排水管网收集输送各村户的生活污水并进行处理，处理率不低于60%。日常生产生活垃圾得到合理处置，生活垃圾定点存放率100%，生活垃圾无害化处理率70%以上，消除了垃圾对耕地、水源的影响，进一步优化乡村环境，保障各族群众的身体健康。

附录2

尤喀克库尔巴格村村规民约

1.热爱中国共产党，热爱伟大祖国，热爱社会主义，热爱家乡，践行社会主义核心价值观，共同建设幸福美丽、民主和谐、团结稳定的社会主义新农村。

2.尊崇《中华人民共和国宪法》。学法、知法、守法，立场坚定地同“三股势力”等一切违法犯罪言行作斗争。

3.自觉维护社会秩序。不得打架斗殴、酗酒滋事、侮辱诽谤、造谣惑众、拨弄是非。

4.遵纪守法。不得偷盗、敲诈、哄抢国家、集体和个人财物；不得吸毒、赌博、卖淫、嫖娼；不得藏匿罪犯及其财物；不得私藏枪支弹药、管制刀具。

5.爱护公共财物。不得损坏水利、交通、供电、通信、生产等公共设施。

6.尊重他人劳动成果。不得损害他人庄稼、果园、牲畜及其他财产；不得私自砍伐国家、集体或他人的林木。

7.维护祖国统一和民族团结。牢固树立中华民族共同体意识。积极参与“民族团结一家亲”和民族团结联谊活动，创建和巩固民族团结村。

8.崇尚科学，反对迷信。保护合法的宗教活动，反对非法宗教活动。自觉抵制宗教极端思想，不得阅览、收藏、复制、传播含有宗教极端思想的图书资料和音视频。

9.积极参与爱国卫生运动。开展村容村貌整治，推进庭院绿化美化、三区分离、厕所改造。垃圾、污水集中清运，杂物、柴草定点堆放。

10.遵守村庄发展规划。合理使用土地资源，集体、个人修建生活、生产等重要基础设施应当符合规划，并经村委会同意。

11.积极参加社会活动。主动参加村委会组织的升国旗唱国歌、村民会议、集体劳动、技能培训、值班巡逻等活动。努力学习和使用国家通用语言文字。

12.建立和谐的邻里关系。做到互相尊重、友好相处、互惠互利、互帮互助。

13.建立和睦的家庭关系。做到尊老爱幼、男女平等、相亲相爱。夫妻共同承担家务劳动,共同管理家庭财产,反对家庭暴力。

14.倡导恋爱婚姻自主。男女青年结婚必须符合法定结婚年龄要求,提倡晚婚晚育。反对他人包办干涉婚姻。

15.遵守计划生育法律政策。实行计划生育,提倡优生优育,不得无计划生育或超生。

16.弘扬家庭美德。父母应尽抚养、教育未成年子女的义务,不得歧视、虐待、遗弃女婴。子女应尽赡养老人的义务,不得歧视、虐待老人。

17.尊师重教。尊重知识,尊重人才。创造条件,保证少年儿童接受九年义务教育,接受免费幼儿园和高中教育。

18.公平公正解决民事纠纷。增强依法维权意识,本着友好协商的原则解决邻里纠纷问题,协商不成的可申请村调解委调解,也可依法向人民法院起诉。

19.倡导移风易俗。规范"四项活动",婚事新办,丧事从俭。破除陈规旧俗,反对铺张浪费。改进生活方式,养成良好的生活习惯。

20.本村规民约由尤喀克库尔巴格村村民代表大会2020年10月23日审议通过;2020年11月1日起实行。

附录3

2016年10月至2017年9月温宿县尤喀克库尔巴格村党支部书记“周一升国旗、唱国歌、做主题宣讲”内容安排表

附表1

序号	时间		宣讲主题	宣讲内容	
				内容1	内容2
1	十月	2016年10月3日	爱国主义教育	自治区农村老干部、老党员、老模范、老军人管理办法	《中华人民共和国城乡规划法》
2		2016年10月10日		家乡发展与变化(1)	《中华人民共和国残疾人保障法》
3		2016年10月17日		社会主义核心价值观解读之一敬业	平安家庭创建程序及标准

续附表

序号	时间		宣讲主题	宣讲内容	
				内容1	内容2
4		2016年10月24日	爱国主义教育	日常文明礼貌用语	《新疆维吾尔自治区实施〈中华人民共和国突发事件应对法〉办法》
5		2016年10月31日		依法建设美好家园	《新疆维吾尔自治区实施〈中华人民共和国人民防空法〉办法》
6	十一月	2016年11月7日	民族宗教政策	家乡发展与变化(2)	《新疆维吾尔自治区社会治安综合治理条例》
7		2016年11月14日		习近平:从严治党就该落实到每一个支部	习近平:以严和实的精神做好各项工作
8		2016年11月21日		社会主义核心价值观解读之—诚信	《中华人民共和国人口与计划生育法》
9		2016年11月28日		服务热线(报警110、火警119、急救120、交通肇事122、电话查号114、天气预报121)	《新疆维吾尔自治区动物防疫条例》
10	十二月	2016年12月5日	法制宣传教育	法律面前人人平等	《新疆维吾尔自治区实施〈森林防火条例〉办法》
11		2016年12月12日		习近平:推进农业供给侧结构性改革	《新疆维吾尔自治区农村公路管理办法》
12		2016年12月19日		社会主义核心价值观解读之—友善	《中华人民共和国土地管理法》
13		2016年12月26日		公民基本道德规范(爱国守法、明礼诚信、团结友善、勤俭自强、敬业奉献)	《新疆小型农田水利工程设施建设项目验收办法(细则)》
14	一月	2017年1月2日	社会主义新农村建设标准	习近平:把做人做事底线划出来	《中华人民共和国民法通则》
15		2017年1月9日		《中华人民共和国宪法》的基本内容	《农业保险条例》
16		2017年1月16日		社会主义核心价值观解读之—富强	《中华人民共和国农产品质量安全法》
17		2017年1月23日		星级文明户评选标准(守法星、致富星、卫生星、文化星、节育星)	《中华人民共和国农业技术推广法》
18		2017年1月30日	社会核心价值观	习近平谈国家文化软实力:增强做中国人的骨气和底气	《中华人民共和国合同法》

续附表

序号	时间		宣讲主题	宣讲内容	
				内容1	内容2
19	二月	2017年2月6日	社会核心价值观	习近平：把培育和弘扬社会主义核心价值观作为凝魂聚气强基固本的基础工程	《新疆维吾尔自治区实施〈中华人民共和国农民专业合作社法〉办法》
20		2017年2月13日		城乡居民基本养老保险财政补助资金管理办法	《自治区人民政府〈关于加大管制刀具管理意见〉》
21		2017年2月20日		社会主义核心价值观解读之—民主	《农作物种子标签和使用说明管理办法》
22		2017年2月27日		星级文明户评选标准（孝老星、教子星、团结星、新风星、义务星）	《自治区城乡困难群众临时救助暂行办法》
23	三月	2017年3月6日	公民道德建设	习近平：让党员干部多受红色基因教育	《中华人民共和国民族区域自治法》
24		2017年3月13日		雷锋的故事摘编	《关于进一步加强和完善伊斯兰教工作的若干意见》
25		2017年3月20日		社会主义核心价值观解读之—文明	《自治区关于进一步推进我区户籍管理制度改革的实施意见》
26		2017年3月27日		中央一号文件	《中华人民共和国物权法》
27	四月	2017年4月3日	现代文化引领	阿克苏地委扩大会议精神	《中华人民共和国村民委员会组织法》
28		2017年4月10日		社会主义核心价值观解读之—和谐	《中华人民共和国未成年人保护法（修订）》
29		2017年4月17日		习近平谈依法治国	《新疆维吾尔自治区种畜禽生产经营许可证管理办法》
30		2017年4月24日		党员干部为什么不能信仰宗教	《新疆维吾尔自治区宗教事务条例》
31	五月	2017年5月1日	民族团结教育	新疆维吾尔自治区实施《中华人民共和国反恐怖主义法》办法	《中华人民共和国刑法》
32		2017年5月8日		新疆维吾尔自治区民族团结进步条例	《新疆维吾尔自治区村务公开办法》
33		2017年5月15日		社会主义核心价值观解读之—自由	《阿克苏地区宗教活动场所维修和重建管理暂行办法》
34		2017年5月22日		居民文明守则	《新疆维吾尔自治区见义勇为人员奖励和保护办法》
35		2017年5月29日		农村富余劳动力如何实现就业	《中华人民共和国反分裂国家法》

续附表

序号	时间		宣讲主题	宣讲内容	
				内容1	内容2
36	六月	2017年6月5日	安全生产	习近平:中国梦归根到底是人民的梦 必须紧紧依靠人民来实现	《中华人民共和国预防未成年人犯罪法》
37		2017年6月12日		6.26国际禁毒日教育宣传资料	《新疆维吾尔自治区法制宣传教育条例》
38		2017年6月19日		社会主义核心价值观解读之一平等	《中华人民共和国反家庭暴力法》
39		2017年6月26日		文明礼仪基本原则	《新疆维吾尔自治区安全生产条例》
40	七月	2017年7月3日	爱党感恩	农村青年如何实现创业	《新疆维吾尔自治区实施〈农村五保供养工作条例〉办法》
41		2017年7月10日		习近平:画出最大同心圆	《中华人民共和国反恐怖主义法》
42		2017年7月17日		社会主义核心价值观解读之一公正	《中华人民共和国道路交通安全法》
43		2017年7月24日		个人礼仪	《中华人民共和国水法》
44		2017年7月31日	军民团结	农村妇女如何创业	《中华人民共和国妇女权益保障法》
45	八月	2017年8月7日		崇高科学　远离迷信	《新疆维吾尔自治区人口与计划生育条例》
46		2017年8月14日		习近平总书记论党章	新《中华人民共和国婚姻法》
47		2017年8月21日		社会主义核心价值观解读之一法治	《新疆维吾尔自治区整合城乡居民基本医疗保险制度实施意见》
48		2017年8月28日		见面礼仪	《应征入伍须知》
49	九月	2017年9月4日	国防教育	建党95周年庆祝大会习近平发表重要讲话	《自治区人民政府〈关于加大出租房屋和流动人口管理的意见〉》
50		2017年9月11日		农村妇女群众践行现代文化	《中华人民共和国农村土地承包法》
51		2017年9月18日		社会主义核心价值观解读之一爱国	《新疆维吾尔自治区实施〈军人抚恤优待条例办法〉》
52		2017年9月25日		公共场所礼仪	《新疆维吾尔自治区农村宅基地管理办法》

附录4

尤喀克库尔巴格村村民积分制管理工作实施方案

为了进一步发挥党组织和党员作用，进一步构建广大群众广泛参与的基层治理体系，有效破解农牧民群众教育管理“瓶颈”、引导农牧民党员群众积极参与村级事务管理、激发全社会参与社会公益事业的热情，现制定如下积分制管理管理实施方案。

一、指导思想

以习近平新时代中国特色社会主义思想为指导，贯彻落实《中共中央国务院关于实施乡村振兴战略的意见》精神，推动自治区党委、地委维护社会稳定和长治久安系列举措落地见效，促进“民族团结一家亲”、扶贫帮困、“美丽乡村”，“先进双联户”、“最美家庭”等创建评选活动取得实效，不断鼓励引导农民党员群众自觉自愿参与村级事务、公益活动、志愿服务活动，提高全民文明素，构建群防群治工作格局。

二、意义与作用

创新建立积分制管理模式，引导农牧民党员群众参与村级事务，提升党组织的影响力和凝聚力，能够有效解决农村志愿服务队伍弱，村容村貌差，化解基层矛盾、密切干群关系；扭转群众“事不关已高高挂起”的狭隘观念、改变农村公益事业“无人干、不愿干”的尴尬局面，转变贫困家庭主动脱贫意识不强、物资“等靠要、送上门”的扶贫帮困模式，强化奉献意识，为建设“农业强、农村美、农民富”的社会主义新农村奠定基础。

三、适用范围和原则

本方案适用于全村党员、干部(大队干部以及大队后备干部除外)、村民，以户为单元，一户一人。以村规民约为依据，按照日常事项提前认领，长期推进，突发事项事后报告、核实确认的原则开展积分管理。

四、积分规则

(一)积分管理以量化为依据，遵循“分类积分、量化考核；典型引领、兜底管理；奖优罚劣、激励担当”原则，有劳动能力的困难家庭群众优先认领积分任务，切实起到树立先进典型、助力扶贫帮困，引领群众的目的。

（二）第一书记、村党组织书记作为积分管理的第一责任人，督促驻村工作队、村“两委”抓好落实，村务监督委员会负责监督。每季度分级召开积分制评议会议，收集汇总、登记确认每名党员、干部、群众的月度得分。

（三）定期开展积分兑换工作，具体兑换时间每季度底最后一周，党员群众持积分券在指定场所兑换相应实物。

（四）积分与积分券的兑换标准。由村委会结合实际，在充分征求党员群众意愿的基础上进行确定，并进行张贴公示，保证干部群众知情权，确保兑换标准明确公开、兑换过程公平公正。

（五）树立先进典型，设置年度累积奖，对年底累计积分排名靠前的予以表彰奖励，激励党员群众主动积分、积极参与村级活动和村级事务。

（六）积分可增可减，对于违反村规民约、破坏村级公共设施、乱倒垃圾，不配合村级集体活动和工作安排部署、邻里关系不和谐、家庭不和睦的群众，结合实际扣除分值。

五、积分内容及其分值标准

村民积分由村民小组第一组长、组长、副组长共同赋分登记，按每月计分，月积分满分60分，每月月底上报村积分制管理工作小组。

1.积极参加村两委组织的各种会议、升国旗仪式。优:5分;良:4分;中:3分;差:2分。

2.积极参加村两委组织的政治理论、专项教育、技术培训等学习活动。优:5分;良:4分;中:3分;差:2分。

3.积极参加村两委组织的各种文体活动(如文艺、体育、演讲、竞赛等)。优:5分;良:4分;中:3分;差:2分。

4.积极参加反分裂斗争，敢于发声亮剑，揭露和抵制错误言行，“去极端化”表现突出。优:5分;良:4分;中:3分;差:2分。

5.积极参加村两委组织的国通语学习。优:5分;良:4分;中:3分;差:2分。

6.积极参加环境整治，家庭生活环境良好。优:5分;良:4分;中:3分;差:2分。

7.积极参与好家庭创建，尊老爱幼、男女平等、家庭和睦、邻里关系和谐、民族团结意识强。优:5分;良:4分;中:3分;差:2分。

8.积极参与公益活动，扶贫帮困成绩明显。优:5分;良:4分;中:3分;差:2分。

9.积极参加村两委组织的集体劳动。优:10分;良:8分;中:6分;差:4分。

10.积极参加村两委组织的值班。优:10分;良:8分;中:6分;差:4分。

六、组织机构

(一)成立村民积分评定工作领导小组:

组　长:马文华(驻村工作队队长、第一书记)

　　　　阿里木江·伊敏(村党支部书记、村委会主任)

副组长:托合尼亚孜·喀迪尔(党总支副书记)

　　　　张　炜(党总支委员,工作队副队长)

成　员:村两委班子成员,村民小组第一小组长、小组长。

(二)领导小组下设办公室,负责具体工作。

办公室负责每月汇总一次村民积分情况,每月对村民积分情况予以公开。领导小组每季度召开会议,研究确定评定积分,统一发放积分券,由村级超市兑换相应等值物品。每年召开村民大会对积分多者择优进行表彰。

七、其他事项

(一)丰富兑换形式。村民所得积分多者,发给积分券,积分券可在指定超市兑换物品。

(二)规范运行。在具体操作中,以科学合理、简单易行为原则,规范和落实运行环节。在宣传动员方面,将《积分管理办法》悬挂上墙,确保群众熟知"积极参与有积分、积分多者有奖励"。

(三)深化结果运用。以月为单位,对积分结果进行梳理统计汇总,按照人员身份类别进行分类排名,排名前10%的普通党员和群众予以表彰奖励,提升参与村级活动和村级事务的积极性。

(四)强化监督管理,要建立村民积分制工作监督管理机制,定期对"积分制"工作情况进行督促指导,一旦发现积分不公平、工作不规范的现象,及时纠正。充分发挥村务监督委员会质询权、监督权等职能,对任务认领、积分累加、物品兑换等事项进行日常监督,坚决杜绝不公平现象发生。

尤喀克库尔巴格村党总支

2020年9月1日

附录5

方志广场赋

塞上江南，水润金田，阔步小康，慨以当歌。

汉唐关山月照，托木尔峰怀抱，丝路之风，弦歌教化，乡风淳朴，大爱悠悠，全国文明村镇。

逐梦古道，犁锋奔突，消除贫困。三中全会春风，荡漾尤喀克库尔巴格，活力激发，解决温饱。

喜四十余年改革开放，社会稳定，经济发展，生机盎然。金鸡报富，羊肥喜心；葵花弯腰，黄菊送香；半湖荷花，池塘白鹭；鱼跃中天，马笑乐年，稻菽金浪，核桃丰连；农机高歌，秋收冬藏；农业产业化，硕果灿灿。

新时代，新气象，春旭满天红，同步进小康。院落繁花散影，路旁绿树环村。金星闪闪小儿欣，笑指长空问甚？婆婆玩机上瘾，公公对弈凝神，姑娘飘撒舞衣裙，迷恋方志广场踏韵。出入小车，佳肴美食，追求时尚，生活现代化。

方志渠水东流去，“访惠聚”，方志人，共建新农村。

作者：阿克苏地委地方志办公室主任　粟　新

附录6

感谢那年有他们

我叫阿尔孜古丽•吐尔逊，目前就读于中国农业大学。2016年9月到2017年9月我生病休学，那是我人生中最难熬的一年，虽然爸爸妈妈每天陪着我吃药、复查，但是那时的我完全是抑郁的状态。对我来说那是最痛苦的一年。我很沮丧，天天梦里见到自己回到学校跟同学们一起上课，可是一觉醒来还在家里吃一大把的药。当时我不懂事，一心想着回到校园，不知道身体好了才能学习得更好。

幸运的是，我们村有这样一支工作队。他们从乌鲁木齐来到农村，吃不惯、住不惯，思念亲人，但是他们克服了许多困难，全身心投入驻村工作中。他们学习维吾尔语才几天，就会说很多话，“你好”“谢谢”“再见”“吃饭了吗？”等等，经常会说到的话他们说得很流利，不管自己听没听懂都喜欢和村民交流。有时在他们入户走访时我会给他们当翻译，与其在家闷闷不乐，不如跟他们一起当个“小工作队队员”。跟他们在一起的时间长了之后我发现，他们不仅仅是工作队队员，更像是我的亲戚、朋友、兄弟姐妹，这种感情就好像是你身边多了些好人，在你摔倒需要有人扶你起来的时候来了那样一批“神仙人”。他们身上有很多正能量，我第一次见到他们就能感觉到那陌生面孔里有着无私奉献的精神，他们的微笑像两三岁孩子那样纯真，又像是父母那样慈祥。正因为他们的鼓励和陪伴我才很快康复，回到了梦寐以求的校园。

自治区开展“民族团结一家亲”活动，我又认识了一位汉族叔叔，他像爸爸那样关心我，关心我的家人，妈妈生日时他买块蛋糕回来跟我们一起庆祝，从未买蛋糕来庆祝过自己生日的妈妈，那天笑里含泪。妹妹生日的时候他送的台灯，在妹妹眼里是件宝物，宠得都不让人碰。

还记得我回学校要走的时候，他提前半个小时来到我家，怕我误了火车，亲自送我去火车站。还记得寒假在叔叔家住的几天，阿姨、奶奶、弟弟的细心照顾，记得奶奶给我做的腌菜、饺子，要出门时亲自给我包围巾，记得跟阿姨逛街时给我买的蛋糕，记得弟弟特地给我买回来的乌市最好吃的椒麻鸡……

现在想起那年的情景，心里除了感恩和想念还是感恩，感谢党和政府的好政策，感谢自治区开展“访惠聚”工作和“民族团结一家亲”活动，让我遇到一批神仙般的好人，让我重新找回以前的自己，感谢自治区地方志编委会的每一位可亲可敬的哥哥、姐姐、叔叔、阿姨。感谢他们对托乎拉乡尤喀克库尔巴格村所做的一切。希望他们家庭幸福美满！身体健康！工作顺利！

供稿：托乎拉乡尤喀克库尔巴格村第二村民小组　阿尔孜古丽·吐尔逊

2017年5月30日，在参加工作队庆祝端午节活动后，阿尔孜古丽·吐尔逊（右一）、妹妹阿丽屯古丽·吐尔逊（左三）与工作队队员闫姝廷合影

2017年10月1日，李元斌叔叔（右三）带着阿姨、弟弟、奶奶和工作队队员一起看望爸爸

附录7

家乡的变化

我的家乡位于新疆维吾尔自治区南部，阿克苏地区北部，天山中段的托木尔峰南麓，塔里木盆地北缘。这里有色泽鲜亮、口感香软、余味回甜的温宿大米，有仁色浅、味香的温宿核桃，有天山最高峰托木尔峰，有被称为“戈壁明珠”的天山神木园。自然风景优美，历史悠久。

改革开放以来，新疆各地的经济快速增长，人民生活逐渐变好。小时候听爷爷说，他们那个年代农民没有自己的地，给巴依打工为生，经常吃不饱饭，经常有人因为无法看病而去世。1982年中国共产党提出土地包产到户政策以后，农民有了自己的地，终于挺起腰杆当家做主了。现在党和国家的好政策下，家家都搬进了安居房，看病有医保，购买农机有补贴，养殖有补贴，小学到高中没有学费，每年一次全民体检，可以说我们的生活发生了翻天覆地的变化。就拿我们村来说，从过去的土坯房到现在的一排排温暖整洁的安居房，从过去花几个小时才到达县城的泥巴路到现在的平坦而宽阔的路，一排排明亮的路灯，一座座漂亮又方便的商业店，一片片水稻田，都象征着家乡日新月异的变化。

2015年自治区开展“访惠聚”工作和“民族团结一家亲”活动以来，我们村又有了新的变化，这些变化体现在村的整体面貌和每个村民的心中，自治区地方志编委会的叔叔、阿姨、哥哥、姐姐们用心给我们村做实际事，每一次的入户走访，给农民解决实际问题，每一次的“结亲”主题活动，将拥有不同文化的两个人甚至两家的心结在一起，使村民增加中华民族归属感。2017年8月我恢复健康，继续上大学，因为凑不齐7000块钱学费我正发愁时，驻村工作队队长赵实及时了解我家情况，拿出3000元交给我爸爸，让我继续读书，我心中除了感恩就是感恩。2018年8月驻村工作队组织结亲村民到乌鲁木齐旅游，从来没有离开过阿克苏的爸爸当时笑得像个小孩，之后每每谈起爸爸的乌鲁木齐旅行他都能说到很久。

在自治区地方志编委会从人力、资金多方面的支持和村民的共同努力下，2018年我们村被评为“全国文明村”。结合新农村建设，乡村振兴工作村里建起了一片片花园，方志广场，垃圾按分类处理，每家每户都修起了漂亮的院子和结实的葡萄架，夏天整村像极了一座公园。村里有了农民合作社以后，新奇更是不少，水稻地、核桃地的打药工作交给合作社，用无人机来操作，农民只需年底付款结账，爸爸终于不用自己拖着沉重的打药桶在烈日下暴晒。晚上村委会两旁的商业街更是热闹，理发店、餐饮店、蔬菜水果分发店、汽车摩托车修车店、快递代取店等,应有尽有,想要购买的东西都能买得到,非常方便。

我相信,家乡的变化永远不会停止脚步,只要我们56个民族大家庭像石榴籽那样紧紧抱在一起就没有做不成的事,团结就是力量,团结才有力量。让我们一起努力创造出更美好的明天!为实现中华民族伟大复兴的中国梦做出一份贡献!

供稿:托乎拉乡尤喀克库尔巴格村第二村民小组　阿尔孜古丽·吐尔逊

编后记

一、为什么修村志

自1949年中华人民共和国成立以来，特别是中共十八大以来，在以习近平同志为核心的党中央坚强领导下，经过各方面艰辛努力，新疆工作取得重大成效，新疆呈现出社会稳定、人民安居乐业的良好局面，处于历史上最好的繁荣发展时期。尤喀克库尔巴格村坚持以习近平新时代中国特色社会主义思想为统领，大力推进社会主义新农村建设，各项事业取得历史性成就，各族群众的获得感、幸福感、安全感显著增强。

自治区地方志编委会自2014年以来在温宿县托乎拉乡尤喀克库尔巴格村开展“访民情、惠民生、聚民心”工作，工作队和全体村民是村发展变化的参与者、经历者和见证者。编修地方志是中华民族的优秀文化传统。“为党立言、为国存史、为民修志”是地方志的初心使命，自治区地方志编委会作为专门编修志书的机构，具有专业基础、资料基础、情感基础等独特优势，有责任、有义务把尤喀克库尔巴格村的历史变迁特别是中共十八大以来的伟大历史变革，通过志书这一中华文化载体全面、系统、客观地记录下来，作为文化润疆工作在村级的重要成果，惠及当代，泽被后人。编修村志是自治区地方志编委会贯彻落实习近平总书记高度重视修史修志指示精神的重要举措，对完整准确全面贯彻新时代党的治疆方略，传承中华民族优秀传统文化，铸牢中华民族共同体意识，深入实施文化润疆工程，具有重要意义。

二、怎么修村志

自治区地方志编委会于2020年10月21日在尤喀克库尔巴格村召开村志启动座谈会，村民热情高涨，全力支持编纂工作。2021年9月3日，自治区地方志编委会下发文件决定举全委之力开展村志编修工作。

一是高度重视。成立以党组书记魏占海为主任的村志编纂委员会，魏占海任主编，党组成员、副主任马文华任执行主编。党组将村志编修工作纳入处室工作汇报重点内容，党组书记定期听取编修进度汇报，召开村志编修推进会3次，研究解决编修过程中存在的问题，明确要求按时保质完成规定任务。

二是加强领导。成立村志编辑部，下设7个编辑小组，实行主编负责制，主编负责全志的统筹规划和审核把关；执行主编负责撰写概述，并审核各编辑小组撰写内容；各编辑小组实行组长负责制，落实资料搜集、初稿编写的全部责任。明确时间表、路线图，各处负责人任组长，限期完成。

三是强化资料。收集历年驻村工作队积累的电子版资料超过100GB,成立专门小组,3次到县、乡、村全面搜(征)集资料,特别是对搜集到的维吾尔文重要资料邀请权威人士翻译成汉文。

四是征求意见。2022年4月22日召开初评会。先后3次在尤喀克库尔巴格村邀请熟悉村情的老党员、村民代表召开村志征求意见座谈会。7月26日召开终评会。

五是修改完善。先后对篇目进行3次重大修改,统一编纂规范,从初稿形成到落实初评、终评稿修改意见,执行主编统稿5次,八易其稿。

三、村志记什么

编修村志就是要有形有感有效讲好中国新疆故事,让各族群众通过志书了解家乡,教育引导各族群众树立正确的国家观、历史观、民族观、文化观、宗教观,增进对伟大祖国、中华民族、中华文化、中国共产党、中国特色社会主义的认同。我们通过村志的建置沿革讲清楚新疆自古以来就是伟大祖国不可分割的一部分,进而铸牢中国心、中华魂,通过自然资源讲清楚土、光、热等农业资源富集的特点,特别是泉水多的独特优势,通过基层组织讲清楚党总揽全局、协调各方的政治优势,通过"访惠聚"驻村工作讲清楚自治区地方志编委会做出的贡献,通过基本建设、村域经济、脱贫攻坚讲清楚尤喀克库尔巴格村的发展变迁,特别是改革开放以来该村的巨大变化与实现中华民族伟大复兴的伟大进程息息相关、紧密相连,通过民族团结讲清楚新疆各民族是中华民族血脉相连的家庭成员,以及全村民族团结进步的村情,通过全国文明村镇创建和社会民生讲清楚新疆各民族文化是中华文化的重要组成部分,以及全村文明进步的进程,通过人物荣誉讲清楚社会主义核心价值观在该村的示范引领和生动实践,见人见事见精神。

我们也清醒地认识到,因能力水平和资料收集的局限,村志还存在很多不足,恳请大家批评指正。

《尤喀克库尔巴格村志》编辑部

2022年12月